Sobre las categorías

Jesús Martínez del Castillo

Sobre las categorías

deauno.com

Martínez del Castillo, Jesús

Sobre las categorías. - 1a ed. - Buenos Aires: Deauno.com, 2011.

326 p.; 21x15 cm.

ISBN 978-987-680-028-0

1. Ensayo. 2. Lingüística. I. Título

CDD 410

contacto@elaleph.com
http://www.elaleph.com

Primera edición

ISBN 978-987-680-028-0

Hecho el depósito que marca la Ley 11.723

A María del Mar,
que está y estará siempre conmigo.
A Paquita, que llena mi vida.

Índice

Introducción

1. El problema de las categorías es hoy día de máxima actualidad gracias a las llamadas ciencias cognitivas, ciencias que estudian lo que llaman la cognición, objeto nunca definido sino dado por supuesto. Para los cognitivistas, la cognición es el conjunto de creencias y actitudes del comportamiento que tienen base biológica, psicológica y social, motivo por el cual los hablantes las repiten en su hablar y en su conducta. La cognición es algo natural que funciona gracias al conjunto de mecanismos de tipo estructural que dan lugar a esas creencias, actitudes y comportamientos. La prueba de la existencia de la cognición está en el conocimiento inconsciente que, según los cognitivistas, rige en la expresión del habla y en el comportamiento social.

2. Los cognitivistas, con Lakoff a la cabeza, se plantean el siguiente problema: las categorías —y con ellas, las actitudes del comportamiento— que se dan en el entramado social según las cuales los hablantes hablan, son las categorías de Aristóteles. Conscientes los cognitivistas de,

1°) que la mayor parte de la categorización es automática e inconsciente, lo cual nos lleva a creer que categorizamos las cosas como son[1];

[1] Cf. Lakoff 1990: 6.

2º) que no hay nada más básico para nuestro pensamiento, nuestra percepción, la acción y el hablar que la categorización[2]; y

3º) que las categorías de Aristóteles son simétricas y no admiten más que un modelo único,

se proponen cambiar la concepción clásica de la categoría creando lo que Lakoff llama un *modelo cognitivo*. Éste consiste en crear categorías que contengan una o más de las siguientes características:

a) la categoría ha de admitir «miembros» que no tengan propiedades en común según las cuales la categoría se defina. Esta característica propugnada se llamaría los «parecidos de familia»[3];

b) algunos «miembros» de la categoría han de ser «mejores ejemplos» que los otros. Es decir, algunos «miembros» serían más representativos que los otros. Esto sería el problema de la centralidad. Los mejores «miembros» serían más centrales que los otros;

c) hay que aceptar la idea de que los significados de las palabras relacionados entre sí forman categorías y que los significados llevan consigo parecidos de familia. Este sería el problema de la «polisemia en cuanto a la categorización»;

d) algunos «miembros» de una categoría son generados por otros, con lo que los segundos serían los «miembros generadores» y, en consecuencia, detentarían el status de centrales o prototípicos. Este sería el problema de la «generatividad en cuanto fenómeno prototípico»;

---

[2] Cf. ibídem.

[3] Cf. Lakoff 1990: 12.

e) algunas categorías presentan distintos grados de pertenencia de sus miembros y ningún deslinde claro entre ellos. Esto es conocido como la «escala de pertenencia de sus miembros»;

f) algunos miembros de la categoría que claramente están dentro de los límites de la misma pueden ser aún todavía más o menos centrales. Éste sería el problema de la «escala de centralidad de sus miembros»;

g) las propiedades de ciertas categorías son consecuencia de la naturaleza de las capacidades biológicas humanas y de la experiencia de nuestro actuar en un contexto físico y social, a pesar de que el concepto exista de forma independiente de la naturaleza corporal y de la experiencia de cualquiera de los seres pensantes. Esto se llamaría la «corporeización conceptual»;

h) hay que admitir que ciertos conceptos no se pueden meramente entender intelectualmente, sino que más bien son usados automática e inconscientemente y sin esfuerzo alguno, en cuanto que forman parte del funcionamiento humano normal. Estos conceptos tienen un status psicológico diferente más importante que aquellos que son solamente pensados. Esto se llamaría la «corporeización funcional»;

i) hay que admitir que las categorías no se organizan meramente en jerarquía desde la más general a la más específica, sino que se organizan de tal forma que las categorías son cognitivamente básicas en el «centro» de una jerarquía que va de lo general a lo específico. La generalización procede de abajo-arriba desde el nivel básico, mientras que la especificación procede al revés, de arriba-abajo. Esto se llamaría la «categorización de nivel básico»;

j) tenemos que admitir la idea de que las categorías de nivel básico son funcional y epistemológicamente previas respecto de los siguientes factores: la percepción gestáltica, la formación de las imágenes, el movimiento motriz, la organización del conocimiento, la facilidad del procesamiento cognitivo (aprendizaje, reconocimiento, memoria, etc.) y la facilidad de la expresión lingüística. Esto se llamaría la «primacía del nivel básico»;

k) hay que admitir la idea de que una parte de una categoría (es decir, un miembro o una subcategoría) puede representar a toda la categoría en determinados procedimientos del razonamiento. Esto se llamaría el «razonamiento del punto de referencia o razonamiento metonímico».[4]

3. Según esto, los cognitivistas, desarrollando su teoría a partir de los modelos cognitivos, se proponen cambiar la manera de pensar vigente durante dos mil años[5]. Y esta labor la ven factible, porque no consiste más que en modificar el concepto de categoría que, de ser una categoría simétrica, con cosas dentro y cosas fuera, la vigente categoría que nos viene desde Aristóteles[6], pasaría a ser una categoría asimétrica incluyendo en su concepto algunas de las matizaciones conceptuales señaladas en el modelo cognitivo que acabamos de resumir.[7]

4. Éste es, en resumen, el concepto de categoría que propugnan los cognitivistas. No es mi intención hacer una crítica del concepto de categoría de los cognitivistas. Esto lo he hecho en otro lugar[8]. Mi intención es estudiar las categorías en

---

[4] Cf. Lakoff 1990: 12-13.

[5] Cf. Lakoff 1990: 16.

[6] Lakoff 1990: 6.

[7] Cf. Lakoff 1990: 9.

[8] Cf. Martínez del Castillo 2008.

lo que significan y aportan como instrumentos del conocer. Para esto tenemos que enclavar nuestro estudio en el decir, es decir, en la parte determinante del hablar, y en el conocer, la parte que posibilita el decir. El decir no es más que la definición del sujeto ante lo que conoce[9]. Es, por tanto, una realidad anterior al hablar, el móvil que determina el hablar.

4.1. Hablando de las categorías de los cognitivistas, tenemos que resaltar dos conceptos sobre las mismas. Según su forma de proceder, para defender una cosa determinada, los cognitivistas primero crean un contrario y, una vez creado, y apoyándose en lo dicho en la creación del mismo, presentan la cosa que propugnan meramente negando el objeto inventado y lo dicho sobre el mismo. Para saber lo que los cognitivistas entienden por categoría, tenemos, pues, que saber primero qué es lo que entienden por lo que Lakoff llama el concepto clásico de las categorías[10], ya que el concepto de categoría que ellos propugnan está estructurado sobre la concepción inicial que niegan de antemano, siendo, en realidad, la categoría que propugnan no más que una modificación de la categoría que rechazan. De esta manera podríamos decir que «la categoría cognitivista es la no-categoría-clásica». Lo que ellos presentan como propio de la categoría cognitivista son modificaciones a la categoría clásica. En consecuencia, no se puede entender el concepto de categoría de los cognitivistas si no tratamos de entender el concepto de categoría que rechazan. Las diferencias entre un tipo de categoría y otro son diferencias de grado. Por otro

[9] Dice Ortega y Gasset: «Decir es una de las cosas que el Hombre hace, y brota como comportamiento reactivo ante una situación. Esta situación puede ser instantánea, duradera, permanente en un hombre o constante en el Hombre, en la "humanidad"» (2009 "Apuntes para un comentario al Banquete de Platón" O C, IX: 730).

[10] Cf. Lakoff 1990: 67; 157; 162.

lado, atribuyen la teoría clásica sobre la categoría a Aristóteles, con lo que su nuevo concepto de categoría tendría unas implicaciones bilimenarias. Expondremos más adelante las categorías de Aristóteles y las categorías que propugna Ortega y Gasset como parte de la gramática de la razón vital y podremos ver que cada sistema de categorías es distinto de los demás. Lo que los cognitivistas llaman categorías de Aristóteles no tiene nada que ver con las categorias de Aristóteles, como veremos.

Este trabajo se va a centrar en el estudio de las categorías, ya sean las de partida de los cognitivistas, las que propugnan los cognitivistas, las de Aristóteles o las propuestas por Ortega y Gasset en su lingüística de la razón vital. Para ello tendremos que estudiar, en referencia a estas clases de categorías, lo que podemos llamar el problema de la realidad de las categorías, y las categorías en su relación con el lenguaje, según veremos en el apartado siguiente.

5. Este libro es un desarrollo de mi propuesta sobre la lingüística del decir de 2004. Lo primero que vamos a ver son las categorías de Aristóteles. A continuación nos haremos eco de los problemas que tradicionalmente se han estudiado en torno a las mismas. Fieles a la lingüística del decir, nos planteamos el problema de la realidad de las categorías. Nos preguntaremos por la razón de ser de las mismas vistas desde cuatro puntos de vista: como elementos que pertenecen a una lengua; como creaciones de un sujeto que tiene un modo de pensar; como instrumentos del conocer; y como resultado de un acto de decir. El estudio de las categorías como «fabricación» de un autor lleva consigo el estudio del modo de pensar de dicho autor. En este sentido estudiamos las categorías de Aristóteles a la luz de su modo de pensar, es decir, hacemos un esbozo de su filosofía. Una vez que hayamos visto el problema de realidad de las categorías en su compleción, exponemos las

categorías de la razón vital propuestas por Ortega y Gasset. Esto lleva consigo referir en todo momento la razón de ser de la realidad radical de la que parte Ortega. Como resultado del cuádruple problema de la realidad de las categorías de Aristóteles y de la justificación de cada uno de los sistemas estudiados, nos plantearemos distintos problemas que afectan a las categorías de los tres sistemas referidos, tales como las categorías y la realidad radical, las categorías y el acto del conocer, el conocimiento de las categorías, el saber originario y las categorías, y las categorías y las cosas.

Por otro lado, en el estudio del problema de la realidad absoluta de las categorías veremos que dentro de lo que los cognitivistas llaman la teoría clásica de las categorías, hemos de distinguir también las que podemos llamar las categorías del conocer y también —¿por qué no?— las categorías que están formadas por lo que las cosas tienen en común. Lo que diferencia a estas categorías de las demás (categorías lingüísticas frente a las clasificaciones o nomenclaturas) será su relación de existencia previa respecto de las cosas[11]. Estos problemas aparecerán reflejados en las conclusiones, lo que nos permitirá contrastar y comparar unas categorías con otras. Finalmente, vistos todos estos aspectos, estaremos en condición de preguntarnos por la estructura propia de cada una de las categorías, con lo que desde mi punto de vista queda claro el problema que hoy día se plantean las categorías, problema que, según los cognitivistas, se reduce a proclamar la reforma del concepto de categoría que ellos piensan que proviene de Aristóteles.

---

[11] Cf. § 6.2.

1

La lingüística del decir, hermenéutica del acto lingüístico

1.1. La lingüística del decir es una propuesta hecha por Ortega y Gasset los años 1949 y 1950[12]. Considerando el conocer como la base del decir, he desarrollado esta teoría en mi obra de 2004. Ésta lleva por título «La lingüística del decir» y por subtítulo «el logos semántico y el logos apofántico». Con esto, he pretendido poner el énfasis en el logos, es decir, el contenido, separando lo que es el logos significativo del logos ulteriormente determinado, siguiendo en esto a Coseriu, quien mira a Aristóteles para hacer esa distinción.

[12] En estas fechas Ortega pronuncia una serie de conferencias que después recogería en el libro *El hombre y la gente* 1957 (en la bibliografía, 2001). En esta obra Ortega coloca el estudio del lenguaje dentro de la sociología postulando una nueva clase de lingüística a la que llama la teoría del «decir». Expone sus propuestas en los capítulos del referido libro XI y XII: «El decir de la gente: la lengua. Hacia una nueva lingüística» y «El decir de la gente: las "opiniones públicas", las "vigencias sociales". El poder público». Trata también el decir y el lenguaje en «En torno al 'Coloquio de Darmstadt 1951'», artículo que aparece en *Meditación de la técnica y otros ensayos sobre ciencia y filosofía*, Revista de Occidente en Alianza Editorial 2002 (1982): 109-33 y en «Apuntes para un comentario al banquete de Platón», *Obras completas* 2009, IX: 729-58.

La propuesta de Ortega está hecha sobre la base de lo que constituye la vida humana, la vida de cada cual. Según ésta el ser humano es el Dicente[13], es decir, un ser que se define a sí mismo porque «dice», no meramente porque habla, realidad radical esta última, «el ser hablante», para Coseriu[14]. El decir, es una actividad humana que viene de dentro, de lo más profundo del ser humano, lugar en el que todavía no se da el hablar. El hablar, por el contrario, es una actividad humana determinada socialmente[15], es decir, por una serie de reglas, contenidos, formas, procedimientos y actitudes que, emanando del sujeto nos vienen dadas desde la comunidad de hablantes. El hablar, frente al decir, no es meramente una actividad externa, sino una actividad que viniendo de lo más profundo del ser humano (Humboldt), por tanto, interna en sus inicios y fundamentos, le viene al hombre determinada desde fuera, desde la sociedad.

1.2. El fundamento y origen de la actividad del hablar permite a Coseriu distinguir de forma explícita los tres niveles de la determinación lingüística, a saber: el nivel universal, que tiene que ver con el hablar y las condiciones del hablar.

[13] «No existirían las lenguas si el Hombre no fuese constitutivamente el Dicente, esto es, el que tiene cosas que decir; por tanto, postulo una nueva disciplina básica de todas las demás que integran la lingüística y que llamo Teoría del decir» (2001: 245).

[14] Coseriu 1985: 14.

[15] «*hablar* no es sino la consecuencia de haber nosotros recibido mecánicamente desde fuera [una] esa lengua. Hablar, pues, es una operación que comienza en dirección de fuera a dentro. Mecánica e irracionalmente recibida desde el exterior, es mecánica e irracionalmente devuelta al exterior. *Decir*, en cambio, es una operación que empieza dentro del individuo. Es el intento de exteriorizar, manifestar, patentizar algo que hay en su intimidad. A este fin consciente y racional procura emplear cuantos medios encuentra a su mano: uno de ellos es hablar, pero sólo uno de ellos. Todas las bellas artes, por ejemplo, son maneras de decir» (Ortega y Gasset 2001: 259).

Es el nivel del lenguaje, por tanto, el nivel que subyace a todas las lenguas; el nivel histórico o nivel idiomático o particular, que tiene que ver con una tradición en la técnica del hablar, es decir, con los medios de expresión propios de una lengua histórica o particular; y el nivel individual, que tiene que ver con el hablar y los medios históricos ejecutados por cada individuo en un contexto dado y en un acto de habla concreto[16]. Como veremos más adelante, Ortega propone hacer una gramática pura o general que estudie los caracteres esenciales o *a priori* del lenguaje[17]. Dicho de otra manera: Ortega propone estudiar todos los rasgos del lenguaje en función de su valor universal. Ahora bien, ninguno de los niveles del hablar se da solo. Toda expresión, siendo acto del habla, contiene en sí misma el lenguaje y la tradición en la técnica del hablar (la lengua).

1.3. Al igual que Ortega y Gasset, Coseriu concibe el hablar como actividad. No obstante, las realidades radicales de uno y otro son, como hemos dicho, distintas: «el ser

[16] «Un acto de hablar se refiere a una "realidad", es decir a un estado de cosas extralingüístico, pero lo hace a través de determinadas categorías idiomáticas, y, al mismo tiempo, tiene en cada caso, una determinada función textual» (Coseriu 1992: 96). Ortega y Gasset no hace esta distinción; más aún: considera desacertado las distinciones en el habla, ya que este sólo existe en cuanto se manifiesta en el acto lingüístico (acto elocutivo). En un acto de habla está contenido todo lo que es lenguaje y lengua, ya que es un acto vivencial, una actividad que se desarrolla en el individuo. Coseriu toma esta distinción de distintas fuentes, a saber: la distinción intuitiva hecha en las lenguas, la distinción práctica hecha en el *Trivium* y las distinciones explícitas hechas por los pensadores de lengua alemana, tales como Hegel, Madvig y, sobre todo, Humboldt, quien contempla los tres niveles de la siguiente forma: la lengua como totalidad, una lengua y el hablar de cada vez (cf. Coseriu 1992: 15-35).

[17] Cf. D'Olhaberriague Ruiz de Aguirre 2009: 273.

hablante»[18], para Coseriu y «la vida de cada cual»[19], para Ortega y Gasset. Es decir y comparando, Coseriu empieza su labor de análisis cuando la actividad del hablar se manifiesta, mientras que Ortega comienza su análisis antes de que la actividad del hablar se manifieste. La realidad radical de Ortega es anterior, es decir, más radical que la de Coseriu. Ortega tiene un especial interés en estudiar el lenguaje cuando nace:

> *«la gloriosa hazaña intelectual que la lingüística representa hoy [primera aproximación] la obliga precisamente [...] a conseguir una segunda aproximación más precisa y enérgica en el conocimiento de la realidad "lenguaje", y esto sólo puede intentarlo si estudia éste, no como cosa hecha, sino como haciéndose, por tanto* in statu nascendi, *en las raíces mismas que lo engendran»*[20].

1.4. Tanto Ortega como Coseriu conciben el lenguaje como el «querer decir», es decir, como la actividad nunca acabada y siempre perfectible que el hablante se ve forzado a ejecutar en circunstancias inéditas. El lenguaje es siempre creación[21], poiesis[22], metáfora[23]. Coseriu explícitamente

---

[18] «El hombre es "un ser hablante", más aún, es "*el* ser hablante"» (Coseriu 1985: 14).

[19] «la realidad radical [...] es para cada cual su vida [...] Significa simplemente que en el acontecimiento *vida* le es dado a cada cual, como presencia, anuncio o síntoma, toda otra realidad, incluso la que pretenda transcenderla. Es, pues, la raíz de toda otra realidad, y sólo por esto es radical» (Ortega y Gasset 1992a: 272).

[20] Ortega y Gasset 2001: 244

[21] «[...] la realidad del lenguaje es movimiento (es decir, que el lenguaje es actividad, es «perpetua creación») y [...] por lo tanto, todo sistema sincrónico se basa en un equilibrio inestable, es necesariamente una abstracción» (Coseriu 1982: 15).

[22] Cf. Humbodlt 1990: 62-72.

[23] «Toda lengua es metáfora, o dicho en mejor forma: toda lengua está en continuo proceso de metaforización» (Ortega y Gasset 1992a: 285).

dice que fuera de la actividad del hablar la lengua no tiene existencia concreta[24]. Lo único que existe y se puede constatar de forma concreta son los actos lingüísticos, actos de expresión de la libertad, historicidad, e inteligencia de los hablantes.[25]

1.5. El hablar, pues, no es meramente hablar: es hablar y decir, hablar y conocer, hablar y entender; hablar como se habla en una comunidad de hablantes y decir y conocer como se dice y conoce en la misma. El hablar, de esta manera, es, por un lado, logos, contenido, pensamiento, creación de significados[26] y, por otro, lengua histórica que se manifiesta en una comunidad de hablantes. Coseriu distingue dos tipos de logos: el logos semántico y el logos apofántico[27]. El logos semántico, como veremos más adelante[28], es universal,

---

[24] Cf. Coseriu 1988: 23.

[25] «El lenguaje no tiene existencia autónoma y se gobierna, según normas infinitamente complejas, por los individuos hablantes: por todos los hablantes de una comunidad y por cada uno de ellos, en cada acto lingüístico concreto» (Coseriu 1985: 87).

[26] «el lenguaje no es, en primer término, e m p l e o , sino c r e a c i ó n de significados y, por tanto, tampoco es simplemente producción de signos materiales para significaciones ya dadas, sino que es creación de contenido y expresión al mismo tiempo. Pero la creación de significados es conocimiento y el unirlos a tales y cuales significantes, es decir el transformarlos en contenidos da "signos", es un modo de fijarlos y hacerlos objetivos; por consiguiente, puede decirse que el lenguaje como *enérgeia* es, en un solo acto, conocimiento y forma de fijación y objetivación del conocimiento mismo. Ahora bien, conocer significa concebir algo como en sí mismo idéntico y como diferente de todo lo demás; y en esto consiste muy propiamente la función primaria del lenguaje. Mas aquello que, en el conocimiento lingüístico, se concibe como en sí mismo idéntico y como diferente de todo lo demás no es sino un contenido de la conciencia» (Coseriu 1985: 26-27).

[27] Cf. Coseriu 1982: 286-87.

[28] Cf. § 1.13.1 a 1.13.4.

histórico e individual, al igual que el logos apofántico, que también se manifiesta en los tres niveles de la determinación lingüística, siendo, pues, universal, histórico e individual.[29]

1.6. La lingüística del decir, en consecuencia, es la lingüística del logos, es decir, la lingüística del conocimiento y del pensamiento, que se manifiesta, en primer lugar, en sí mismo como realidad universal *a priori* y, en segundo lugar, como realidad histórica. Es la superación de la lingüística del hablar (de Coseriu) convertida ahora en la «lingüística del hablar, decir y conocer». El lenguaje se ejecuta en el acto lingüístico, que es un acto de conocer determinado por un decir y que se manifiesta en un hablar. El decir o la definición del sujeto ante lo que le rodea, y el conocer y el acto del conocer se han de incorporar desde el principio al análisis lingüístico.[30]

1.7. Coseriu define el lenguaje como la aprehensión del ser[31]. Efectivamente, el acto lingüístico es un acto de aprehensión de la realidad, es decir, fundamentalmente un acto de conocer, o lo que es lo mismo: un acto en el que el sujeto se enfrenta a lo que le rodea afirmando en dicho acto la realidad de eso que le rodea hecha verdad por el propio

---

[29] Cf. Martínez del Castillo 2009: 50-51.

[30] Creo interpretar de esta manera a Ortega y Gasset cuando defiende que el lenguaje se ha de analizar en in *statu nascendi* (2001: 244) y a Coseriu cuando dice que el lenguaje es actividad cognoscitiva (1985: 72). El lenguaje nace en el acto lingüístico, que es posible sólo porque el hablante tiene algo que decir. El decir no es más que la definición del sujeto ante lo que le rodea, a lo cual convierte en «cosas» mediante su decir y su hablar.

[31] «El lenguaje es aprehensión del ser, pero no por parte de un sujeto absoluto, ni del individuo empírico, sino por parte del hombre histórico que, precisamente, por ello, es al mismo tiempo un ente social. [...] Por una parte es *logos*, aprehensión del ser; por otra es *logos intersubjetivo*, forma y expresión de la historicidad del hombre» (Coseriu 1985: 32).

sujeto hablante. El acto de conocer, por su parte, se manifiesta en las distintas funciones de la lengua, sea ésta la que sea. El acto del conocer se inicia con la intuición primera o *aísthesis*[32], y se desarrolla en una serie de operaciones intelectivas que se manifiestan en la lengua histórica, a saber: *la selección, el establecimiento de una designación, la creación de una clase o esencia (categoría), la relación, la nominación y la determinación*[33]. Volveremos más adelante sobre estas operaciones intelectivas.

1.8. La lingüística del decir, pues, consiste en el análisis del acto lingüístico siguiendo las pautas del acto del conocer implícito en el mismo hasta llegar a desentrañar la intención significativa del sujeto que lo produce. De esta manera la lingüística del decir es una hermenéutica, es decir, una

[32] Aristóteles, apud Ortega y Gasset 1992a: 127-29. A este respecto dice Ortega: «En la sensación [*aísthesis* o intuición sensible] nos "hacemos cargo", "nos damos cuenta" o entendemos una cosa singular sensible. Una parte de ésta es conservada en la imaginación (memoria o fantasía libre). En aquélla o en ésta [...] la mente fija ciertos componentes y abstrae de los demás. [...] Después de hecha parecida fijación y abstracción en muchas sensaciones o imágenes se advierte la identidad de aquellos componentes ABCD, que aparecen, pues, *como* comunes. El que aparezcan como comunes es una cualidad relacional que le añadimos, pero ni les quita ni les pone nada. Tenemos ya ante nosotros el primer universal. Pero no porque ejerzan cargo de universal y de género dejan de ser ABCD exactamente lo mismo que eran: caracteres sensuales de la cosa. La operación de comparar para descubrir lo común y lo diferencial *no es una nueva forma* de hacerse cargo, de entender; no es una operación más inteligente. Es en cierto modo mecánica: una faena de trasporte que lleva nuestra atención —la cual no es tampoco por sí inteligente— de una sensación a otra. Lo entendido al comparar y "generalizar" sigue siendo lo entendido por la sensación, y todas estas operaciones de que resulta el universal son, por sí, estúpidas y viven a cuenta de la sensación, que es hasta ahora la única actividad inteligente, discerniente» (Ortega y Gasset 1992a: 129-30).

[33] Cf. Martínez del Castillo 2004.

«revelación sistemática y fundada de un contenido»[34], o una ciencia de la interpretación que tiene el cometido de «determinar en qué todo ha de remitirse la parte».[35]

1.8.1. Tratándose de una hermenéutica no podemos esperar que el decir se manifieste en unos medios dados ni que su expresión se rija por reglas dadas de sintaxis. Tenemos que analizar el objeto seleccionado desde todos los puntos de vista posibles, especialmente desde el modo de pensar de su autor. De esta manera llegaremos a determinar cuáles son esas operaciones intelectivas en virtud de los condicionantes de la expresión.

1.8.2. Al ser hermenéutica, la lingüística del decir tiene que fijarse en la expresión lingüística, pero ésta no es el único elemento de expresión determinante. Lo determinante será todo lo que tiene que ver con el conocer y con la creación del decir. La lengua histórica, de esta manera, aparece como un mero medio de expresión, medio que dada la transformación que significa el conocer desde lo sensible y concreto a palabras y contenidos de una lengua que en principio valen para todo discurso posible, queda siempre corta o insuficiente. En este sentido el sentido originario de la palabra tiene una importancia muy relevante. A propósito del sentido originario de las palabras dice Ortega:

> *«[Las palabras] tienen un sentido privilegiado, máximo o auténtico; a saber: el que significaron cuando fueron creadas [...]. [C]ada palabra es originariamente la reacción lingüística o verbal a una situación vital típica»[36].*

---

[34] Coseriu 2006: 58.

[35] O. C. IX: 36.

[36] Ortega y Gasset 2002: 124.

Lo que importa, pues, en el análisis lingüístico no es la expresión en sí, sino aquellos condicionantes que han hecho al hablante seleccionar unos medios de expresión y no otros.

1.8.3. Esta perspectiva orteguiana de buscar y ceñirse al sentido originario de las palabras, no obstante, es un desafío a la distinción de los tres niveles de la determinación lingüística. El llegar a determinar cuál es la intención significativa del hablante, que es única y no sabe de niveles de determinación lingüística, no contradice en ningún sentido la separación de lo que pertenece al lenguaje, lo que pertenece a una lengua y lo que depende del sujeto hablante. El acto del conocer es un acto absoluto, es decir, una creación. La creación, por su propia naturaleza, es libre, valiéndose el hablante de lo ya hecho, es decir, lo que el hablante encuentra en su tradición o lengua. En la tradición en la técnica del hablar se guardan ideas, pensamientos y creencias, que el hablante puede utilizar a su conveniencia. La utilización de un elemento tradicional en un acto lingüístico significa revivir en algún sentido el origen y la significación de tal elemento tradicional. De esta manera la determinación del sentido originario de una palabra o expresión lingüística significa la actualización de dicho elemento, con lo que no hay contradicción alguna en su separación y utilización.

1.8.4. Siendo, por otro lado, una hermenéutica, la lingüística del decir tiene relación directa con la lingüística del texto o hermenéutica del sentido, disciplina propuesta por Coseriu[37]. Las diferencias entre una u otra hay que buscarlas en el objetivo de la primera de analizar el acto del conocer como originario del acto lingüístico, acto que no se ha de considerar como hecho sino como que se hace, y el objetivo de la segunda de partir de los textos, realidad ya hecha, para su análisis.

[37] Cf. Coseriu 2007.

1.9. La lingüística del decir se propone explicar aquellos elementos que constituyen el decir dentro de una expresión. El decir es la determinación del hablar. No existiría el hablar, es decir, el lenguaje, si el ser humano no tuviera la necesidad de decir. El decir es la definición del sujeto ante lo que percibe y aprehende[38]. Tampoco, pues, existiría el decir —ni por consiguiente el hablar— si el sujeto no conociera. Dicho de otra manera: el sujeto hablante se enfrenta a lo que le rodea estructurándolo y definiéndose a sí mismo ante ello, haciéndolo realidad y manifestándose a sí mismo. El hablar, es decir, el lenguaje, existe porque se da, es decir, se va a dar el decir en el acto del habla, y el decir es posible porque el sujeto conoce y se define ante la realidad. El acto lingüístico, de este modo, es un acto de afirmación de un sujeto en lo que es y en lo que libremente quiere ser. El decir hace que exista el lenguaje determinando así la creación del acto lingüístico. En el acto lingüístico tenemos, pues, una determinación progresiva: el conocer posibilita la definición del sujeto ante lo que le rodea determinando con ello un decir y el decir determina el hablar haciendo que el sujeto hablante seleccione los medios de expresión de la lengua que mejor le convienen, con lo que el decir, a su vez, está condicionado por el hablar, que siempre es histórico. El conocer se da y se puede dar independientemente del decir y el decir se da también independiente del hablar, pero no al revés. El decir como la definición del propio sujeto ante lo que le rodea, es conocimiento, actividad cognoscitiva de un sujeto libre ante lo que él mismo es y ante aquello que el propio sujeto hace que sea. El ser humano, mediante el decir, se define doble-

[38] Dice Ortega y Gasset: «todo decir es una acción vital del hombre; por tanto, [...] lo propio y últimamente real, en un decir no es lo "dicho" o *dictum* [...] sino el hecho de que alguien lo dice, y por tanto, con ello actúa, obra y se compromete» (Ortega y Gasset 1992a: 253).

mente: primero, se define a sí mismo, es decir, crea su propia conciencia, y segundo, se define ante lo que le rodea, su propia circunstancia, aceptándola, rechazándola o transformándola. El ser humano sujeto hablante, dicente y cognoscente por el mismo acto del decir, toma conciencia de sí mismo, en primer lugar, como ser que es en una circunstancia y, en segundo lugar, da significación a lo que le rodea de tal manera que su decir llega a determinar la expresión lingüística.

1.10. El acto lingüístico es, pues, el acto indisoluble de hablar, decir y conocer. Es un acto creativo en un múltiple sentido: crea, en primer lugar, la propia conciencia del sujeto que conoce, la cual se manifiesta en la intención significativa; crea, en segundo lugar, un conocer centrado en un objeto (objeto del conocer); crea en tercer lugar, la definición del sujeto ante lo que conoce (el decir)[39], especificado en un objeto (objeto del decir); crea, en cuarto lugar, la vinculación del sujeto sobre lo conocido (la realidad)[40]; y crea, en quinto y último lugar, un objeto lingüístico (creación de significados, es decir, lenguaje) que se materializa en una lengua dando lugar a una expresión lingüística dada.

Veamos estos cinco tipos de creación de manera más concreta. La expresión lingüística representa el intento del sujeto por significar un sentido. Sin embargo, nunca o casi nunca coincide con lo que el hablante quiere decir. Decimos, por ejemplo, en Almería: «el río lleva agua». Todo el mundo en Almería acepta sin aclaración alguna dicha expresión.

---

[39] La intención expresiva determina el acto lingüístico en su totalidad. Todo acto lingüístico es obra de un sujeto que busca con ello una finalidad determinada.

[40] Dice Ortega y Gasset: «en nuestra circunstancia no puede haber nada que sea con un ser independiente del hombre, como este es dependiendo de cuanto hay en la circunstancia. Mundo y hombre se son, aunque con distinto modo. Por eso no hay mundo sin hombre, ni hay hombre sin mundo» (2009: «Apuntes para un comentario al Banquete de Platón», OC IX: 758).

Ahora bien, lo que el hablante quiere decir no está en la expresión: se deduce del conocimiento que tenemos sobre las cosas. El hablante quiere llamar la atención (decir) sobre la abundancia temporal de lluvia caída en la zona que hace que el río fluya. Así, pues, el hablante crea un conocer sobre la realidad del río (objeto del conocer) pero lo que quiere decir es otra cosa, que es la abundancia de lluvia caída en la zona (el objeto del decir). Y esto, en realidad, no puede ser de otra manera. No es noticia que un río fluya, ya que eso es lo que define a la clase, categoría o modo de ser de las cosas "río", sino la abundancia de lluvia, cosa excepcional en el contorno en el que se ha planteado el ejemplo. De esta manera la intención significativa del hablante es decisiva: determina todo el acto lingüístico y hace que el hablante salga garante de lo dicho. Como garante de ese aserto (decir), el sujeto aparece como distinto de lo dicho. Esto nos lleva a considerar el origen interno del acto lingüístico, es decir, el conocer que ha hecho posible un pensamiento materializado en un decir. El sujeto, que vive una situación dada por medio de sus sentidos, se separa de esa situación por el acto del conocer, manifestándose como distinto tanto de lo que vive como también de sus sentidos, a los que considera el medio para acercarse a aquello de lo que se separa (la realidad). La primera condición del decir es de tipo interno: tiene que ver con el sujeto y lo que constituye al sujeto. A este respecto dice Ortega y Gasset:

> *para que yo pueda decir algo a alguien es preciso que antes me lo haya dicho yo a mí mismo, esto es que lo haya pensado y no hay pensar si no hablo conmigo mismo.*[41]

La determinación del objeto del decir depende del contexto (la circunstancia) y, como en el ejemplo aportado, no suele aparecer materialmente en la expresión o aparece de

[41] 1999: 101.

forma muy sutil. Así, por ejemplo, si decimos «mi hijo ha sacado las oposiciones», el objeto del decir aparece en el determinante posesivo *mi*: ¡qué suerte tengo yo que tengo un hijo que es capaz de sacar las oposiciones!

1.11.1 Para Ortega, el lenguaje es mucho más que la expresión lingüística manifiesta al hablar:

> *el lenguaje consiste no sólo en decir lo que él por sí dice, sino en actualizar esa potencialidad decidora, significativa del contorno. El hecho incuestionable es que resulta sorprendente cómo la palabra se integra como tal palabra —esto es, cumple la función de enunciar— en coalescencia súbita con las cosas y seres en torno que no son verbales. Lo que la palabra por sí dice es muy poco, pero es el fulminante que dispara el poder cuasiverbal de todo lo demás.*[42]

La interpretación, pues, del acto lingüístico no puede consistir sólo en lo que la expresión nos dice. Tenemos que ver en el acto lingüístico aquello que lo ha hecho posible: todos aquellos elementos que constituyen la circunstancia del sujeto hablante. De aquí que el estudio del lenguaje sea una hermenéutica. Y esto concuerda con lo que dice Coseriu. Para Coseriu, el lenguaje es «la creación de significados», realidad mucho más amplia que lo que da la lengua.

1.11.2 La tarea de la lingüística hasta ahora, según nos hace ver Ortega y Gasset[43], ha consistido en la interpretación del acto lingüístico según se manifiesta dentro de una lengua, siendo ésta y los elementos de ésta los únicos signos de lo que constituye el contenido de la expresión. Esto implica, según Ortega, concebir la lengua como algo ya hecho y acabado o, como diría Coseriu, concebir la lengua sólo como

---

[42] 2001: 241.

[43] Cf. Ortega y Gasset O. C. «Apuntes para un comentario al Banquete de Platón», 2009, IX: 729-58.

código[44]. Para Ortega y Gasset, los cinco elementos señalados son lenguaje[45]. Aun más: un texto escrito es un texto mutilado al que se le quita la parte de la expresión corporal que en el lenguaje real acompaña a la lengua. La interpretación, pues, del acto lingüístico ha de hacerse en los elementos *a priori* que lo constituyen.

1.12. En el acto lingüístico hemos de separar fundamentalmente el sujeto que crea dicho acto y el objeto múltiple que es creado, distinguiendo en él todos los elementos de que se compone, que recopilamos: el conocer, el objeto del conocer, la intención significativa, el decir, el objeto del decir, la realidad y la lengua histórica. En consecuencia, tratamos el acto lingüístico en su nacimiento, como realidad que es ejecutada en cada momento por los hablantes. El acto lingüístico, así, constituye el origen y el fin de lo que llamamos lenguaje. Es el origen porque todo el lenguaje está comprendido en el acto lingüístico. El lenguaje nace y se da en toda su compleción cuando se habla. Y es, también, el fin que persigue el lenguaje: la significación creada. El lenguaje se hace y rehace a sí mismo en el hablar. Desde que el sujeto se enfrenta a la realidad con los únicos medios de que dispone como sujeto cognoscente, sus sentidos, hasta que «declara» (*apophainesthai*)[46] lo que ha creado (*logos*), el acto de hablar, decir y conocer se manifiesta en una serie de elementos, sus constituyentes, a saber: la intuición primera del sujeto o *aísthesis*. Ésta es de naturaleza sensible (sensación) y constituye el origen y la *conditio sine qua non* del conocer y, por consiguiente, del propio acto lingüístico; la determinación de la misma en lo que llamamos la *intención significativa* (el *logos* que se dice o se quiere decir), expresión

[44] Cf. Coseriu 1988: 30.

[45] Cf. Ortega y Gasset 2001: 259.

[46] Cf. Heidegger 2002: 37.

que se ha de separar del propio decir como parte integrante del mismo; lo que el sujeto crea en su interior, el *contenido* o *logos*, es decir, el *pensamiento*; lo que se manifiesta o declara en su totalidad, lo *dicho* o *lektón*; los medios de expresión (lenguaje) propios de una comunidad dada o *lengua*, lo que bajo la consideración del pensamiento ya creado y vigente en una comunidad de hablantes es el *logos semantikós*, y el logos ulteriormente determinado por un fin fantástico, lógico o pragmático o *logos apophantikós.*[47]

La lingüística del decir tiene que buscar todos estos elementos e interpretar el decir en función de los mismos.

1.13. La *aísthesis*, intuición primera o sensación inicial es el impulso del conocer y como tal es de carácter concreto y sensible[48]. La *intención significativa* constituye la perspectiva u orientación que el sujeto impone sobre la *aísthesis* ejerciendo con ello su libertad. Lo que el sujeto crea en su interior, el *logos*, es un algo individual que sólo pertenece al sujeto. Éste, logos o contenido o pensamiento, es susceptible de análisis en sus componentes, permitiendo separar el propio *pensamiento* o *ideas* del objeto en el que se centra tal pensamiento, al que llamamos el *objeto del decir*, y de los medios de los de que el sujeto se vale en el acto lingüístico para la realización de tal pensamiento, a lo que llamamos *objeto del conocer,* aquel aspecto o motivo del que se vale el sujeto para decir lo que dice. El *lektón* es lo dicho, el logos en su totalidad, lo que se manifiesta en la expresión lingüística[49].

---

[47] Cf. Coseriu 1982: 246-47.

[48] Ortega insiste en el carácter sensible de todo conocimiento humano. Antes que inteligencia o razón el conocimiento es sensación, es decir, intuición: un algo que se nos hace presente en toda su realidad. A partir de la *aísthesis*, el conocimiento se puede ir racionalizando y relacionando, cf. 1992a: 133-34.

[49] Coseriu 1985: 24.

Para Coseriu, el logos es a la vez significativo o *logos semantikós* y logos que siendo significativo presenta ulteriores determinaciones, *logos apophantikós*. El *logos semantikós* es el logos interindividual o histórico, serie de modos de pensar que están en vigor en una comunidad de hablantes o lengua. El *logos apophantikós* es el logos que en los actos del habla presenta ulteriores determinaciones; en este sentido el *logos apophantikós* es poético, pragmático o lógico[50]. El acto lingüístico, en consecuencia, es una exposición o manifestación del pensamiento o *lógos*, que se da en el interior del sujeto y que, al hablar, se manifiesta o «declara en sí mismo», *apopháinesthai*.[51]

1.13.1. Desde la perspectiva del lenguaje como la creación de significados[52], la distinción entre el logos semántico y el logos apofántico es un problema del lenguaje. Tanto el logos semántico como el logos apofántico se dan en la expresión lingüística. De esta manera, el logos semántico y el logos apofántico se manifiestan a la vez en los tres niveles de la determinación lingüística. El logos semántico pertenece al lenguaje en cuanto que es *la función significativa* y tiene que ver con el conocer constituyendo en sí mismo un problema universal. Por otro lado, como el lenguaje se da en las lenguas, el logos semántico se manifiesta determinado en los elementos de una lengua. En este sentido el logos semántico funciona como común en una comunidad de hablantes y se manifiesta como contingente. El logos semántico es virtual y representa la permanencia en el hablar dentro de una misma comunidad de hablantes. Por último, el logos semántico se manifiesta individualmente en los textos en cuanto que la función significativa es ejecutada mediante los medios his-

[50] Coseriu 1982: 246-47.

[51] Heidegger 2002: 37.

[52] Coseriu 1985: 26-27.

tóricos en el acto lingüístico por un hablante, siempre de forma contextual y esporádica. Pongamos un ejemplo. Si yo digo, *ven a mi casa*, tengo una oración que significa algo y que es, por tanto, la utilización del lenguaje para significar o crear un significado. En sí misma es la actualización de la función significativa del lenguaje. Por otro lado, tengo la utilización de medios que son comunes y están en vigor en una comunidad de hablantes o lengua: *venir*, la preposición *a*, el determinante posesivo *mi*, el sustantivo *casa*, el significado histórico de venir y de casa, las categorías de tú, yo y posesivo. En este sentido es el logos semántico que pertenece a la lengua española y no a otra lengua, por ejemplo la lengua inglesa, que no utilizaría, entre otras cosas, preposición, ni determinante alguno. Y por último tengo la función significativa utilizada con medios de la lengua española para referir una acción hecha por un sujeto, dirigida a un interlocutor respecto a una cosa a la que llamamos *casa*. Es decir, tenemos el logos creado significativamente según se manifiesta en los tres niveles de la determinación lingüística.

1.13.2. El logos apofántico por su parte se distingue del logos semántico en el nivel universal en cuanto que lo lingüístico se manifiesta como distinto de lo lógico, en cuanto que en sí mismo es conocimiento y en cuanto que en las clasificaciones objetivas se manifiesta más allá de las lenguas. Las clasificaciones objetivas (las terminologías científicas y técnicas)

> *«no pertenecen al lenguaje, ni por consiguiente, a las estructuraciones léxicas del mismo modo que las "palabras usuales": constituyen utilizaciones del lenguaje para clasificaciones diferentes (y, en principio, autónomas) de la realidad o de ciertas secciones de la realidad».*[53]

[53] Coseriu 1981. 96.

En este sentido el logos apofántico va más allá del lenguaje. Toda expresión lógica se vale de los medios de una lengua, sean éstos los que sean, manifestándose como distinta de la lengua en sí. Así, si decimos en español *no vi nada*, podemos ver que lo gramatical va por un lado (doble negación que niega bajo ciertas circunstancias, en español) y lo lógico por otro (la no consideración de la doble negación, que en lógica afirma). El pensamiento lógico se impone sobre la expresión lingüística. Así si yo digo, *2+2=4*, esta oración es verdad, no por lo que la lengua diga, sino porque en sí mismo lo lógico constituye un conocimiento autónomo que se impone al lenguaje. De esta manera llegamos a interpretar la expresión en términos de los principios generales del pensamiento y del conocimiento de las cosas. Las expresiones *leche entera* y *leche desnatada* son opuestas entre sí por lo que designan, es decir, gracias al conocimiento que tenemos de las cosas que designan. Sin embargo, lingüísticamente no muestran oposición contraria alguna (lo opuesto de *leche entera,* sería algo así como *leche media* y de *leche desnatada, leche natada,* quizás). En este caso interpretamos correctamente dichas expresiones si es que conocemos el objeto del que se dicen, es decir, por el conocimiento de las cosas.

En las clasificaciones de la realidad hechas por una ciencia, las llamadas por Coseriu *nomenclaturas*, los objetos se clasifican según un criterio único y unitario. En éstas hay una identidad entre la expresión lingüística y los objetos designados, con lo que no cabe la interpretación lingüística. Así, si yo digo *ruido* hablando de la teoría de la comunicación denoto una realidad muy distinta de la significación que da la lengua: «conjunto de perturbaciones, por lo general incoherentes, de cualquier naturaleza y origen, que se superponen a una señal útil en un punto cualquiera del espacio o de una vía de comunicación»[54]. La lengua sirve a la lógica con sus palabras, con lo que la lógica o la ciencia van más allá de las palabras que emplean.

1.13.3. El logos apofántico se manifiesta también en el nivel histórico en cuanto que la realidad misma y su conocimiento se imponen a la intuición lingüística y al significado. Las terminologías

> *«no están "estructuradas" en absoluto (son simples "nomenclaturas" enumerativas que corresponden a delimitaciones en los objetos) y, en la medida en que lo están, su estructuración no corresponde a las normas del lenguaje, sino a los puntos de vista y a las exigencias de las ciencias y técnicas respectivas».*[55]

Las lenguas, en este sentido, están determinadas por la realidad objetiva, la cual se impone a las mismas. Si decimos, por ejemplo, los versos de Miguel Hernández:

> *Lluviosos ojos que lluviosamente*
> *me hacéis penar: lluviosas soledades*
> *balcones de las rudas tempestades*
> *que hay en mi corazón adolescente*
>
> *(El rayo que no cesa, 27),*

la intuición de la realidad y su conocimiento se impone a la intuición lingüística y el significado: todo el mundo interpreta dichas palabras más allá de la lengua, porque todo el mundo sabe que «lluviosos ojos» es una realidad en sí misma imposible.

1.13.4. Por último, el logos apofántico se manifiesta en el nivel individual como una modalidad textual, que es aque-

[54] *Gran Enciclopedia Larousse.*

[55] Coseriu 1981: 96.

lla en la que se dan las predicaciones de la realidad[56]. Así, la forma de predicar de la realidad es distinta en un poema o en una obra de teatro, en un relato corto o en una novela, en una disposición gubernativa o en una ley o sentencia judicial, etc.

1.14. El objeto de la lingüística del decir es, pues, la descripción del acto lingüístico sorprendido en su nacimiento. Significa desentrañar el proceso que comienza en el conocer y que consiste en la determinación del mismo en lo que constituye el decir. El decir se manifiesta en la intención significativa del hablante. El acto lingüístico, así, nace, es desarrollado y creado por el hablante individual y en torno al hablante individual. El punto de partida es el conocer y el fin perseguido es el decir. Entre el conocer y el decir está la determinación que el propio hablante impone en su acto creativo y libre.

1.15. La distinción que establece Coseriu entre el logos semántico y el logos apofántico es la distinción entre lo significativo (universal, histórico e individual) y el uso que la lengua, por un lado, y el hablante, por otro, hacen de lo significativo (igualmente universal, histórico e individual). Todo esto se manifiesta en la expresión nacida en un contexto con una intención significativa, convertida en un decir sobre las cosas y que en sí misma representa la traducción o transposición desde el lenguaje del ser al lenguaje del conocer y del decir[57]. Con esto el lenguaje nunca puede ser suficiente para lo que el ser hablante, dicente y cognoscente pretende decir.

---

[56] Las predicaciones de la realidad se hacen de forma muy variada, lo cual permite hacer distinciones entre los textos. Toda expresión tiene que ver con la realidad, es decir, con aquello que «nos-es» en algún sentido.

[57] Dice Ortega y Gasset: «El conocimiento no es sólo un *modus cognoscentis* sino una positiva modificación de lo conocido [...] El conocimiento [...] es perspectiva [...], una "interpretación" de la cosa misma sometiéndola a una traducción [...] del lenguaje de ser, que es mudo, al lenguaje

1.16. La lingüística del decir como hermenéutica se basa en dos principios de la lingüística del hablar de Coseriu, a saber: el principio de la confianza en el hablar del otro y el principio de la congruencia y adecuación[58]. El oyente confía en que el que habla dice verdad, por un lado, y, por otro, en que lo dicho se adecua a las cosas según son. De esta manera el oyente acepta todo lo dicho y trata de buscarle un sentido, por muy disparatado que le pueda parecer en una primera toma de contacto. El que habla habla en términos de las cosas y las cosas son porque son dichas. Estos dos principios implican varias cosas: en primer lugar, lo dicho tiene una finalidad en sí mismo, finalidad que es siempre nueva y esporádica; en segundo lugar, lo dicho tiene una determinación muy específica y particular; en tercer lugar, las cosas no son en sí mismas sino que están determinadas por una intención significativa individual, concreta y esporádica que hace que las cosas sean tales en tanto que estén enclavadas en un mundo dado o en un universo de conocimiento dado.

1.17. Si bien hemos dicho que el acto lingüístico se fundamenta y resuelve en un acto de conocer y que el hablar está determinado por el decir, genéticamente el conocer es lo primero. Es lo que posibilita el decir. El decir es lo segundo. Y tanto el conocer como el decir posibilitan y determinan el hablar.

En el acto lingüístico se ponen de manifiesto las funciones que comporta el acto del conocer. Éstas tienen, de una manera u otra, su manifestación en la expresión. El acto lingüístico es la expresión de una intuición inédita, según Coseriu[59], o el desarrollo de una intuición sensible que Aris-

decidor del conocer. Este lenguaje es al que es traducido el ser es [...] *el* lenguaje, el *lógos*» (1989: 41-42).

[58] Coseriu 1992: 145-46.

[59] «Siendo siempre expresión de una intuición inédita y única, el acto lingüístico es acto de creación, acto singular que no reproduce exactamente

tóteles llama *aísthesis*[60]. A partir de la aísthesis se da la serie de operaciones intelectivas, de las que ya hemos hablado[61]. Si bien las operaciones intelectivas son acciones vitales que realiza el sujeto cognoscente, éstas se manifiestan como funciones de la lengua o funciones textuales.

1.18. La lingüística del decir se basa para su estudio —al igual que la lingüística del hablar de Coseriu— en el conocimiento lingüístico de los hablantes. Dice Coseriu:

> «*el lenguaje funciona* por *y* para *los hablantes, no para los lingüistas, de ahí que todo aquello que tiene significado* para los hablantes *(=todas las relaciones que* para los hablantes *pueden establecerse entre los diversos elementos de su lengua), sea también relevante para el lingüista, pues la tarea de éste consiste en comprobar cómo funciona la lengua para los hablantes mismos*».[62]

En la lingüística del decir nos interesa lo que interesa a los hablantes en cuanto que determina el acto lingüístico realizado por los mismos. La tarea de la lingüística del decir consiste en descomponer el acto lingüístico según sus medios de expresión hasta llegar al propio acto de creación individual. Los medios de expresión son medios que pertenecen a una lengua pero en el acto lingüístico están determinados por la intención significativa del hablante. Estos medios son universales, —valen para crear significados—; son históricos y,

---

ningún acto lingüístico anterior y que sólo por los límites que le impone la necesidad de la intercomunicación social se "parece" a actos lingüísticos anteriores, pertenecientes a la experiencia de una comunidad. [...] El acto lingüístico es, por su naturaleza, acto eminentemente individual, pero vinculado socialmente por su misma finalidad, que es la de "decir" a otros algo acerca de algo» (Coseriu 1986: 27-28).

[60] Cf. cita en la nota 32

[61] Cf. § 1.7.

[62] Coseriu 2007: 184.

por tanto, contingentes, —son medios que funcionan según los parámetros particulares de una lengua—; y son medios individuales, es decir, están determinados por la intención significativa del hablante. El problema en la lingüística del decir está en descubrir la intención significativa del hablante, que es siempre un hablante individual, que se desarrolla en una situación momentánea y esporádica.

1.19. En la lingüística del decir, el entorno condiciona el sentido de una expresión dicha. Las cosas que nos son dadas en la tradición nos son dadas en cuanto que pertenecen a un universo de conocimiento y en cuanto que están enclavadas en un mundo o universo de conocimiento. El hablante emplea las palabras y contenidos tradicionales, que en la misma tradición aparecen ya determinados. Esto tiene que ver con una teoría del conocimiento. Una teoría del conocimiento explica la razón última de las cosas[63]. Las cosas que nos son dadas son cosas en cuanto que nos son dadas, es decir, en cuanto que están definidas ya dentro de la tradición. El hombre, sujeto hablante, dicente y cognoscente, da realidad, es decir, hace verdadero, mediante su conocer y su decir, aquello que le rodea, aquello que le posibilita o le impide su vivir[64]. De esta manera, el mundo no existe más que como creación cognoscitiva del hombre[65]. El valor de verdad de una pro-

[63] "El hombre no es cosa ninguna, sino un drama —su vida, un puro y universal acontecimiento que acontece a cada cual y en que cada cual no es, a su vez, sino acontecimiento. Todas las cosas, sean las que fueren, son meras interpretaciones que se esfuerzan en dar lo que encuentran. El hombre no encuentra cosas, sino que las pone o supone" (Ortega y Gasset 1971: 41).

[64] Cf. Ortega y Gasset 1992b.

[65] "El hombre en su trato con las cosas sensibles que le rodean está encadenado a ellas [...]. Mas [...] puede imaginar que está libre [...] por tanto esta *imaginaria libertad* significa, *ipso facto*, una efectiva *libertad de imaginar* frente a las cosas sensibles [...]. Las cosas sensibles en que el

posición o enunciado es el que el hablante le da dentro del mundo en el que lo enclava. En el vasto mundo transmitido, Coseriu distingue cuatro universos de conocimiento según se manifiestan en el lenguaje. Se trata de «universos en los que el lenguaje se presenta cada vez como manifestación de un modo autónomo de conocer»[66], es decir, un universo de conocimiento es «el sistema universal de significaciones al que pertenece un discurso (o un enunciado) y que determina su validez y su sentido»[67]. Para Coseriu, los *universos de conocimiento*, son los siguientes:

a) el universo de la experiencia común;
b) el universo de la ciencia (y de la técnica científicamente fundada);
c) el universo de la fantasía (y por lo tanto del arte); y
d) el universo de la fe.

Y estos universos de conocimiento han de distinguirse de los mundos «conocidos» (o *ámbitos de conocimiento*), que son tres:

a) el mundo de la necesidad y de la causalidad (en el sentido kantiano), "el mundo de la experiencia sensi-

---

hombre está preso no constituyen un mundo. En rigor, no son cosas, sino 'asuntos de la vida', articulando unos en otros formando una perspectiva pragmática. Se convierten en cosas cuando las libertamos de esa perspectiva y les atribuimos un *ser*, esto es una consistencia propia y ajena a nosotros. Pero entonces se nos presentan como *siendo en* un mundo, [...] que es ya pura fantasía [...]. Un mundo es, como tal, algo fantástico; quiero decir que no lo hay si no hay fantasía" (Ortega y Gasset 1992a: 131-132). Y en otro lugar: "el mundo exterior no existe en el mundo exterior sino en mi darme cuenta" (1994: 166).

[66] Coseriu 2006: 73.

[67] Coseriu 1982: 318.

ble corriente, 'ámbito de conocimiento' propio de la ciencia empírica";

b) el mundo de la libertad y de la finalidad (también en sentido kantiano), 'el mundo de las creaciones humanas o de la cultura en general'; y

c) el mundo de la fe.

Los universos de conocimiento tienen que ver con las modalidades del conocer, mientras que los mundos conocidos o ámbitos del conocimiento tienen que ver con los «objetos del conocer y del saber».[68]

1.20. Como consecuencia, toda la objetividad, subjetividad o intersubjetividad supuestas en cada uno de estos universos de conocimiento han de ser justificadas internamente en cada uno de ellos. Así, afirmaciones como «el sol sale», «el sol se pone», «el sol da vueltas alrededor de la tierra» son verdaderas en el universo de conocimiento de la experiencia común; en su contra, la afirmación de que «la tierra da vueltas alrededor del sol» es verdadera en el universo de conocimiento de la ciencia; de la misma manera, la afirmación de que «el sol se asoma furtivamente por las ventanas doradas del este»[69] es verdadera en el universo de conocimiento de la fantasía; y por último, la afirmación de que «el sol y las estrellas han sido creadas por Dios» es verdadera en el mundo de la fe.

---

[68] Coseriu 2006: 72-76.

[69] «an hour before the worshipp'd sun / peer'd forth the golden window of the east, /a troubled mind drave me to walk abroad» (Shakespeare, Romeo and Juliet, Acto I, escena I).

2
Las categorías de Aristóteles

2.1. Introducción

2.1.1. En este libro, como hemos visto, nos proponemos estudiar las categorías desde lo que éstas son en sí mismas. Vamos a estudiar tres sistemas de categorías: las categorías de los cognitivistas, que ya hemos expuesto en la introducción, las categorías de Aristóteles y, por último, las categorías que propone Ortega y Gasset en su lingüística de la razón vital. El problema que nos planteamos es uno, ¿cuál es la realidad de las categorías? Responderemos esta pregunta tras que hayamos presentado las categorías de Aristóteles. Para responder esa pregunta tenemos que estudiar cada sistema de categorías desde la lengua en la que fueron formuladas, desde el modo de pensar de su autor, desde el conocer como realidades cognoscitivas y desde el decir, desde lo que nos dicen las categorías como realidades absolutas. He elegido los tres sistemas de categorías porque son dispares entre sí y porque cada uno de ellos depende de un modo de pensar determinado, presenta una coherencia interna y trata de reflejar los patrones mentales necesarios para hacer ciencia. Por otro lado, como recordaremos, las categorías de

Aristóteles son el referente de los cognitivistas, categorías que según ellos están en vigor desde hace dos mil años, y que rechazan sin discusión alguna.

2.1.2. Las categorías de Aristóteles se suelen presentar en su traducción directa desde el griego clásico a las lenguas de hoy día. Esta forma de presentarlas es ya de por sí una interpretación. Tendremos que seguir un estudio lingüístico de las mismas hecho sobre la base de los medios de expresión, gramaticales y propios de la lengua griega empleada. Aristóteles se desenvolvió en la lengua griega, o mejor, en el estado de la lengua griega en vigor en el período en que vivió, es decir, en el estado de lengua vigente desde el año 384 al 322 antes de Cristo. Este hecho, desde mi punto de vista, no se suele tener en cuenta en las traducciones, con lo que éstas resultan ser una interpretación inicial de las categorías. Vamos a continuación a exponer un resumen de las categorías de Aristóteles según suelen ser traducidas y publicadas. Seguimos la traducción de Jorge Mittelmann. Posteriormente veremos la interpretación lingüística de las mismas hecha por el lingüista y helenista Emile Benveniste.[70]

2.2. Los antepredicamentos

Antes de empezar a definir lo que se suele llamar los predicamentos o categorías, Aristóteles define una serie de conceptos que han de ser útiles para el análisis de los mismos.

2.2.1. La homonimia, sinonimia y paronimia.

Se llaman homónimas aquellas cosas que sólo tienen en común un nombre, pero el enunciado de la esencia[71] que co-

---

[70] Cf. Cap. § 4.4.

[71] Según hace notar Mittelmann (2009: 56, nota 3) la expresión «enunciado de la esencia», *lógos tés ousías,* se puede tomar en sentido estricto,

rresponde a dicho nombre es distinto en cada caso, como por ejemplo, tanto el hombre como el dibujo de un animal se denominan «animal». En efecto, uno y otro tienen en común solamente un nombre, mientras que el enunciado de la esencia que corresponde a dicho nombre es diferente. Pues si alguien explica en qué consiste, para cada uno de ellos, el «ser animal», proporcionará un enunciado peculiar a cada cual[72].

Se llaman sinónimas, en cambio, aquellas cosas que tiene un nombre en común y para las que el enunciado de la esencia que corresponde a dicho nombre es el mismo; por ejemplo, tanto el hombre como el buey se denominan «animal». En efecto, cada uno de ellos será designado mediante el nombre común «animal», y el enunciado de la esencia será el mismo en ambos casos. Pues si alguien da razón de cada cual, y de en qué consiste para uno y otro el «ser animal», proporcionará el mismo enunciado.

Se llaman parónimas cuantas cosas reciben su denominación nominal a partir de algo, en virtud de diferir de aquello por la flexión, tal como el gramático deriva su denominación de la gramática, y el valiente de la valentía.

2.2.2. Tipos de entidades

De entre las cosas que se dicen, algunas se enuncian en combinación, y otras, sin combinación. Ahora bien, las que se dicen en combinación son, por ejemplo, *un hombre corre, un hombre vence*; las que se dicen sin combinación son, verbigracia, *hombre, buey, corre, vence.*

---

aquello en que consiste «ser» para cada cosa, o en otro sentido, como descripción apropiada y suficiente de un objeto.

[72] Según veremos después en el «modo de pensar» (=filosofía) de Aristóteles las cosas están ordenadas en virtud de la abstracción en especies y géneros. Así la imagen representada de un animal se une en el género con animal, es decir, tienen ambos el mismo género, de aquí la homonimia.

De entre las entidades,

a) Algunas *se dicen de* un sujeto, pero no están en sujeto alguno, tal como *hombre* se dice de hombre particular, pero no está en ningún sujeto[73]. Esto quiere decir que algunos seres son tales en cuanto que son individuos en la categoría de substancia.[74]

b) Otras *están en* un sujeto, pero no se dicen de sujeto alguno; con «en un sujeto» me refiero, dice Aristóteles, a aquello que, hallándose en otra cosa no a modo de parte suya, no puede existir separado de aquello en lo cual está. La gramática particular, por ejemplo, *está en* un sujeto, a saber, el alma, pero no *se dice de* ningún sujeto; y lo blanco particular *está en* un sujeto, a saber, el cuerpo, pues absolutamente todo color está en un cuerpo, pero no *se dice* de sujeto alguno[75]. Es decir, algunos seres son tales en cuanto que son individuos que pertenecen a cualquiera de las otras categorías excepto la de substancia;[76]

c) Otras entidades no sólo *se dicen de* un sujeto, sino que también *están en* un sujeto; el saber, por ejemplo, *está en* un sujeto, el alma, y se dice de un sujeto, la gramática[77]. Es decir, algunos seres son tales en cuanto que son géneros y especies en la categoría de substancia;[78]

d) Ciertas entidades ni *están en* un sujeto, ni *se dicen de* un sujeto, como es el caso del hombre particular, o del caballo particular, pues ninguna de tales cosas se encuentran

[73] *Categorías* 1a20.

[74] Cf. Mittelmann 2009, pág. 60, nota 9.

[75] *Categorías* 1a25.

[76] Cf. Mittelmann, ibídem.

[77] *Categorías* 1b.

[78] Cf. Mittelmann, ibídem.

> en un sujeto ni *se dice de* un sujeto. En sentido estricto, las cosas indivisibles y numéricamente unas no se dicen de ningún sujeto, pero nada impide que algunas de ellas estén en algún sujeto: pues la gramática particular es de aquellas entidades que están en un sujeto[79]. Éste tipo de ser, por último, está constituido por los géneros y especies de los demás predicamentos exceptuada la substancia.[80]

Cuando una cosa se predica de otra como de un sujeto, todo cuanto se dice del predicado se enunciará también del sujeto. Por ejemplo, *hombre* se predica del hombre particular, y *animal* se predica a su vez de *hombre.* Por lo tanto, *animal* se predicará también del *hombre* particular. Pues el hombre particular es tanto *hombre* como *animal.*

Las diferencias de géneros distintos que no se encuentran subordinados los unos a los otros son también específicamente diversas, como es el caso de los géneros *animal* y *ciencia.* Pues son diferencias de *animal* «pedestre», «alado», «acuático», «bípedo», pero ninguna de éstas lo es de la *ciencia,* ya que una ciencia no difiere de otra por ser bípeda o alada o pedestre. En cuanto a los géneros que se hallan subordinados entre sí, nada impide, sin embargo, que tengan las mismas diferencias. Pues los géneros superiores se predican de aquellos que les están subordinados, de tal suerte que todo cuanto es diferencia del sujeto[81] será también diferencia del predicado.[82]

---

[79] *Categorías* 1b5.

[80] Cf. Mittelmann, lugar citado.

[81] Desde los comentaristas de Aristóteles (Porfirio, s. III y Boecio, siglo V-VI) se observó en el pasaje que comentamos un grave error. Dice Aristóteles en este pasaje que lo que se dice del predicado está contenido en el sujeto. Lo que está contenido en el predicado no está contenido en el sujeto, sino al revés. Expongo este pasaje según la solución ya propuesta por Boecio y recogida por Ackrill (cf. Mittelmann 2009: 63, nota 13), que consiste simplemente en cambiar, en la redacción del texto, sujeto por predicado y predicado por sujeto.

[82] Cf. *Categorías* 1b10-1b24.

2.3. Las cosas que se dicen o predicamentos, τά λεγόμενα

2.3.1. Para Aristóteles, los predicamentos (o categorías) son diez, a los que presenta de la siguiente manera: «Cada una de las expresiones que se dicen sin ninguna combinación significa o bien una *substancia*, o bien un *cuánto*, o bien un *cuál*, o bien un *respecto de algo*[83], o bien un *dónde*, o bien un *cuándo*, o bien un *estar en cierta posición*[84], *o bien un tener*[85], o bien un *hacer*[86], o bien un *padecer*».[87]

2.3.2. La primera cuestión que tenemos que encarar para entender los predicamentos de Aristóteles, es el valor de los términos aplicados a dos de los conceptos básicos: categoría y substancia. Por categoría Aristóteles entiende aquello que se puede decir, es decir, lo predicamental o predicable; de ahí, los predicamentos. Por otro lado, por substancia —término con el que se suele traducir el término griego οὐσία desde Marco Victorino († *ca.* 380), San Agustín (354-430) y Boecio (*ca.* 480-524/525)— Aristóteles entiende en buena parte el

[83] Benveniste traduce esta categoría como «relativamente a qué»

[84] Esta categoría, «κείσθαι», es interpretada por Benveniste en función de los ejemplos aportados por Aristóteles, ἀνάκειται (está acostado) y κάθηται (está sentado), expresiones que están en voz media —que no en infinitivo como es enunciada por Aristóteles—. La voz media en griego tiene una forma de significar mucho más expresiva que la voz pasiva. Cf. Benveniste 2007: 69.

[85] Igualmente, para Benveniste, esta categoría, ἔχειν, es ilustrada con los ejemplos ὑποδέδεται (está calzado) y ὥπλισται (está armado), que son perfectos, interpretándolos con el valor de la diátesis del perfecto griego, otro tipo de elemento sintáctico similar en significatividad a la voz media. De esta forma Benveniste traduce ἔχειν, que puede significar lo mismo «tener» que «estar en un estado», por «estar en un estado». Cf. Benveniste 2007, I: 69.

[86] Estas dos últimas categorías son, a su vez, la expresión del verbo en activa y pasiva, respectivamente.

[87] *Categorías* 1b25.

tipo de cuestiones que se habían planteado desde los presocráticos, en respuesta a la pregunta acerca de qué constituye «verdaderamente» la realidad o mundo.

2.3.3. Aristóteles coloca la substancia frente a todos los demás predicamentos: la *substancia* es el ser por excelencia y los demás predicamentos participan del ser en cuanto que se los concibe en relación con la misma: el *cuanto* (la cantidad), el *cuál* (la calidad), el *relativo a algo* (la relación), son cosas que se dan de forma variable en la substancia, es decir, accidentes de la misma; el *dónde* (el lugar), el *cuándo* (el tiempo) y el *estar en cierta posición* (la posición) son circunstancias que pueden afectar a la substancia, es decir, accidentes externos; el *tener* indica la composición de la substancia; y la oposición contraria el *hacer* (actividad) o el *padecer* (pasividad) definen la substancia en relación a dicha oposición.[88]

2.3.1. La substancia

2.3.1.1. Aristóteles presenta la *substancia* como algo distinto de los demás predicamentos, dice de ella que «es la que es llamada así del modo más estricto, prioritario y eminente»[89]. Quiere esto decir desde mi punto de vista que todos los demás predicamentos existen de la manera en que se dan en la substancia. Para Aristóteles la substancia es el modo de ser de las cosas y los demás predicamentos participan de este mismo modo de ser[90]. Para Aristóteles, el modo

[88] Esta primera interpretación, que podríamos llamar, interpretación ontológica o metafísica, no tiene en cuenta el valor «gramatical» de las expresiones utilizadas por Aristóteles. Como veremos más adelante (cf. § 4.4) el tipo de concepto que estas categorías denotan viene dado por la propia lengua griega.

[89] *Categorías* 2a 11.

[90] Esta interpretación no es más que una reproducción de la ontología vigente desde Parménides hasta los escolásticos.

de ser de algo es lo que llama las *formas*, es decir, aquello que constituye el pensar exacto, que vale para los conceptos pero no para las cosas de la vida real[91]. Aristóteles atribuye a las formas el modo de ser de la substancia: lo que se dice de la substancia se puede decir de las formas. Para esto Aristóteles distingue un doble nivel, el nivel de lo que es decible y el nivel de lo que se dice, el predicado. Lo decible es lo que llama el sujeto, ὑποκείμενον. Lo que se dice (o predica) son las formas. Y éstas son una pura creación intelectual, es decir, una creación para el decir que sólo sirve al lenguaje, atribuyendo a éstas una dependencia existencial asimétrica entre los individuos adscritos a la primera categoría y todo lo que se da en ellos o se dice de ellos, ya se trate de cosas individuales o de universales.[92]

2.3.1.2. Como ejemplos de los distintos predicamentos Aristóteles aduce los siguientes: es substancia, *un hombre, un caballo*; es cantidad, *dos codos, tres codos*; es cualidad, *blanco, gramático*; es relación, *doble, mitad, más grande*; es lugar, *en el Liceo, en el ágora*; es tiempo, *ayer, el año pasado*; es posición, *está sentado, está acostado*[93]; es un tener, *está cal-*

[91] Ortega y Gasset (cf. 1992a: 62 y anteriores) explica las dimensiones del concepto, logicidad y veracidad, y nos dice que cuando el hombre descubre el concepto como tal y pone el énfasis en la logicidad de éste, es cuando nace el pensar exacto que ha dado lugar a la filosofía y a las ciencias. El pensar exacto precisamente por serlo no es válido para las cosas en torno del hombre. Las cosas que no valen para las cosas en torno del hombre sino para los conceptos exactos son llamadas: el Ente por Parménides, Ideas por Platón, y las Formas por Aristóteles.

[92] Cf. Mittelmann 2009: 67, nota 20.

[93] Observa Ackrill (1963: 78) que ni «gramático» ni «está calzado» son las categorías que dice Aristóteles. *Gramático* no es cualidad, ni *está calzado*, un tener: son expresiones predicativas. Cf. Nota n° 81. Volveremos sobre esto, cap. 4.4.

zado, está armado[94]; es hacer, *cortar, quemar*; es padecer, *ser cortado, ser quemado.*[95]

2.3.1.3. Para el establecimiento de los distintos predicamentos Aristóteles hace un riguroso ejercicio de abstracción. Los predicamentos son formas de ser (predicamentos) y cada uno de ellos es según la «extracción»[96] que realiza sobre aquello de que dice algo. Para Aristóteles, empezando por lo más básico, sujeto es aquello que constituye el soporte para decir algo, lo cual es concebido como substancia constituyendo lo primero de todo. Sobre el contenido primero podemos concebir el predicado que es lo que se dice del sujeto. Un sujeto puede ser cualquier cosa que en sí misma sea una y se constituya en el soporte para un decir. Hasta tal punto Aristóteles utiliza la abstracción, que separa como dos cosas distintas la definición de una cosa y el nombre que representa a ésta, dando pie de esta manera a considerar tres cosas sobre una misma realidad: el soporte primero, la definición del mismo y el nombre que se da a la definición. Esto supone una identificación entre lo pensado y el lenguaje constituyendo en sí mismo el *logos*. Para describir la realidad del logos es necesario ver cómo se constituyen las *formas* en sí mismas, es decir, cómo se constituyen las *formas* en lo que son. De ahí el nombre que Aristóteles da a estas *formas*, los predicamentos, pues κατηγορία, κατήγορος, κατηγορέω antes de Aristóteles significaban respectivamente, «acusación, reproche», «el que revela, acusador» y «mostrar, afirmar». En las categorías se trata de descifrar lo que se revela en el logos. El problema, pues, es un problema lingüístico, el

[94] «Estar calzado» y «estar armado» tienen otra explicación. Cf. Nota n° 81.

[95] *Categorías* 2a.

[96] Para Ortega, abstraer es extraer algo separándolo de allí de donde se da, cf. Ortega y Gasset 1992a: 57.

problema de la aprehensión del ser[97] según los medios históricos ofrecidos por una lengua.[98]

2.3.1.4. *Substancia* es aquello que no se dice de un sujeto ni se encuentra en un sujeto. Por ejemplo, el hombre particular o el caballo particular[99]. Dice Aristóteles que el hombre particular o el caballo particular no es substancia porque la substancia es anterior al «ser hombre» o «ser caballo»; substancia es lo que constituye el soporte para que un sujeto pueda posteriormente «ser hombre» o «ser caballo». Sin la substancia no se puede decir nada, por tanto, es necesario un algo para decir algo. De la misma manera, la substancia no está en el sujeto. De aquí que este tipo de substancia sea la «substancia primera», οὐσία πρωτή. Pero Aristóteles mentalmente elabora un algo, el sujeto, que constituye en el objeto del cual se puede decir algo. El sujeto se crea sobre un ser particular, al que se identifica con la substancia, de tal manera que pueda decirse de él. Así, del hombre particular puede decirse que es *hombre*, es decir, se le puede aplicar la forma 'hombre', con lo cual tal forma 'hombre' es algo afirmado del hombre particular. El hombre particular es una substancia primera, pero 'hombre' no lo es. Del hombre individual así formado puede decirse también que es 'animal racional', que es blanco, que posee la ciencia, etc., pero el ser un animal racional, el ser blanco, el poseer la ciencia se dicen del hombre particular y no son substancias primeras, sino algo que se dice del ser particular constituyendo así el predicado.[100]

[97] Coseriu (1985: 32 y 1985: 205-06) define el logos como la aprehensión del ser y a la vez identifica el lenguaje con la creación de significados.

[98] Esto lo veremos claramente cuando veamos la interpretación que he llamado «realidad histórica» de E. Benveniste. Cf. § 4.4.

[99] *Categorías* 2a11.

[100] Cf. Ferrater Mora, *Diccionario de filosofía.*

2.3.1.5. *Substancias segundas* son las especies a las cuales pertenecen las *formas* que se denominan substancias en sentido prioritario, así como los géneros de estas especies. Así, el hombre particular pertenece a la especie *hombre*, cuyo género es *animal.*[101]

2.3.1.6. Todos los demás predicamentos se dicen de ciertos sujetos (las substancias primeras), o bien se encuentran en éstas como en sujetos[102]. Así, *animal* se dice de *hombre*, y por tanto también de hombre particular, pues si *animal* no se dijera de ninguno de los hombres particulares tampoco se diría, en general, de *hombre.* A su vez el color está en el cuerpo; en consecuencia también está en el cuerpo particular, pues si no estuviese en alguno de los cuerpos particulares, tampoco residiría, en general, en el cuerpo. De manera que todas los demás predicamentos, o bien se dicen de ciertos sujetos (las substancias primeras), o bien se encuentran en éstas como en sujetos. Por consiguiente, si no hubiese substancias primeras, sería imposible que existiera alguna de las restantes categorías[103]. Las substancias primeras son el substrato de todo lo demás.

2.3.1.7. En otras palabras: lo que hace que una cosa particular sea, es la aplicación a la misma de la substancia primera; y que sea tal, la aplicación a la misma de las substancias segundas. Las substancias segundas son las *formas* según las cuales las cosas particulares sobre la base de las substancias primeras son tales.

2.3.1.8. Para Aristóteles hay un más y un menos en las substancias. Las substancias segundas «informan» (=dan ser; de *forma*) a las substancias primeras, pero entre aquellas

---

[101] *Categorías* 2a-15-18.

[102] *Categorías* 2a34.

[103] Cf, *Categorías* 2a3a- 2b6c.

unas son substancia en mayor medida que otras; o mejor: unas se aproximan más a la verdad de las substancias primeras que las otras. Así, la especie —cuyo grado de abstracción es inferior al género— es substancia en mayor medida que el género. La razón es que la especie se encuentra más próxima a la substancia primera.[104]

2.3.1.9. La substancia primera puede hacer de sujeto de todos los demás predicamentos, por un lado, y éstos, por su parte, se dicen de o se encuentran en la substancia primera. Por estas razones las substancias primeras se denominan substancias en el más alto sentido. Las substancias primeras son a los demás predicamentos como el género es respecto a las especies. La especie subyace al género: pues mientras los géneros se dicen de sus especies, las especies no se dicen, inversamente, de los géneros. De aquí, también resulta que la especie es substancia en mayor medida que el género.[105]

2.3.1.10. Por otro lado, si comparamos las especies entre sí y las substancias primeras entre sí, veremos que ninguna especie es más substancia que otra y que ninguna substancia primera es más substancia primera que otra.[106]

2.3.1.11. Así, pues, de entre todas las categorías, sólo las especies y los géneros son substancias aparte de las substancias primeras, pues, en última instancia todas las categorías ponen de manifiesto la substancia primera. Por ejemplo, si explicamos qué es tal hombre particular podremos decir que es una especie, *hombre*, y que es un género, *animal*, pero haremos una explicación más exacta si decimos que un hombre particular es *hombre* que si decimos que es *animal*. Esto pone de manifiesto que los predicados sólo predican de la

[104] Cf. *Categorías* 2b7.

[105] Cf. *Categorías* 2b15-2b20.

[106] Cf. *Categorías* 2b22 a 2b28.

substancia primera. Una explicación que diga de un hombre particular cualquier otra categoría será inadecuada. Decir, por ejemplo, que un hombre particular es *blanco* o *corre*, no es una definición de lo que es un hombre particular. Este hecho demuestra que de entre los demás predicamentos sólo las especies y los géneros se pueden denominar substancia. Además, las substancias primeras en tanto en cuanto que pueden funcionar de sujeto para las demás son llamadas substancias en el sentido más estricto. La misma relación que mantienen las substancias primeras respecto a los demás predicamentos, es la que mantienen las especies y los géneros de las substancias primeras respecto de todo lo restante, ya que todo lo restante se dice de ellas[107]. Ser substancia, en definitiva, no quiere decir más que «ser aquello *de* lo cual algo *se* dice y *en* lo cual algo *se encuentra*».[108]

2.3.1.12.1. Aristóteles deja claro el concepto de substancia: aquello que ni dice de un sujeto ni está en el sujeto, es decir, el soporte de todo lo que se puede decir, es decir, de todo lo que es. Por esta razón, porque es el soporte de todo lo que es, es la substancia por excelencia. Esto quiere decir que lo que constituye la substancia es aquello de lo que se atribuye algo y por tanto se constituye en soporte de algo, es decir, en soporte de ser. Respecto a las substancias segundas, tanto la definición como el nombre se dicen del sujeto. Así, de hombre particular se puede decir la definición de *hombre* y de animal. Por tanto la substancia no puede contarse entre aquellas cosas que están en un sujeto.[109]

2.3.1.12.2. Este rasgo, sin embargo, no es privativo de la substancia, sino que también se da en la diferencia, es de-

---

[107] Cf. *Categorías* 2b29-3a 5.

[108] Mittelmann 2009: 71, nota 26.

[109] Cf. *Categorías* 3a7-3a20.

cir, en aquello que define una especie respecto a un género. Por ejemplo, «pedestre» y «bípedo», que añadidos al género «animal» nos dan la especie «hombre», se dicen de un sujeto (el hombre) pero no están en el sujeto hombre, pues ninguno está en el hombre. Sin embargo, la definición de la diferencia se dice de aquello de lo cual la diferencia se dice. Si «pedestre» se dice de hombre, también la definición de «pedestre» se dirá de *hombre*, pues el hombre es pedestre aunque nos veamos forzados a admitir que las partes de una substancia no son substancia.[110]

2.3.1.13. Pertenece a las substancias y a las diferencias el que todas las predicaciones que se toman de ellas se digan de manera sinónima, pues todos los predicados que se originan de ellas se predican, sea de los individuos, sea de las especies. De la substancia primera no se origina ninguna predicación, pues no se dice de ningún sujeto. En el caso de las substancias segundas, la especie se predica del individuo, en tanto que el género se predica tanto de la especie como del individuo. Igualmente las diferencias se predican tanto de las especies como de los individuos. A la inversa: las substancias primeras admiten la definición de las especies y la de los géneros; y las especies la definición del género. Todo cuanto se diga del predicado se enunciará también de su sujeto[111]. Igualmente tanto las especies como los individuos admiten también la definición de las diferencias. Todas las atribuciones que se toman de las diferencias y de las especies se dicen sinónimamente.[112]

2.3.1.14. Toda substancia parece significar un «esto» (τόδε τί) (=este algo=alguna cosa). Tratándose de las subs-

[110] Cf. *Categorías* 3a20-30.

[111] Ley de la transitividad de la predicación.

[112] Cf. *Categorías* 3a33-3b9.

tancias primeras es incontestable que es así, pues lo que se muestra por medio del nombre es indivisible y numéricamente uno. En el caso de las substancias segundas parece ser así, sin embargo lo que significan es «de una tal cualidad» (ποιόν τι) (=un cierto cualificado, una cierta cualidad), pues el sujeto designado no es numéricamente uno, sino que «hombre» y «animal» se predican de muchas cosas. Pero no es de una cu*alidad* de lo que significan, pues a diferencia de la cualidad, como por ejemplo, *blanco*, no significa de manera irrestrictiva. *Blanco* no significa más que «de tal cualidad» (ποιόν) (=la cualidad misma) mientras que la especie y el género delimitan la cualidad en el ámbito de la substancia, puesto que significan «una cualidad de tal tipo». La delimitación es mayor cuando se extiende por medio del género que cuando se extiende por medio de la substancia[113]; en efecto, quien dice *animal* abarca más que quien dice *hombre.*[114]

2.3.1.15. Concebida la substancia primera de la manera descrita, la substancia no puede tener contrario. Nada puede ser contrario, dice Aristóteles, a «hombre particular», es decir, a aquello que es constituyendo un sujeto, ni nada puede ser contrario a *hombre* ni a *animal.* Pero esta característica no es exclusiva de la substancia: la cantidad tampoco puede tener contrario.[115]

2.3.1.16. Por otro lado, la substancia primera en sí misma considerada tiene un valor absoluto: o es substancia o no

---

[113] Cf. *Categorías* 3b10-3b23.

[114] Aristóteles en este párrafo deja claro que las llamadas categorías no son meramente ideas. Las especies y los géneros no abarcan lo mismo. Esto viene al caso de las críticas que la llamada lingüística cognitiva hace a la que llama la teoría clásica de las categorías, teoría que explícitamente revierten a Aristóteles. Para los cognitivistas, las categorías de Aristóteles son unívocas, uniformes e incambiables.

[115] Cf. *Categorías* 3b24-3b33.

es substancia; ninguna cosa puede ser más substancia que otra[116]. No obstante, consideradas la substancia primera y la substancia segunda, la substancia primera es la substancia más genuina, lo cual quiere decir, que es más substancia que las especies y el género, que son substancias segundas.

2.3.1.17. Sin embargo, lo que parece ser propio de la substancia en el más alto grado es que, permaneciendo una y la misma en cuanto al número, puede recibir los contrarios. Esto no se puede decir de los demás predicamentos. Por ejemplo, el hombre particular, siendo uno y el mismo, en ocasiones puede hacerse blanco y, en otras, negro; caliente y frío; bueno y malo.[117]

2.3.1.18. Esto mismo ocurre con el enunciado y la opinión. El mismo enunciado parece ser tanto verdadero como falso; si fuese verdad, por ejemplo, el enunciado «alguien está sentado», ese mismo enunciado resultará falso si ese alguien se incorpora. Lo mismo ocurre con la opinión. Si alguien está en lo cierto al opinar que un hombre está sentado, si éste se incorpora, opinará falsamente, manteniendo la misma opinión acerca de él. No obstante, la substancia y la opinión difieren al menos en cuanto a la manera. Pues las cosas que han de contarse entre las substancias reciben los contrarios al cambiar ellas mismas, pues algo cambió al volverse, de frio, caliente, de blanco, negro, de malo, bueno, e igual cosa respecto de lo demás: cada substancia recibe los contrarios al admitir ella misma un cambio.[118]

2.3.1.19. Pero, el enunciado y la opinión, en sí mismos, permanecen por completo inalterables en todo respecto. Lo contrario sobreviene acerca de ellos porque cambia la situa-

[116] Cf. *Categorías* 3b33-4a9.

[117] Cf. *Categorías* 4a10-4a20.

[118] Cf. *Categorías* 4a21-4a33.

ción a la cual se refieren. Así, el enunciado «aquel está sentado» sigue siendo el mismo; pero si la cosa referida sufre un cambio, a veces es verdadero y a veces es falso. Igual pasa con la opinión. Pero no vale decir que la substancia y la opinión y el enunciado son receptivos de los contarios según su propio cambio. El enunciado y la opinión no son receptivos de los contrarios en virtud de que ellos mismos reciban alguno de los contrarios, sino por el hecho de que una afección ha sobrevenido en alguna otra cosa. En efecto, es porque el hecho se da o no se da por lo que el enunciado se dice verdadero o falso, y no porque éste último sea receptivo de los contrarios. Pues, en estricto rigor, ninguna de ambas cosas —ni el enunciado ni la opinión— es modificada bajo la acción de un tercero, de manera tal que, puesto que nada sobreviene en ellos, no serán receptivos de los contarios. La substancia, por recibirlos ella misma, es llamada «receptiva de los contarios». Pues ella recibe salud y enfermedad, blancura y negrura, y cada una de las demás afecciones de este tipo.[119]

2.3.2. El cuánto

2.3.2.1. Aristóteles define los predicamentos mediante preguntas indirectas: el *cuánto* (ποσόν), el *cuál* (ποιόν), el *relativo a algo* (προς τι), el *dónde* (ποῦ), el *cuándo* (ποτέ) y el *estar en cierta posición* (κεῖσθαι)[120]. Estos predicamentos más el *tener* (ἔχειν)[121], el *hacer* (ποιεῖν) y el *padecer* (πάσχειν)[122] no se dicen en ninguna combinación, sin embargo, de la com-

---

[119] Cf. *Categorías* 4a34/35-4b19.

[120] Benveniste traduce esta categoría como «estar dispuesto»

[121] Benveniste traduce esta categoría como «estar en estado» que, aclara, se suele traducir, por diferencia con (o deficiencia de) nuestras lenguas, por «tener».

[122] Estas dos últimas categorías son, para Benveniste, expresión de la voz activa y pasiva.

binación de ellos entre sí surgen surge una afirmación[123]. En efecto, toda afirmación parece ser, o bien verdadera o bien falsa, en tanto que ninguna de las expresiones que se dicen sin combinación es verdadera o falsa.[124]

2.3.2.2. La definición que nos da Aristóteles de la cantidad es ilustrada mediante un ejemplo: un *cuánto* es, por ejemplo, «de dos codos», «de tres codos». Hace alusión, pues, a algo mensurable. La cantidad puede ser continua o discreta. También se da la que está compuesta de partes que tienen posición unas respecto de otras y la que no está compuesta de partes que tienen posición. Son cantidades discretas el número y el enunciado; son continuos la línea, la superficie, el cuerpo y el tiempo y el lugar. Ilustra esto Aristóteles haciendo ver cómo el número no tiene límites comunes con ningún otro, límites en los cuales sus partes entren en contacto. Aclara esto Aristóteles afirmando que en general no sería posible aprehender en el número un límite común a sus partes, sino que éstas siempre están separadas[125]. Si bien he dicho más arriba que con la cantidad se trata de algo mensurable, el carácter de la cantidad con esta aclaración queda perfectamente definido: la cantidad es un algo conceptual, por tanto, racional, *a priori.* No es posible aprehender los límites de las partes de un número porque las partes del número son algo racional, siendo pues la cantidad un algo racional en sí misma.

2.3.2.3. Al igual que el número, el enunciado se encuentra entre las cantidades discretas. El enunciado es una cantidad dado que se mide mediante sílabas. Enunciado es aquel que

[123] Según veremos más adelante, Benveniste explica estos predicamentos según las potencialidades de expresión de la lengua griega, cf. § 4.4.

[124] Cf. *Categorías* 2a5-2a10.

[125] Cf. *Categorías* 4b20-4b30.

se emite vocalmente. En éste no entran en contacto sus partes en ningún límite común, ya que no hay un límite común en el que las sílabas entren en contacto, sino que cada una de ellas está separada en sí misma.[126]

2.3.2.4. La línea, por el contrario, es continua, porque es posible aprehender un límite común en el que sus partes entren en contacto, a saber: el punto. El límite de la superficie es la línea, pues las partes de un nivel entran en contacto en un cierto límite que es común a ambas. Del mismo modo, tratándose del cuerpo sería posible aprehender un límite común, sea línea o superficie, en el cual las partes del cuerpo entran en contacto.[127]

2.3.2.5. En la explicación del por qué de esto Aristóteles vuelve a utilizar la palabra «aprehender» con lo que una vez más nos habla del carácter de este predicamento: se trata de algo que tiene que ver con el conocer, que es conceptual y racional.

2.3.2.6. El tiempo y el lugar también son continuos. El ahora entra en contacto tanto con el pasado como con el futuro. En el lugar las partes del cuerpo, que entran en contacto en algún límite común, ocupan un cierto lugar. En consecuencia, también las partes del lugar, ocupadas por cada una de las partes del cuerpo, entran en contacto en el mismo límite en el cual lo hacen las partes corporales.[128]

2.3.2.7. Además, algunas cantidades están compuestas de partes que tienen posición las unas respecto de las otras, mientras que otras no están compuestas de partes que tienen posición. Por ejemplo, las partes de la línea tienen una

---

[126] Cf. *Categorías* 4b31-4b39.

[127] Cf. *Categorías* 5a-5a6.

[128] Cf. *Categorías* 5a7-5a14.

posición las unas respecto de las otras, pues cada una de ellas yace en algún lugar y sería posible distinguir y explicar dónde yace cada parte en el nivel, y con cuál de las demás partes entran en contacto. Esto ocurre también con las partes de un nivel y con las partes del sólido y del lugar. Pero esto no se da respecto al número ni al tiempo ni al enunciado. En el enunciado ninguna parte permanece, pues una vez proferido, ya no es posible asirlo, de tal suerte que no habría una posición para sus partes.[129]

2.3.2.8. Las cantidades mencionadas son cantidades en sentido propio, pero si proyectamos las cantidades sobre las demás podemos considerarlas cantidades en sentido derivado, por ejemplo, el color. De blanco se dice que es mucho por ser mucha la superficie coloreada. Igualmente de la acción se dice que es larga por el tiempo que se emplea en llevarla a cabo. Y el movimiento se dice grande por la misma razón.[130]

2.3.2.9. La cantidad no tiene contrario, a no ser que se dijese que lo mucho es contrario a lo poco, lo grande a lo pequeño. Pero en este caso dichos predicamentos no son cantidad, sino un relativo. En efecto, una cosa es grande o pequeña, no en sí misma, sino en relación a otra cosa.[131]

2.3.2.10. Los relativos «grande» y «pequeño», por otro lado, tampoco admiten contrarios, ya que no se pueden aprehender en sí mismos a no ser referidos a otros. Admitir que grande y pequeño son contrarios entre sí supondría concebir que ambos se refieren al mismo objeto, con lo que el objeto en cuestión sería a la vez grande y pequeño. Pero es un imposible que algo sea contrario a sí mismo.[132]

---

[129] Cf. *Categorías* 5a15-5a37.

[130] Cf. *Categorías* 5a38-b10.

[131] Cf. *Categorías* 5b11-5b25.

[132] Cf. *Categorías* 5b26-6a10.

2.3.2.11. La cantidad no admite el más ni el menos, pues una cosa no es más «de dos codos» que otra. Esto ocurre también con los números: nada es más *tres* que otra cosa. Ni tampoco se dice de tiempo: ningún tiempo es más tiempo que otro.[133]

2.3.2.12. Lo propio de la cantidad es que sea llamada tanto «igual» como «desigual». Esto se aplica tanto a la cantidad, como a un cuerpo, o a un número o un tiempo. Por el contrario, todas aquellas de entre las restantes cosas que no son cantidad, en modo alguno parecen llamarse iguales o desiguales; así la disposición, que se llamaría semejante; o el blanco, que igualmente sería semejante.[134]

2.3.3. El «relativo a algo»

2.3.3.1. Son relativas aquellas cosas de las que se dice algo no en lo que son en sí mismas sino en relación a algo diferente[135]. Cuando decimos que esto es «más grande» o es «doble», aquello mismo que se dice (grande o doble) que esto es, se dice de otro. Es decir, los miembros de la categoría de la relación no son elementos compuestos de substancia y predicado, sino los propios predicamentos que, al decirse de algo, lo sitúan respecto de otra cosa: lo que de ellos se dice comporta referirse a otra cosa también.[136]

2.3.3.2. El estado, la disposición, la sensación, el conocimiento como estado del alma, y la posición forman parte de los relativos, pues de todos ellos, aquello mismo que ellos son, y no algo distinto de su ser, se dice de otros. Porque un estado se dice estado de algo, y el conocimiento, cono-

---

[133] Cf. *Categorías* 6a19-6a25.

[134] Cf. *Categorías* 6a26-6a35.

[135] Cf. *Categorías* 6a36-6b.

[136] Cf. Mittelmann 2009: 89, nota 63.

cimiento de algo, y la posición, posición de algo, y así en lo que respecta a los demás relativos. Una montaña se dice «grande» en relación a otra cosa, y lo similar se dice similar a algo, y los demás (el estado, la disposición, la sensación, el conocimiento como estado del alma) se dicen del mismo modo en relación a algo. También la postura yaciente, erguida o sentada son ciertas posiciones, y la posición se encuentra entre los relativos. Ahora bien, yacer, mantenerse erguido o sentarse no son en sí mismos posiciones, sino que reciben su denominación, por paronimia, a partir de las posiciones antedichas.[137]

2.3.3.3. En los relativos se da contrariedad: «virtud» es lo contrario de «vicio», por ejemplo, y «saber» de «ignorancia». Sin embargo, no todos los relativos tienen su contrario. Nada es contrario a doble o a triple ni a ninguna cosa de este tipo. Por otro lado, los relativos parecen también admitir el más y el menos. Pues lo semejante se dice más o menos, y lo desigual, más o menos, siendo cada uno de ellos un «relativo»; pero, al igual que con la contrariedad en los relativos, no todos los relativos admiten el más y el menos. Lo doble no se dice más o menos doble, así como ninguno de los predicamentos de este tipo.[138]

2.3.3.4. Todo lo relativo se dice por referencia a algún término con el cual se convierte. «Doble» se dice doble de una mitad, y la mitad es mitad de lo doble; lo mayor se dice mayor que lo menor, y esto último es menor que lo mayor.[139]

2.3.3.5. Todos los relativos se dicen por referencia a algún correlativo. En cada caso es necesario exponer en relación a qué se dice apropiadamente que un aserto es relativo a otro,

---

[137] Cf. *Categorías* 6b1-6b10.

[138] Cf. *Categorías* 6b15-6b27.

[139] Cf. *Categorías* 6b28-6b35.

pues no siempre existen en la lengua contrarios que denotan aquello en torno a qué un aserto es relativo. Todos los relativos, en consecuencia, son relativos por referencia a términos convertibles[140], existentes o no en la lengua.

2.3.3.6. Los relativos parecen darse simultáneamente en la naturaleza; pues doble y mitad se dan al mismo tiempo, y cuando se da la mitad, se da un doble y cuando hay un esclavo, hay también un amo. Y los relativos se suprimen recíprocamente unos a otros, ya que, si no hay doble, no hay mitad, y si no hay mitad, no hay doble. E igual sucede respecto de todas las demás cosas que son de esta índole.

2.3.3.7. Con todo, no parece ser verdad de todos los relativos el que se den simultáneamente por naturaleza. En efecto, lo cognoscible parecerá ser anterior al conocimiento, ya que en la mayor parte de los casos obtenemos los conocimientos porque preexisten las cosas. Pues en contadas cosas (o en ninguna) podría observarse que el conocimiento se genere al mismo tiempo que lo cognoscible. Además, cuando lo cognoscible es suprimido, éste suprime consigo el conocimiento, mientras que el conocimiento no suprime consigo lo cognoscible. En efecto, si no existe lo cognoscible, tampoco existe el conocimiento —pues en tal caso será saber de nada—, mientras que si el conocimiento no existe nada impide que lo cognoscible exista. Por ejemplo, la cuadratura del círculo (en caso de que ésta sea cognoscible): aún no hay conocimiento de ella, en circunstancias en que lo cognoscible mismo existe[141]. Por lo demás una vez suprimido el ser

---

[140] Cf. *Categorías* 6b35-7b14.

[141] Como veremos más adelante, según el modo de pensar de Aristóteles, las cosas son anteriores al conocimiento, como aquí nos dice. Cf. cap. 5.3. En todo esto, yo veo implícita la teoría aristotélica del ser en acto y el ser en potencia. Todo lo que es en acto es también en potencia, pero no viceversa, cf. José Ferrater Mora, *Diccionario de filosofía*.

animado, no hay conocimiento, pero muchos de los objetos cognoscibles pueden existir.[142]

2.3.3.7. También los objetos de la percepción se encuentran en una situación similar. Pues lo perceptible parece ser anterior a la percepción, ya que, si se suprime lo perceptible, se suprime, a una con ello, la percepción, en tanto que la percepción no destruye consigo lo perceptible. En efecto, las percepciones conciernen al cuerpo y se dan en un cuerpo, pero al suprimir lo perceptible se suprime también el cuerpo —pues el cuerpo se encuentra también entre las cosas perceptibles—: pero si no hay cuerpo, la percepción es asimismo suprimida, de tal suerte que lo perceptible destruye consigo la percepción. Por el contrario, la percepción no destruye lo perceptible, pues, una vez suprimido el animal, la percepción es suprimida, pero lo perceptible continuará existiendo (por ejemplo, cuerpo, caliente, dulce, amargo, y todas las demás cosas que son perceptibles). Más aún, la percepción se genera al mismo tiempo que lo que es capaz de percibir —pues animal y percepción surgen a la vez— en circunstancias en que lo perceptible existe incluso antes de la percepción (pues el fuego, el agua y los demás elementos, a partir de los cuales está constituido el animal, existen incluso antes de que haya, en general, un animal o una percepción); de tal manera que lo perceptible parecería ser anterior a la percepción.[143]

2.3.3.8. Respecto a las substancias, ninguna substancia se dice entre los «relativos». Esto es verdad en lo tocante a las substancias primeras, pues ni las cosas completas, ni sus partes, se dicen «relativas»: el hombre particular no se dice de «hombre particular de algo». Igual ocurre respecto de sus partes: la mano particular no se dice «la mano par-

[142] Cf. *Categorías* 7b15-7b34.

[143] Cf. *Categorías* 7b35-8a12.

ticular de alguien» sino «mano de alguien». Algo similar ocurre en el caso de las substancias segundas, al menos en la gran mayoría de ellas. No obstante, respecto de algunas de las substancias segundas, el asunto se presta a controversia. Por ejemplo, la «cabeza» se dice «cabeza de algo»[144]. Pues si alguien sabe que un individuo concreto se encuentra entre los relativos, pero el ser de los relativos es lo mismo que el «hallarse dispuesto de una cierta manera respecto de algo», entonces conoce también aquello respecto de lo cual algo se halla dispuesto de una cierta manera. Ya que, si no sabe en absoluto respecto de qué tal cosa se encuentra así dispuesta, tampoco sabrá si acaso se encuentra así dispuesta respecto de algo. Y tal cosa se hace evidente también al considerar los casos particulares[145]. De esta manera es evidente la necesidad de que, allí donde alguien conoce definidamente un relativo, conozca también definidamente aquello en referencia a lo cual el primero se enuncia.

2.3.3.9. Ahora bien, en lo que respecta a la cabeza, la mano y cada una de las demás partes de esta índole, que son substancias, es posible conocer definidamente aquello mismo que ellas son, sin que sea necesario conocer aquello en referencia a lo cual se enuncia. Pues no es necesario conocer de modo definido de quién es esta cabeza, o de quién la mano, de tal suerte que tales cosas no estarían entre los relativos. Pero si tales cosas no se encuentran entre los relativos, será verdad decir que ninguna substancia se cuenta entre los relativos.[146]

---

144 Cf. *Categorías* 8a13-8a25.

145 Cf. *Categorías* 8a35-8b15.

146 Cf. *Categorías* 8b16-8b20.

2.3.4. El cuál

Aristóteles llama cualidad a aquello en conformidad con lo cual algunos se dicen tales o cuales[147]. La cualidad se cuenta entre las cosas que se dicen de muchas maneras.[148]

a) El estado y la disposición

2.3.4.1. El estado difiere de la disposición por ser más estable y duradero, y son cosas de esta índole tanto los conocimientos como las virtudes. Pues el conocimiento parece ser de aquellas cosas permanentes y difícilmente removibles, incluso allí donde alguien adquiere ese conocimiento en una escasa medida, por lo menos si no ocurre entretanto un cambio significativo por obra de la enfermedad o de alguna otra causa de este tipo. Y de igual manera también la virtud: la justicia, por ejemplo, la templanza y cada uno de los estados de esta índole no parecen ser ni fácilmente removibles, ni fácilmente modificables.

2.3.4.2. Por el contrario, son disposiciones aquellas que son fácilmente removibles y cambian con rapidez, tales como la calidez y el enfriamiento, la salud y la enfermedad, y demás cosas de esta índole. Pues el hombre se halla dispuesto de una cierta manera en conformidad con ellas, pero cambia rápidamente al volverse, de caliente, frio, o de saludable, enfermo. Y ocurre lo mismo con las demás disposiciones, a no ser que alguna de ellas, por el mucho tiempo transcurrido, resulte ya connatural a la cosa e irremediable, y muy difícil

---

[147] A diferencia de otras categorías, Aristóteles distingue entre el adjetivo ποιός («cuál, de tal cualidad») y el sustantivo abstracto correspondiente ποιότης. Esta distinción se hace patente poco después cuando en 10a27-29 dice: Son entonces "cualidades" (ποιότητες) las recién mencionadas (la figura y la forma de cada cosa), mientras son «cuáles» (πόια) los ítems derivados por paronimia a partir de éstas. Cf. Mittelmann 2007: 103, nota 91 y pág. 112.

[148] Cf. *Categorías* 8b25.

de remover, en cuyo caso quizá convendría darle más bien el nombre de estado. Pero es claro que se pretende llamar estado a los que son más duraderos y más difíciles de modificar. Pues no se dice que se encuentre en un estado quienes no dominan bien las ciencias sino que son volubles en esas materias, aun cuando se encuentren sin duda dispuestos de un cierto modo (mejor o peor) respecto de la ciencia. De manera que estado difiere de la disposición por ser ésta fácil de remover, mientras que aquél es más duradero y más difícil de modificar.

2.3.4.3. Por otra parte, los estados son también disposiciones, pero las disposiciones no necesariamente son estados.[149]

b) Capacidad o incapacidad natural

2.3.4.4. Otro género de cualidad es aquel en virtud del cual hablamos de todas aquellas cosas que se denominan en función de una capacidad o incapacidad natural, como pugilista, corredor, saludable o enfermizo. Cada una de estas funciones se dice tal o cual no por estar dispuesta de una cierta manera, sino porque alguien posea la capacidad natural de hacer algo fácilmente o de no padecer nada.[150]

c) Las cualidades afectivas y las afecciones.

2.3.4.5. Son categorías de este tipo, por ejemplo, dulzura, amargura, acritud, calidez, frialdad, blancura, negrura. Las cosas que reciben este tipo de categoría se denominan cuales en función de ellas[151]. La miel, por ejemplo, se dice «dulce» por haber recibido la dulzura y el cuerpo se dice «blanco»

[149] Cf. *Categorías* 8b26-9a10.

[150] Cf. *Categorías* 9a14-9a27.

[151] Entre que un cuerpo sea blanco y blancura hay paronimia, cf. Mittelmann 2009: 108, nota 97. Esto desde mi punto de vista no explica el por qué de la existencia de uno y de otra.

por haber recibido la blancura. Estas cosas se denominan así, no porque hayan sido afectadas por algo, sino por haber recibido la cualidad. Cada una de estas cualidades es productora de una afección en el nivel de las sensaciones. Por esto se llaman cualidades afectivas.

2.3.4.6. Las cualidades afectivas relativas a los colores se denominan afectivas además por el hecho de que ellas mismas se originan bajo el influjo de una afección. Muchos cambios de color se producen por causa de una afección. Cuando alguien se avergüenza, por ejemplo, se vuelve rojo, y si se asusta, se pone pálido y así en cada uno de los demás casos. Por otro lado, estas afecciones también se dan por naturaleza, en conformidad con la constitución natural del individuo. En estos casos hablamos de cualidades. De esta manera la distinción entre cualidades afectivas, aquellas producidas por una afección, y cualidades, aquellas que se dan por naturaleza, queda establecida.[152]

2.3.4.7. De modo similar a las afecciones corporales, respecto del alma se habla también de «cualidades afectivas» y «afecciones». En efecto, todo aquello que en el nacimiento de un individuo se ha generado inmediatamente con él, a partir de ciertas afecciones, se denomina «cualidad», como por ejemplo la exaltación demencial, la ira y demás rasgos de esta índole. Pues los individuos se denominan «cuales» en función de dichas cualidades (iracundos o dementes). Así también todas aquellas exaltaciones que no son naturales, sino que se han originado a partir de algunos otros accidentes a los que resulta difícil sustraerse, o que son del todo inmodificables: cosas de tal índole son también cualidades. En cambio, todas aquellas que se originan a partir de sucesos que cesan rápidamente se denominan «afecciones» (por

[152] Cf. *Categorías* 9a28-9b32.

ejemplo, cuando alguien se muestra más iracundo porque está afligido). Pues no se dice iracundo de quien es más irascible mientras se encuentra en ese trance afectivo, sino que se dice más bien que tal individuo ha padecido algo.[153]

d) La figura y la forma de cada cosa.

2.3.4.8. El cuarto género de cualidad es la figura y la forma propia de cada cosa, y además de éstas, la rectitud, la curvatura, y cualquier otra cualidad semejante a éstas. Así se dice que algo es triangular o cuadrangular, recto o curvo. Algunas cosas pueden parecer cualidades como lo raro, lo denso, lo áspero y lo liso; sin embargo, no son cualidad, sino más bien una cierta posición de las partes de la cosa que designan. Así, algo es denso porque sus partes están muy cerca unas de otras, mientras que algo es raro por encontrarse sus partes separadas unas de otras; y un objeto es liso por extenderse sus partes, en cierto sentido, en línea recta, mientras que un objeto es áspero porque alguna de sus partes sobresale, en tanto que otra queda debajo.[154]

2.3.4.9. Son, entonces, cualidades (ποιότητες) la figura y la forma propia; mientras que son «cuales» (πόια) las cosas denominadas por paronimia (o de cualquier otra manera) a partir de éstas. Ahora bien, respecto de la gran mayoría de los «cuales» (y prácticamente respecto de todos) ocurre que se dicen por paronimia; por ejemplo, el blanco a partir de la blancura; el justo, a partir de la justicia; y lo mismo rige en los restantes casos. En el caso de algunos «cuales», sin embargo, por no haber nombres para las correspondientes cualidades, no es posible denominarlos por paronimia a partir de éstas. Así es que el púgil o el corredor se dice «cual» en conformidad con una capacidad natural, no por paroni-

---

[153] Cf. *Categorías* 9b33-10a10.

[154] Cf. *Categorías* 1a10-10a27.

mia a partir de ninguna cualidad. En efecto, no hay nombre para las capacidades en función de las cuales ambos se dicen «cuales», como sí los hay para los conocimientos en función de los cuales se denominan luchadores o púgiles quienes se hallan así dispuestos —ya que se habla de conocimiento pugilístico o de conocimiento de la lucha, pero quienes se hallan así dispuestos se denominan «cuales» por paronimia a partir de estos conocimientos—. En resumen, se denominan «cuales» las cosas que son designadas por paronimia a partir de las referidas cualidades o que son denominadas de cualquier otra manera a partir de éstas.[155]

2.3.4.10. Es decir, Aristóteles distingue entre la cualidad en sentido propio y «la determinación cualitativa tal como ella se encuentra cuando se la aplica a un objeto». Así palidez *nombra*, y sólo difiere de este acto de nombrar por su terminación. La paronimia se vuelve necesaria allí donde no es posible *atribuir* una cualidad por medio de la expresión que la designa. Esto no ocurre con la palabra «blanco», que tan pronto *designa* como *predica* la blancura.[156]

2.3.4.11. La contrariedad se da tanto en el orden de la cualidad (la justicia, por ejemplo, es lo contrario a la injusticia, la blancura a la negrura, y lo mismo en las demás cualidades), como en el orden de las cosas que se dicen «cuales» de acuerdo con éstas (lo justo, por ejemplo, es contrario a lo injusto y lo blanco a lo negro). Pero algo de esta índole no ocurre en todos los casos: pues nada es contrario a «rojo ardiente», «amarillo pálido» o demás coloraciones similares, aun cuando éstas sean cualidades. Además, si alguno de dos contrarios es una cualidad, también lo será el contrario restante. Esto es evidente para quien ha examinado

[155] Cf. *Categorías* 10a27-10b10.

[156] Cf. Mittelmann 2009: 122, nota 107.

antes los demás predicamentos; por ejemplo, si la justicia es contraria a la injusticia, y ocurre que si la justicia es una cualidad, también la injusticia, entonces, será una cualidad. Pues ninguna de los demás predicamentos se ajusta a la injusticia: ni «cantidad», ni «relación», ni «dónde», ni, en general, cosa alguna de entre ellas, a no ser la cualidad. Y del mismo modo sucede también en los demás contrarios según la cualidad.[157]

2.3.4.12. Por otro lado, las cualidades admiten tanto el «más» como el «menos». En efecto, algo se dice «más o menos blanco» que otra cosa, o «más justo» que otra cosa. Y la cualidad puede también incrementarse, ya que, siendo algo blanco, puede llegar a ser más blanco todavía. Y aunque eso no rige para toda cualidad, sí vale para la mayor parte de ellas. Pues alguien podría preguntarse si una justicia puede llamarse «más justicia» que otra, e igualmente respecto de las demás disposiciones; y de hecho algunos polemizan acerca de tales dificultades. Afirman, en efecto, que en modo alguno una justicia lo es más o menos que otra, o una salud, más o menos salud que otra; prefieren decir, en cambio, que un individuo *posee* menos salud que otro, o que una cosa *tiene* menos justicia que otra, y lo mismo vale también para las demás disposiciones. Pues bien, al menos las cosas designadas en conformidad con dichas disposiciones admiten sin polémica alguna, el «más» y el «menos». Pues se dice que alguien es «más justo» o «más saludable» que otro. No obstante, «triángulo» y «cuadrado» no parecen admitir el más, así como tampoco ninguna de las demás figuras, ya que las cosas que acogen en sí la noción del triángulo o la del círculo son, todas ellas, triángulos o círculos en la misma medida, mientras que ninguna de aquellas cosas que no la acogen será llamada más círculo o triángulo que otra. Pues en abso-

[157] Cf. *Categorías* 10b12-10b25.

luto es el cuadrado más círculo que el rectángulo, dado que ninguno de los dos acoge en sí la noción del círculo. Y en general, si ambas cosas no acogen en sí la noción de la figura propuesta, una de ellas no se dirá más círculo, triángulo, etc., que la otra[158]. De lo que se sigue que no todas las cualidades admiten el «más» y el «menos».[159]

2.3.4.13. Ninguno de los rasgos antes mencionados es privativo de la cualidad; sin embrago, el ser «semejantes» o «desemejantes» se dice exclusivamente en función de las cualidades. Pues el que una cosa sea semejante a otra no se da en conformidad con ningún otro aspecto suyo más que con aquel según el cual esa cosa es «tal» o «cual». De manera que sería un rasgo exclusivo de la cualidad el ser llamado «semejante» o «desemejante» en conformidad con ella. Esto pone de manifiesto la conexión entre la cualidad y los relativos. Prácticamente todos los géneros de las cualidades se dicen en relación a «algo». Pues aquello que el conocimiento *es*, siendo un género, se enuncia de otra cosa, pues el conocimiento lo es *de algo.* Sin embargo, un conocimiento

---

[158] La inclusión de las figuras geométricas entre las cualidades resulta perturbadora, especialmente a la luz de algunos rasgos tales como el «no tener contrarios» y la ausencia de "menos y más" que ellas comparten con las substancias. Con todo, la inserción de las figuras geométricas entre las cualidades reviste un valor estratégico para la construcción de una alternativa al platonismo. Aristóteles busca sustraer los predicados geométricos al tratamiento «reificante» al que éstos se prestan fácilmente, y que otorga una plausibilidad inicial al punto de vista de Platón. Si la triangularidad es más fundamental que el triángulo, éste se relacionará con aquella, como «blanco» con «blancura» o «ecuánime» con «ecuanimidad». La inserción de las figuras geométricas en la categoría de la cualidad convierte a círculos y triángulos en atributos de los cuerpos, cuyos nombres podrían derivar, por paronimia, de los correspondientes sustantivos abstractos. Ello corrobora el valor antiplatónico de la paronimia (cf. Mittelmann 2009: 117, nota 115).

[159] Cf. *Categorías* 10b26-11a11a14.

particular no se cuenta entre los relativos. Así, la música se dice «conocimiento de algo» (género), no música de algo (conocimiento particular). Ahora bien, somos tales o cuales en virtud de los conocimientos particulares, pues son también éstos los que poseemos: en efecto, se nos llama sabios en virtud de poseer alguno de los conocimientos particulares. De tal manera que estos conocimientos —a saber, los particulares— serán también «cualidades», en función de las cuales se nos denomina «cuales» en ciertas ocasiones. Pero esos conocimientos no se encuentran entre los «relativos». Además, si por casualidad sucede que la misma entidad es un «cual» y un «relativo», no tendrá nada de absurdo el contarla en ambos géneros.[160]

2.3.5. El hacer y el padecer[161]

El «hacer» y el «padecer»[162] admiten tanto la contrariedad, como el «más» y el «menos». Pues el calentar es contrario al enfriar, el calentarse, al enfriarse, y el complacerse, al dolerse; de donde resulta que el hacer y el padecer admiten contrariedad. Pero el hacer y el padecer admiten también el «más» y el «menos», ya que es posible calentar más o menos, o calentarse más o menos, o dolerse más o menos.[163]

---

[160] Cf. *Categorías* 11a15-11a39.

[161] Según todos los indicios los restantes predicamentos, a saber: el hacer y el padecer, el tener, el cuándo y el dónde, son una interpolación mal disimulada en el texto original. Contrasta a primera vista la extensión dedicada a los cuatro primeros y la brevedad de los cinco restantes, cf. Mittelmann 2009.

[162] Para Benveniste, como ya hemos visto, se trata de analizar la diferencia entre la voz activa y la pasiva en griego. Cf. cap. 4.4.

[163] Cf. *Categorías* 11b-11b9.

2.3.6. El tener, el cuándo y el dónde

El *tener* significa «encontrarse calzado» o «armado»[164]; el *dónde* significa, por ejemplo «en el Liceo»; y el *cuándo* significa, por ejemplo, «ayer», «el año pasado».[165]

2.4. Los postpredicamentos

El nombre de «postpredicamentos» se debe a los escolásticos, quienes entendieron por tales los términos en los cuales convienen las ideas y las cosas comparadas entre sí. Su enumeración incluye la oposición, la prioridad, la simultaneidad, el movimiento y el tener, categorías que vemos a continuación.

2.4.1. Los opuestos

Se dice que algo se opone a algo de cuatro maneras:

1. al modo de los relativos;
2. al modo de los contrarios;
3. como la privación y la posesión;
4. como la negación y la afirmación.

Cada uno de los ejemplos de esta índole se opone, por decirlo a grandes rasgos, de la siguiente manera: como relativos se opone el doble a la mitad; como contrarios se opone lo malo a lo bueno; según privación y posesión se opone la ceguera y la vista; y al modo de la afirmación y la negación se oponen «está sentado» y «no está sentado».[166]

---

[164] Ya hemos visto que la categoría *tener* hace alusión a la diátesis del perfecto en griego. Cf. nota 85.

[165] Cf. *Categorías* 11b10-11b14 y 2a.

[166] Cf. *Categorías* 11b15-11b23.

a) Como relativos

En cuanto a los relativos que se oponen entre sí se dice de cada uno de ellos que aquello mismo que cada uno de ellos es se dice de sus opuestos, o se enuncia de cualquier otra manera en relación a ellos. Por ejemplo, lo doble: aquello mismo que es doble se dice de la mitad. Y el conocimiento se opone a lo cognoscible a la manera de los relativos: aquello que el conocimiento precisamente es se enuncia de lo cognoscible; y aquello que lo cognoscible precisamente es se dice, por su parte, en relación a su opuesto, que es el conocimiento. Pues lo cognoscible se denomina «cognoscible» por referencia a algo, a saber, el conocimiento.[167]

b) Como contrarios

De las entidades que se oponen como contrarios, aquello mismo que cada una de ellas es de ninguna manera se enuncia por referencia a la otra, sino que ambas se dicen «contrarias» la una a la otra. En efecto, ni lo bueno se dice «bueno» de lo malo, sino «contrario» a ello, ni lo blanco se dice «blanco» de lo negro, sino «contrario» a ello. De manera que estas dos oposiciones difieren entre sí. Ahora bien, todos aquellos contrarios que son de tal índole que necesariamente uno y otro de ellos se da en las cosas en que por naturaleza se generan, o de las que por naturaleza se predican, tales contrarios no tienen nada intermedio entre sí. En cambio en aquellas contrariedades en las que no necesariamente se da uno u otro de los términos, siempre hay un intermedio entre ambos. Así, «salud» y «enfermedad» por naturaleza se generan en el cuerpo del animal, y es necesario que al menos uno de los dos, salud o enfermedad, se dé en el cuerpo del animal. A su vez, tanto «par» como «impar» se predican del número, y es necesario que al menos uno

[167] Cf. *Categorías* 11b24 11b31.

de estos atributos pertenezca al número, ya sea lo par o lo impar. Y no existe nada intermedio en ambas contrariedades, ni entre salud y enfermedad, ni entre par e impar. Sin embargo, en aquellas contrariedades en las que no es necesario que se dé uno u otro de los términos, ciertamente hay algo intermedio entre ambos. Así, negro y blanco por naturaleza se generan en un cuerpo, pero no es necesario que al menos uno de ellos se dé en el cuerpo, pues no todo cuerpo es, o bien blanco, o bien negro. Por otra parte, tanto «malo» como «bueno» se predican no sólo del hombre, sino también de otras muchas cosas, pero no es necesario que uno y otro de ellos se dé en aquellas entidades de las que se predican; pues no todas las cosas son, o bien malas, o bien buenas. En cada una de estas contrariedades, como por ejemplo, entre blanco y negro, existe algo intermedio, el gris, amarillo pálido y todos los demás colores. Y entre malo y bueno se interpone aquello que no es ni malo, ni bueno. El problema está, en estos casos, en que en muchos de ellos no se dispone de nombres para los caracteres intermedios. En estos no es fácil exponer lo intermedio mediante un nombre, sino que en tales casos lo intermedio se define por la negación de cada uno de los extremos, como aquello que no es «ni bueno ni malo», o aquello que no es «ni justo ni injusto».[168]

c) Como la privación y la posesión

2.4.1.1 Privación y posesión se enuncia respecto de lo mismo; por ejemplo, la vista y la ceguera respecto del ojo. En términos generales, cada uno de ambos opuestos se enuncia respecto de aquello en lo cual es natural que la posesión se genere. Decimos que cada sujeto receptivo de posesión «está privado» de algo, cuando en aquello en lo cual es natural que algo se dé —y en el momento en que resulta natural poseerlo—, no se da en modo alguno la posesión esperada.

[168] Cf. *Categorías* 11b32-12a25.

Pues no decimos que sea «desdentado» el que no tiene dientes, ni «ciego» el que no tiene vista, sino aquello que no tiene dientes o vista cuando les corresponde tenerlos. Hay cosas que desde su nacimiento no tienen dientes ni vista, por ejemplo, pero no se les llama «desdentadas» ni «ciegas». Ahora bien, el «estar privado» y el «tener la posesión» no son «privación» y «posesión». Pues posesión es la vista, privación es la ceguera, mientras que el «tener vista» no es vista, ni el «ser ciego», ceguera. En efecto, la ceguera es una cierta privación; el ser ciego, en cambio, es un estar privado de algo, y no una privación. Además, si la ceguera fuese lo mismo que el ser ciego, una y otro se predicarían de lo mismo. Sin embargo, el hombre es llamado «ciego», pero de ningún modo es llamado «ceguera». Por otra parte, también estas cosas, el estar privado de algo y el tener la posesión, parecen oponerse entre sí al modo de la privación y la posesión; pues el tipo de oposición es lo mismo. En efecto, tal como la ceguera se opone a la vista, así también el ser ciego se opone al tener vista.[169]

2.4.1.2. Tampoco lo que es objeto de una afirmación o negación es ello mismo una afirmación o un negación. Ya que, mientras la afirmación es un enunciado afirmativo, y la negación un enunciado negativo, ninguna de las cosas que son objeto de afirmación o negación es a su vez un enunciado. Se dice, sin embargo, que también tales cosas se oponen entre sí como la afirmación y la negación, dado que el tipo de oposición es el mismo. Pues tal como, en un caso cualquiera, la afirmación se opone a la negación –por ejemplo «está sentado» a «no está sentado»–, así también se oponen los hechos que son objeto de cada una de estas proposiciones –«está sentado»-«no está sentado»–.[170]

---

[169] *Categorías* 12a26-12b4.

[170] *Categorías* 12b5-12b15.

2.4.1.3. La privación y la posesión no se oponen al modo de los relativos, ya que aquello mismo en lo que cada uno de ellos consiste no se enuncia de su opuesto. Pues la vista no es vista de la ceguera, ni se dice de ninguna otra manera por referencia a ella; de igual modo, tampoco podría decirse que la ceguera es ceguera de la vista, sino que la ceguera se denomina «privación de la vista». Además, todos los relativos se enuncian por referencia a un término convertible, de manera que si la ceguera fuese verdaderamente un relativo, se convertiría también con ella aquello en referencia a lo cual se dice. No se convierte, dado que la vista no se dice «vista de la ceguera».[171]

2.4.1.4. Las cosas que se denominan según privación y posesión no se oponen entre sí como contrarios. En efecto, resulta necesario que, de dos contrarios entre los cuales no hay nada intermedio, uno u otro de ellos se dé siempre en las cosas en las que naturalmente se generan, o de las que naturalmente se predican. Pues,

a) como hemos visto[172], nada hay intermedio entre aquellos contrarios de los cuales era preciso que alguno de los dos se diese en su sujeto receptivo, tal como ocurre respecto de salud y enfermedad, o de par e impar. En cambio, en aquellas contrariedades en las que existe algo intermedio, nunca es necesario que en todo sujeto receptivo se dé uno u otro de los dos contrarios; y en efecto, no es necesario que todo aquello susceptible de blancura y negrura, o de calor y frío, sea blanco o negro, ni caliente o frío, ya que nada impide que entre estos contrarios se dé algo intermedio. Pero, además,

[171] *Categorías* 12b16-12b25.

[172] Cf. *Categorías* 11b38-12a3.

b) como también vimos[173], hay algo intermedio en aquellas contrariedades en las que no es necesario que uno u otro de ambos contrarios se dé en lo receptivo, a no ser que uno solo de ellos le pertenezca por naturaleza, como pertenece por ejemplo al fuego el ser caliente, o a la nieve el ser blanca. Tratándose de estas cosas, es necesario que se dé uno determinado de los dos contrarios, y no cualquiera de ellos al azar; pues no es posible que el fuego sea frío, ni que la nieve sea negra. De manera que no es necesario que en todo lo receptivo se dé alguno de los dos contrarios, sino solamente en aquellos sujetos receptivos a los que por naturaleza pertenece uno solo de ellos, y en tales sujetos se dará uno determinado de ambos y no cualquiera de ellos al azar.[174]

Ahora bien, ninguna de estas situaciones que hemos mencionado se cumple en el caso de la privación y de la posesión. Ya que

1) no es preciso que siempre alguno de estos dos extremos se dé en lo receptivo, pues de aquello a lo que aún no compete por naturaleza tener vista no se dice, ni que sea ciego, ni que tenga vista, de manera que éstos no forman parte de los contrarios entre los que no hay nada intermedio. Pero,

2) tampoco ser ciego y tener vista son extremos entre los que exista algo intermedio: pues a veces es necesario que uno y otro se dé en todo sujeto receptivo. En efecto, cuando a algo ya le compete por naturaleza tener vista, entonces se dirá de ello, o bien que es ciego, o bien que tiene vista, y no alguna cosa determinada de ambas, sino

[173] Cf. *Categorías* 12a9-11.

[174] Cf. *Categorías* 12b26-13a2.

cualquiera de ellas al azar, pues no es necesario que algo sea ciego, que esté dotado de vista, sino que sea alguna cualquiera de estas dos cosas al azar. En cambio respecto de los contrario entre los cuales existe algo intermedio nunca es necesario, como se dijo, que alguno de los dos se diera en todo sujeto receptivo, sino solamente en algunos; y en éstos, se da de modo determinado uno solo de los dos. De esta manera se hace evidente que las cosas que se oponen según privación y posesión no se oponen como contrarios, y eso de ninguno de los dos modos en que tiene lugar esta oposición.[175]

2.4.1.5. Respecto de los contrarios, si se da el sujeto receptivo, puede producirse un cambio de uno al otro, a no ser que uno solo de ellos pertenezca por naturaleza a algo, como al fuego pertenece, por ejemplo, el ser caliente. Pues es posible tanto que lo saludable se enferme, como que lo blanco llegue a ser negro, o que lo frío llegue a ser caliente, y ciertamente es posible transformarse tanto de bueno en malo como de malo en bueno. El malo en efecto, si se lo encamina hacia ocupaciones y discursos mejores, aun cuando progrese en una pequeña medida, lo hará en dirección de lo mejor. Pero tan pronto como haya adquirido aunque no sea más que una pequeña mejoría, resulta manifiesto que, o bien se transformará del todo, o bien adquirirá un progreso mucho mayor. Pues se vuelve cada vez más fácilmente modificable hacia la virtud, cualquiera que sea el progreso que haya hecho desde un comienzo, de modo que es plausible que progrese aun más. Y si esto sucede de manera continua, el individuo se detiene finalmente en el estado contrario, al menos si el tiempo no se lo impide. A la inversa, por lo que respecta a la privación y a la posesión, es imposible que se produzca un cambio de la una hacia la otra. Pues a partir de

[175] Cf. *Categorías* 13a3-13a16.

la posesión se produce un cambio hacia la privación, pero es imposible que se produzca un cambio desde la privación hacia la posesión. En efecto, nadie recupera la vista una vez que ha quedado ciego, ni se vuelve melenudo cuando es calvo, ni le crecen dientes, si ya es desdentado.[176]

d) Al modo de la afirmación y la negación

2.4.1.6. Cuantas cosas se oponen al modo de la afirmación y la negación no se oponen según ninguno de los modos antes mencionados; pues sólo entre éstas resulta necesario que siempre una de ellas sea verdadera y la otra, falsa. En efecto, ni respecto de los contrarios, ni respecto de los relativos, ni respecto de la posesión y la privación, es preciso que siempre lo uno sea verdadero y lo otro, falso. Salud y enfermedad, por ejemplo, son contrarios, y ciertamente ninguno de los dos es verdadero ni falso; análogamente, lo doble y la mitad se opone al modo de los relativos, y ninguno de ellos es verdadero ni falso. Tampoco lo son las cosas que se oponen según privación y posesión, por ejemplo la vista y la ceguera. Y en general ni una sola de las cosas que se dicen sin combinación alguna es verdadera ni falsa; y todos aquellos que hemos mencionado se dicen sin combinación. No obstante, algo de este tipo parecería ocurrir sobre todo en los contrarios, cuando éstos se enuncian con arreglo a una combinación –pues el que Sócrates esté sano es contrario a que Sócrates esté enfermo–; sin embargo, tampoco en tales casos es preciso que siempre uno de ellos sea verdadero y el otro, falso. Pues, si Sócrates existe, una de ambas cosas será verdadera y la otra, falsa; pero si Sócrates no existe, ambas cosas serán falsas ya que, si él no existe en absoluto, no será verdadero que Sócrates esté enfermo, ni que Sócrates esté sano.[177]

---

[176] Cf. *Categorías* 13a17-13a35.

[177] Cf. *Categorías* 13a36-13b18.

2.4.1.7. Tratándose de la privación y de la posesión, si el sujeto no existe en absoluto, ni la una ni la otra será verdadera; pero si existe, no siempre alguna de ellas será verdadera. En efecto, el que Sócrates tenga vista se opone a que Sócrates sea ciego al modo en que se oponen privación y posesión. Y por cierto que si Sócrates existe no es necesario que una de ambas cosas sea verdadera o falsa, cuando todavía no le compete por naturaleza poseer vista, ambas cosas serán falsas; en tanto que si Sócrates no existe en absoluto, también en ese caso estas dos cosas, tanto el tener vista, como el ser ciego, resultarán falsas.[178]

2.4.1.8. En cambio, por lo que se refiere a la afirmación y a la negación, siempre una de las dos será falsa y la otra, verdadera, tanto si existe como si no existe el sujeto de la afirmación o negación. Pues, si Sócrates existe, es manifiesto que alguna de estas dos cosas, el que Sócrates enferme y el que no enferme, será, o bien verdadera, o bien falsa; e igualmente si Sócrates no existe. Pues si no existe, será falso que enferme; pero en tal caso, será verdad que no enferma. De tal manera que solamente será propio de cuantas cosas se oponen entre sí al modo de la afirmación y la negación el que siempre una de las dos sea verdadera o falsa.[179]

e) Lo contrario

2.4.1.9. Lo contrario a un bien es necesariamente un mal. Esto se hace patente por inducción en cada caso. Por ejemplo, la enfermedad es contraria a la salud, la injusticia a la justicia, la cobardía a la valentía, y lo mismo vale también en los demás casos. Para un mal, en cambio, a veces lo contrario es un bien y otras veces, un mal. Pues a la indigencia, que es un mal, es contrario el exceso, pese a ser éste también un mal.

[178] Cf. *Categorías* 13b20-13b26.

[179] Cf. *Categorías* 13b27-13b25.

Pero igualmente también el término medio es contrario a cada uno de ellos, siendo un bien. Sin embargo, algo de esta índole podría observarse en contadas ocasiones, mientras que en la mayor parte de los casos siempre lo bueno es contrario a lo malo. Además, no es necesario que si uno de los dos contrarios se da también se dé el restante. Pues si todos los animales fuesen saludables, existiría la salud, pero no la enfermedad; del mismo modo, si todas las cosas fuesen blancas, existiría la blancura, pero no la negrura. Además, si el que Sócrates esté sano es contrario a que Sócrates esté enfermo, pero no es posible que ambos atributos pertenezcan simultáneamente a lo mismo, tampoco será posible que si uno de los contrarios se da, se dé también el otro. Pues si se da el estar Sócrates en buena salud, no se dará el estar Sócrates enfermo.[180]

2.4.1.10. Los contrarios se generan por naturaleza en torno de lo mismo, ya sea genérica o específicamente. Pues salud y enfermedad sobrevienen en el cuerpo del animal, mientras que blancura y negrura, en un cuerpo sin más; y justicia e injusticia, en el alma. Es necesario que todos los contrarios se den,

a) o bien en un mismo género,

b) o bien en géneros contrarios,

c) o bien que ellos mismos sean géneros.

Así, por una parte

a) blanco y negro están en el mismo género, pues *color* es su género;

b) justicia e injusticia se encuentran, por su parte, en géneros contrarios, ya que el género de la una es *virtud*, y el de la otra, *vicio*;

[180] Cf. *Categorías* 13b36-14a14.

c) mientras que bueno y malo no se encuentran en un género, sino que ellos mismos resultan ser géneros de ciertas cosas.[181]

f) Lo anterior

Una cosa se dice anterior a otra de cuatro modos, a saber:

a) Según el tiempo, en virtud del cual a una cosa se la llama «más antigua» o de «más edad» que otra, puesto que, por ser mayor el tiempo transcurrido, se la llama «más antigua» o «de más edad que otra»;

b) Lo que no se convierte según la consecuencia en el ser, tal como el uno es anterior al dos.[182]

Si hay dos, se sigue inmediatamente que hay uno, en tanto que si hay uno, no es necesario que haya dos, de manera tal que, a partir de uno, no se sigue la consecuencia de que exista lo restante. Ahora bien, parece ser «anterior» que lo que es tal que, a partir de ello, no se sigue la consecuencia de que exista lo restante.[183]

c) En función de algún ordenamiento, tal como ocurre en las ciencias y en los discursos.

Pues en las ciencias demostrativas se da lo anterior y lo posterior en cuanto al orden, ya que los elementos son «anteriores» en orden a las figuras, y en gramática, las letras son «anteriores» a las sílabas; e igual cosa ocurre en los

---

[181] Cf. *Categorías* 14a15-14a25.

[182] Es decir, una cosa se convierte con otra según la consecuencia en el ser cuando se da entre ambas una peculiar relación de implicación existencial recíproca: del hecho de que una cosa sea, se sigue que la otra es, y viceversa. Se da, pues, una relación existencial reversible (cf. Mittelmann 2009: 126, nota 143).

[183] Dependencia existencial asimétrica, cf. Mittelmann 2009: 136, nota 144.

discursos, pues el proemio es «anterior» a la narración en cuanto al orden.

d) Aquello que es mejor y más valioso parece ser anterior por naturaleza.

Así, suele la gente decir que son «anteriores» a los demás quienes son estimados y amados en mayor medida por ella.

e) Lo anterior por naturaleza, aquello que de una manera u otra es causa para el otro, de su ser.

Así el hecho de que hay un hombre se convierte, según la consecuencia en el ser, con el enunciado verdadero acerca de ese hecho, ya que, si hay un hombre, es verdadero el enunciado por el que declaramos que hay un hombre. Y sin duda vale también la conversa, pues si el enunciado por el que declaramos que hay un hombre es verdadero, entonces hay un hombre. Sin embargo, el enunciado verdadero de ninguna manera es causa de que exista la cosa a la cual él se refiere, mientras que la cosa parece ser en cierto modo causa de que el enunciado sea verdadero, puesto que, por existir o no la cosa, el enunciado se dice verdadero o falso. De manera que una cosa parece llamarse «anterior» a otra según estas cinco modalidades.[184]

g) Lo simultáneo

Simultáneas se llaman,

1. en sentido absoluto y principal, aquellas entidades cuyo origen se da en el mismo tiempo, pues ninguna de ambas es anterior ni posterior a la otra;
2. con todo, estas cosas se dicen simultáneas según el tiempo, en tanto que son simultáneas por naturaleza

[184] Cf. *Categorías* 14a26-14b20.

> cuantas se convierten según la consecuencia en el ser, sin que de ningún modo alguna de ellas sea causa de su ser para la otra.

Tal ocurre, por ejemplo, respecto del doble y de la mitad. Pues tales cosas se convierten: si se da lo doble, se da también la mitad, y si se da la mitad, se da lo doble, pero ninguno de ellos es causa de su ser para el otro.

Las especies del mismo género, que han sido divididas y opuestas unas a otras, se llaman «simultáneas por naturaleza». Se dice que se dividen y oponen mutuamente las cosas que resultan de la misma división, por ejemplo, lo alado se opone a lo pedestre y a lo acuático, en que éstos se oponen entre sí perteneciendo al mismo género. Animal se divide, en efecto, en éstos (lo alado, lo pedestre y lo acuático). Ninguno de éstos es anterior o posterior a los demás, sino que parecen ser simultáneos por naturaleza. Por otra parte, cada uno de éstos, es decir, lo pedestre, lo alado y lo acuático, se divide a su vez en especies. En consecuencia, también serán «simultáneos por naturaleza» aquellas cosas que, perteneciendo al mismo género, resultan de una misma división. Los géneros, en cambio, son siempre anteriores a las especies, pues no se convierten con éstas según la consecuencia en el ser. Por ejemplo, si existe lo acuático, existe animal, pero si existe animal, no necesariamente existe lo acuático.

En conclusión se llaman «simultáneas» por naturaleza:

a) Cuantas cosas se convierten según la consecuencia en el ser, sin que en modo alguno una de ellas sea causa de su ser para la otra, y

b) Las especies del mismo género que han sido divididas y opuestas unas a otras.

c) Pero en un sentido absoluto son «simultáneas» aquellas cosas cuyo origen se da en el mismo tiempo.[185]

h) Clases de cambio

Hay seis especies de cambio, a saber: generación, corrupción, crecimiento, disminución, alteración y cambio locativo.

Si exceptuamos la alteración, resulta evidente que los demás cambios difieren entre sí, pues la generación no es corrupción, ni tampoco el crecimiento es disminución ni el cambio locativo, e igualmente los demás cambios. Sin embargo, respecto de la alteración se presenta una cierta dificultad: si acaso alguna vez no será necesario que lo que se altera en sentido estricto se altere también según alguno de los restantes cambios. Pero esto último no es verdad. Pues nos ha ocurrido alterarnos prácticamente según todas, o la mayoría, de las afecciones sin tener parte en ninguno de los demás cambios. Pues no es preciso que aquello que cambia según una afección, crezca o disminuya, y lo mismo ocurre en lo tocante a los demás tipos de cambio, de tal suerte que la alteración será algo diferente de los demás cambios. Pues si fuese idéntica a éstos, sería preciso que lo que se altera, *ipso facto* creciera o disminuyera, o que alguno de los demás cambios acompañara a esa alteración; pero eso no es necesario. Del mismo modo, también se haría necesario que aquello que crece o cambia según alguna otra especie de cambio, se alterase; pero hay algunas cosas que aumentan, y que no se alteran: el cuadrado, por ejemplo, aumenta, una vez que se le añade una escuadra, pero en absoluto llega a ser una figura diferente. Y lo mismo sucede en los demás casos de este tipo. De manera que los cambios mencionados serán distintos unos de otros.[186]

---

[185] Cf. *Categorías* 14b24-15a10.

[186] Cf. *Categorías* 15a13-15a20.

Tomado en un sentido absoluto, el cambio es lo contrario del reposo. Las distintas variedades particulares del cambio se oponen entre sí, a saber: a la generación la corrupción; al crecimiento la disminución. Al cambio locativo parece oponerse, de modo principal, el reposo según el lugar; también, acaso, el cambio hacia el lugar contrario, por ejemplo al movimiento desde abajo hacia arriba se opone el que va desde arriba hacia abajo. Ahora bien, no es fácil explicar con precisión qué es lo contrario al restante de los cambios que fueron expuestos, a saber, la alteración: nada parece ser contrario a él, a no ser que en este nivel se oponga también a una cualidad cualquiera o bien el reposo cualitativo, o bien el cambio hacia la cualidad contraria tal como en el cambio locativo se utilizó como opuesto o bien el reposo locativo, o bien el cambio hacia el lugar contrario, dado que la alteración es un cambio según la cualidad. De tal suerte que al movimiento según la cualidad se opone el reposo cualitativo, o bien el cambio hacia el contario de la cualidad; por ejemplo, el llegar a ser blanco se opone al llegar a ser negro, dado que un objeto se altera cuando se produce un cambio hacia los contrarios de la cualidad.[187]

2.4.2. El tener

El *tener* se dice en varios sentidos. En efecto, se tiene

a) o bien, según el estado, disposición o alguna otra cualidad, ya que somos llamados «poseedores de saber» o de «virtud»;

b) o bien, según la cantidad, por ejemplo, el tamaño que a alguien le ocurre tener; pues se dice que éste tiene un tamaño de tres o cuatro codos;

c) o bien, según lo que rodea al cuerpo, por ejemplo, tener un manto o una túnica;

---

[187] Cf. *Categorías* 15b-16b16.

d) o bien, según aquello que está en una parte corporal, por ejemplo, tener un anillo en la mano;

e) o bien, según la propia parte, por ejemplo, tener una mano o un pié;

f) o bien, según lo que está en un recipiente, por ejemplo, la fanega tiene los granos de trigo o la vasija contiene el vino, pues normalmente se dice que la vasija contiene vino y la fanega, granos de trigo. Luego, se dice que tales cosas «tienen» al modo en que algo está en un recipiente;

g) o bien es posible tener según la posesión, pues se dice que «tenemos una casa» y «tenemos un campo».

Se dice también «tener mujer» y que la «mujer tiene marido». Sin embargo este sentido parece el más alejado: en efecto, mediante la expresión «tener mujer» no queremos significar nada más que el cohabitar con ella.

Quizá podrían evidenciarse también algunos otros modos del tener, pero de los que suelen enunciarse, prácticamente todos ellos han sido tomados en cuenta.[188]

---

[188] Cf. *Categorías* 15b17-1530.

3

Problemas que plantean las categorías de Aristóteles

3.1. La naturaleza de las categorías

El primer problema que presentan las categorías es el de su naturaleza. Podemos ver en síntesis las siguientes teorías.

a) Las categorías son equivalentes a partes de la oración, y, por tanto, deben ser interpretadas gramaticalmente. Esta opinión olvida que unos y otros elementos no son exactamente superponibles y que Aristóteles trata de las partes de la oración, como del nombre y el verbo en *De interpretatione*[189]. Esta opinión es defendida por A. Trendelenburg.

b) Las categorías designan expresiones o términos sin enlace que, como el propio Aristóteles señala, significan la substancia, la cantidad, la cualidad, etc. Esta opinión es una interpretación *lingüística*, o mejor dicho, *semántica* de las categorías, que tienen su fundamento en muchos textos de Aristóteles. W. D. Ross, defiende esta teoría.

---

[189] Cf. *De int.* 16a y ss.

c) G. Ryle, por su parte, defiende que las categorías designan posibles grupos de respuesta a ciertos tipos de preguntas: «¿Qué es x?», «¿Cómo es x?», «¿Dónde está x?», etc. Cada tipo de preguntas «recoge» ciertos tipos de predicados, de tal suerte que «cualesquiera dos predicados que satisfacen la misma forma interrogativa son de la misma categoría». Esta opinión tiene el inconveniente de no explicar la diferencia entre la substancia y el resto de las categorías. Pues las categorías no solamente expresan grupos de predicados, sino también grupos de sujetos.

d) Las categorías expresan flexiones o casos del ser y pueden, por consiguiente, ser definidas como géneros supremos de las cosas (*suprema rerum genera*). Ésta es la opinión tradicional, admitida, no sólo por los escolásticos, sino por muchos historiadores modernos, como É. Brehier y O. Hamelin.

e) Cualquier interpretación dada a las categorías debe tener en cuenta la evolución del pensamiento de Aristóteles al respecto. Puede suponerse, en efecto, que hay una evolución cuyas etapas principales y sucesivas están expuestas en los *Tópicos*, la *Metafísica* y las *Categorías*. Kurt von Fritz, en apoyo de esta teoría, indica que el sentido de κατηγορεσθαι se transformó bien pronto en Aristóteles: de *acusar* se pasó a significar *enunciar* (de donde κατηγορούμενον significa el enunciado). Por esto Aristóteles empezó a concebir la categoría como «esquema de la categoría», σχημα τῆς κατηγορίας, o «géneros de las categorías», γένη τῶν κατηγοριῶν (en los *Tópicos*). Esto significa que en sus estadios iniciales Aristóteles no concebía las categorías como «géneros de las cosas», sino simplemente como tipos de enunciados que indican los distintos modos de decir, πολλαχῶς λεγόμενα. Pero al parecer Aristóteles fue muy pronto más allá de esta frase y advirtió la necesidad de articular el ser en los modos como el ser se *dice* y luego en las formas como el ser se *aparece*. De ahí su estudio de las divisiones del ser como tal, κατ΄αυτό, y el ser por accidente, κατα συμβεβηκός. Sobre las primeras divisiones del ser como tal se montaron entonces una serie de modos que constituyeron predicaciones. De esta forma, los motivos lingüísticos o lingüístico-lógicos se combinaron con los ontológicos.[190]

Para Ferrater Mora, es difícil decidirse por una de las interpretaciones anteriores. La interpretación semántica, (c), y la interpretación ontológica tradicional, (d), son igualmente válidas, pues las categorías no son solamente, para Aristóteles, términos sin enlace no ulteriormente analizables, sino también diversos modos de hablar del ser como substancia, cualidad, cantidad, etc., lo cual sería imposible si el ser no estuviera articulado de acuerdo con tales modos de predicación. La razón de esta interpretación semántico-ontológica es que está de acuerdo con otras formas de Aristóteles de tratar los problemas filosóficos: se trata por igual de hablar del ser y de analizar los modos *como* es posible hablar acerca de lo que es. Esta interpretación la mantienen también L. M. de Rijk y J. Owens, si bien estos autores hablan de una doble interpretación lógica y ontológica, y lógica y metafísica, respectivamente, en vez de la semántica y ontológica, que propone Ferrater Mora.[191]

3.2. La substancia y los otros predicamentos

El segundo problema que plantean las *Categorías* de Aristóteles es el de la relación entre la substancia y los demás predicamentos. Aunque es cierto que puede contestarse «Só-

[190] Cf. Ferrater Mora, *Diccionario de filosofía*, I.

[191] Cf. Ferrater Mora, *Diccionario de filosofía*, I.

crates es Sócrates», siempre resulta que la categoría de substancia es concebida como más fundamental que las otras, en virtud de conocidos supuestos filosóficos de Aristóteles. Por otro lado, mientras la substancia se divide en substancia primera y substancia segunda, en los demás predicamentos no aparece tal división. Esta dificultad es solucionada por algunos autores (W. D. Ross, por ejemplo) declarando que si bien todas las categorías que no son la substancia están presentes en un sujeto, hay algunas cosas en tales categorías —por ejemplo, el conocimiento— que son también afirmadas de un sujeto, y otras —por ejemplo, una determinada parte del conocimiento gramatical—, que no lo son.[192]

3.3. Modos de conocer El principio de la posibilidad del conocimiento

3.3.1. Anexo a los problemas que presentan las categorías está el modo de conocer de Aristóteles. El problema aquí lo podemos centrar en torno al conocimiento de las categorías. El propio Aristóteles plantea este problema preguntándose si el conocimiento que nos ha llevado a su conocimiento es empírico o no empírico[193]. La solución de Aristóteles es intermedia: las categorías son obtenidas mediante una especie de percepción intelectual, distinta de la que descubre el principio de contradicción, pero distinta también de la que proporciona el conocimiento sensible.[194]

[192] Cf. *Diccionario de filosofía I.*

[193] Como veremos más tarde, el modo de conocimiento que propugna Aristóteles es el conocimiento a través de los sentidos. Cf. 5.3.

[194] Cf. *Diccionario de filosofía I.*

3.3.2. Cuando Aristóteles nos dice que las categorías son obtenidas de la forma dicha constata que, en su modo de pensar, hay distintos modos de conocer. En Aristóteles podemos al menos ver tres modos distintos: uno es el modo de conocer sensual inductivo, otro el modo de conocer analógico, y otro es el modo de conocer evidente. En efecto, Aristóteles ve la substancia en las cosas y concluye que el Ente es lo común de lo común, «lo superlativamente común, lo comunísimo»[195]. Para llegar a esta conclusión Aristóteles dice que ha empleado el modo de conocer sensual, el que se basa en la acreditación de los sentidos[196]. El modo de abstracción que Aristóteles emplea es lo que Ortega y Gasset llama la abstracción «comunista»[197], es decir, el modo de buscar lo que es común en los seres partiendo de los individuales (método inductivo)[198]. Con esta forma de proceder Aristóteles da el salto de lo individual a lo universal. La conclusión así obtenida no puede ser por lo que Ortega llama *abstracción comunista*[199], sino por analogía[200]. Aristóteles, no obstante, no llega a reconocer la importancia ni el valor de la analogía. Concluye además que el verdadero ente o el más auténtico es la substancia. El tipo de

---

195 Cf. Ortega y Gasset 1992a: 216.

196 Cf. Ortega y Gasset 1992a: 237, 255.

197 Ortega y Gasset 1992a: 115.

198 «El concepto platónico era un concepto puro, exacto, no extraído de los fenómenos sensibles, que son inexactos, meramente aproximativos, nunca correlatos adecuados de aquél. [...] La solución de Aristóteles [para entender por conocimiento la pura relación entre conceptos o logismo] consiste en degradar lo más esencial del concepto platónico: su exactitud, su logicidad, haciendo que provenga de una inducción empírica practicada sobre los datos sensibles. No obstante, pretenderá que esos conceptos ilógicos funcionen lógicamente» (Ortega y Gasset 1992a: 215).

199 Cf. Ortega y Gasset 1992a: 115-16.

200 Cf. Ortega y Gasset 1992a: 226.

universalidad conseguida es del tipo «uno en muchos» o *dictum de omni*, es decir, κατά παντός[201]. Cuando compara la forma como ha llegado a la creación del principio de contradicción, que él aplica a las cosas reales y defiende que es evidente –es decir que ha llegado a su formulación por intuición pura– y la forma como ha llegado a concebir las categorías, Aristóteles ve diferencias. Efectivamente, en estos tipos de conocimiento hay diferencias, ya que la realidad de las categorías no es perceptible por los sentidos ni la realidad de las cosas nos lleva mediante los sentidos al principio de contradicción. En el caso de las categorías ha llegado a su conocimiento en virtud de esa mezcla de experiencia e intuición analógica, además de ese conocimiento, el saber originario[202], que todo hablante tiene sobre los elementos de su lengua[203]. Pero tanto en el caso de la analogía, que utiliza y no reconoce, como en el caso del saber originario, Aristóteles cree que estos tipos de conocimiento son debidos a la acreditación de los sentidos, es decir, que ha obtenido esos conocimientos por experiencia.

---

[201] El concepto de universal expresa tres relaciones diferentes: primera la de «uno en muchos», o la extensión del concepto en todos los ejemplares. A esta relación Aristóteles da el nombre de κατὰ παντός y Ortega llama *expresión universal*; la segunda, es la de parte a todo (género o especie) o comprensión del concepto. A esta relación Aristóteles llama καθ΄αὐτό y Ortega llama *predicación general*, puesto que es la relación del género a la especie; y tercera, es la relación característica de la propiedad a la especie, que es una relación de consecuencia a principio. Aristóteles llama a esta relación καθόλου mientras que Ortega llama *predicación cathólica*. En términos latinos las tres relaciones se denominan, respectivamente: *dictum de omni, dictum per se* y *dictum quoad integrum*. Cf. Ortega y Gasset 1992a: 76.

[202] Cf. Coseriu 1988: 24: nota 38.

[203] Veremos este problema más adelante, cf. 5.4.2.

3.3.3. Por otro lado, hemos de tener en cuenta que Aristóteles, de la misma manera que acepta la analogía sin plantearse el problema implícito en ella, acepta igualmente el principio de la posibilidad del conocimiento[204]. Según éste el conocimiento tiene que ser posible, porque de lo contrario no existiría la ciencia. De esta forma, podemos ver que en Aristóteles hay modos de pensar distintos dentro de su propio modo de pensar.

3.3.4. Una de las grandes cosas que Aristóteles cree que ha aportado a la ciencia es el principio de contradicción. Para Aristóteles, dicho principio era evidente[205]. Pero decir que un principio es evidente significa renunciar a su estudio. Un principio nunca puede dar una ciencia deductiva —y recordemos: no hay más ciencia que la deductiva—, puesto que el principio actúa como evidente y se impone a lo deductivo[206]. Para Ortega, la evidencia es, como si dijéramos, el principio de la *prestidigitación*, ya que Aristóteles creía en el principio de contradicción como principio de lo real. Y el problema es precisamente que creía, es decir, que acepta-

---

[204] Cf. Ortega y Gasset 1992a: 107-09.

[205] Ortega explica en qué consiste la evidencia señalada por Aristóteles: «La "evidencia" del principio de contradicción no tiene, pues [en Aristóteles], nada que ver con las exigencias de una teoría pura. Pertenece a los *idola fori e idola tribus.* Aristóteles creía en él [principio de contradicción] con maciza creencia». Es decir, era una creencia aceptada del común, por esto: «El principio de contradicción no nos parece verdad "evidente" porque lo hayamos evidenciado, porque lo hayamos intuido, "mostrado" o razonado, sino simplemente porque lo hemos mamado». (Ortega y Gasset 1992a: 195 y 196, respectivamente).

[206] Dice Ortega y Gasset a este respecto: «un pensar cosista, comunista, sensual e "idiota" no puede tener una idea clara de lo que es un principio, y por ello es incapaz de constituir auténticas teorías deductivas, salvo su gloriosa instauración de la lógica formal» (1992a: 164).

ba «lisa y llanamente prejuicios del sentido común»[207]. Pues bien, Aristóteles cree que ha sacado el principio de contradicción basándose en la experiencia (principio de la acreditación de los sentidos). Y esto no es posible. Si estudiamos lo que nos dan los sentidos en la «experiencia» sólo podremos proceder inductivamente. De un razonamiento sólo inductivo no podemos sacar más que conclusiones individuales. A la universalidad tan absoluta que lleva consigo el principio de contradicción no podemos llegar sólo por la experiencia. Según Ortega, el principio de contradicción, como todos los principios que acepta Aristóteles —definiciones incluidas—, los crea Aristóteles por analogía[208]. De esta forma dice Ortega:

> *«Aristóteles [...] dándose el aire de lo contrario, por insuficiencia sistemática de su doctrina, acaba y comienza haciendo descansar todo lo decisivo en la analogía, y, por tanto, en la dialéctica o "ganas de hablar"».*[209]

Volveremos sobre el conocimiento de las categorías más adelante.[210]

---

[207] Cf. Ortega y Gasset 1992a: 262.

[208] Ortega y Gasset, en su obra de 1992, se pregunta qué es lo que separa los modos de pensar de Aristóteles y de Descartes o lo que es lo mismo: se pregunta qué es aquello que separa el modo de pensar antiguo frente al modo de pensar moderno: «[lo que separa a uno u otro modo de pensar no es más que "un pelo"] Descartes y Aristóteles (cuando analogiza) coinciden en hablar —Aristóteles sin darse cuenta— de las cosas como meros términos de relaciones; por tanto, como correlatos. La diferencia entre ambos estriba en que Descartes, que se da cuenta de ello, toma los correlatos como correlatos, mientras que Aristóteles toma los correlatos como si fuesen cosas no relativas, sino absolutas, independientes de la relación; es decir, formalmente como "cosas". Ahora bien, esto es lo que hacía el hombre primigenio» (1992a: 228; cf. una exposición detallada de esta idea en § 22-25).

[209] Ortega y Gasset 1992a: 226.

[210] Cf. § 5.4.2.

3.4. El número de las categorías

El cuarto problema que plantean las categorías es el de su número. Las soluciones propuestas son a) un número indeterminado; y b) un número determinado. Esta última opinión, que es la tradicional, se atiene a la lista de diez categorías. Pero a su vez esta opinión puede manifestarse de dos modos. (I) Las categorías son derivables sistemáticamente. (II) Las categorías no son derivables sistemáticamente. Los partidarios de (I) intentan con su respuesta contestar a la siguiente objeción de Kant. Para Kant, las categorías no son géneros sino conceptos puros del entendimiento que se refieren *a priori* a los objetos de la intuición general como funciones lógicas. Pues bien, para contestar a esta objeción no tienen en cuenta, sin embargo, la relación entre los sujetos y los predicados, olvidando el distinto sentido que tienen las categorías kantianas. Para defender su tesis se basan en el hecho de que

1. El predicado denota el *quid* del sujeto (substancia).
2. El predicado puede estar en el sujeto en sí mismo invariablemente (cantidad),
3. O el predicado puede estar en el sujeto en sí mismo variablemente (cualidad).
4. El predicado puede estar en el sujeto con respecto a otra cosa (relación).
5. El predicado puede estar fuera del sujeto como una medida (lugar, tiempo).
6. El predicado puede referirse al sujeto sin necesidad de cópula (situación).
7. El predicado puede estar fuera del sujeto de modo absoluto (posesión).

8. El predicado puede estar en el sujeto en algunos respectos y fuera de él en otros respectos:
    i. en el sujeto como su principio (acción) y
    ii. en el sujeto como su fin (pasión).

Esta doctrina, según Ferrater, tiene el inconveniente de basarse excesivamente en la relación sujeto-predicado, que no parece entrar sino muy forzadamente dentro de la doctrina de las *Categorías.*[211]

Por otro lado, esta doctrina no tiene en cuenta el valor de las formas de expresión de la lengua griega, que veremos después.[212]

[211] Cf. *Diccionario de filosofía I.*

[212] Cf. § 4.4.

4
La realidad de las categorías de Aristóteles

4.1. Aspectos implícitos en el problema de la realidad de las categorías

4.1.1. Históricamente se han señalado, como acabamos de ver, como problemas de las categorías de Aristóteles los siguientes: la naturaleza de las categorías, la relación que existe entre la primera categoría de las señaladas por Aristóteles, la substancia, y las restantes, el número de las categorías: (¿cuántas son las categorías?) y, por último, el problema planteado por el mismo Aristóteles sobre el tipo de conocimiento necesario para concebir las categorías. Nosotros vamos a considerar las categorías en lo que tienen o puedan tener de realidad en sí mismas. De los problemas anteriores señalados nos interesa fundamentalmente el problema del conocimiento necesario para llegar a las mismas. Este problema entronca las categorías con su grado de realidad, por lo que tendremos que verlo más abajo.[213]

[213] Cf. § 4.3.

4.1.2. El problema de la realidad de las categorías en última instancia tiene que ver con una teoría del conocimiento, la cual nos remite al fundamento último de lo que constituye el ser de las mismas. El problema de la realidad de las categorías consiste en analizar la función que desempeñan desde una perspectiva cognoscitiva dada. En este sentido las categorías tendrán una realidad u otra dependiendo de la perspectiva desde la cual las analicemos. El grado de realidad tiene que ver con la función que las categorías desempeñan. De aquí que para conocer la realidad de las categorías tengamos que considerarlas, no desde una perspectiva única, sino desde una perspectiva múltiple que nos posibilite analizar todos aquellos aspectos según los cuales funcionan las categorías. De esta manera hablaremos de distintos grados de realidad. El multiperspectivismo que adoptamos tiene que ver con la orientación dada por Humboldt al estudio del lenguaje, la hermenéutica. Nuestra labor será, pues, hacer una hermenéutica de lo que son las categorías.

4.1.3. En términos generales planteamos el problema de la realidad de las categorías de la siguiente manera: ¿Qué son las categorías? ¿Qué función desempeñan en el pensar? ¿Cuál es la razón de ser de las categorías?

4.1.4. Las categorías, como realidad cultural humana, son susceptibles de ser analizadas en los tres niveles de la determinación lingüística que distingue Coseriu[214]. Por otro lado, podemos considerar que Aristóteles plantea el problema de las categorías con la intención de separar aspectos entre el lenguaje y las cosas, es decir, aunque no sea exactamente el caso, dentro del problema de las relaciones lenguaje-pensamiento[215]. La intención de Aristóteles al crear las categorías

[214] Coseriu 1985: 14.

[215] Cf. Benveniste 2007, I: 63-64. Propiamente Aristóteles no se planteó tal problema pero visto su estudio de las categorías desde una óptica moderna podemos verlo desde esa perspectiva.

era ver lo que constituye el razonar y la base del razonar con vistas a hacer ciencia. Tal y como nos han llegado a nosotros, las categorías son la expresión de lo que hemos de tener en cuenta para razonar, —así al menos han sido interpretadas las categorías desde el comentarista Ammonio Hermeiou (*fl.* 530). Según lo dicho, como todo objeto cultural, las categorías aristotélicas se pueden analizar para ver qué tienen de universal, es decir, las categorías son algo que va más allá de las lenguas y que da fundamento a las mismas; qué tienen de histórico, es decir, qué tienen que pertenezca a una lengua (a la lengua griega, en este caso); y, por último, qué tienen que pertenezca a su autor. Y en esta triple distinción tenemos la base para ver tres tipos de realidad distintos. La realidad universal de las categorías aristotélicas será algo que tenga que ver con la actividad misma del hablar, que implica tanto el hablar como el decir y el conocer; la realidad histórica será algo propio de la lengua griega en el estado de lengua que estaba en vigor en el momento en el que se desenvolvía Aristóteles[216]; y, por último, la realidad de las categorías será, así mismo, distinta dependiendo del «modo de pensar» de su autor.

---

[216] Recordemos que Aristóteles vive del año 384 al 322, antes de Cristo. Que el estado de lengua vigente en esas fechas cambiara, como todo otro estado de lengua, nos lo demuestra el hecho de que los comentaristas de siglos posteriores ya no entendieran el sentido de las categorías. Algunas de las mismas describen formas de ser expresadas por la voz media y la diátesis del perfecto griegos, medios de expresión que ya no llegaban a entender sus comentaristas, de siglos después. A este respecto consideremos que, por ejemplo, el comentarista Porfirio vive desde el 234 al 304, es decir, 556 años después de que Aristóteles muriera —los otros comentaristas son posteriores a éste—: ¿cuánto evolucionó la lengua en esos seis siglos? Si admitimos que ni la lengua ni el lenguaje tienen existencia concreta, que sólo el hablar es lo que se manifiesta en sí mismo, siempre persiguiendo un decir, es imposible que una expresión dicha en un estado de lengua dado tenga todo su sentido fuera de ese mismo estado. La lengua griega como tal lengua no dejó de cambiar en ese largo período.

4.1.5. Por otro lado, las categorías son susceptibles de análisis bajo el punto de vista del decir como unidades de pensamiento que son creadas para decir de aquello que de una manera u otra aprehendemos. Este aspecto de las categorías se refleja en el nombre con el que, desde Boecio (*ca.* 480-524/525) son conocidas: los predicables, τά λεγόμενα, las cosas que se dicen.

4.1.6. Así, pues, podemos ver en el problema de la realidad de las categorías los siguientes aspectos que estudiaremos por separado y en distintos lugares. Estudiaremos, en primer lugar, el fin con el que fueron concebidas las categorías y lo que persiguen[217]; en segundo lugar, nos plantearemos el problema de la realidad histórica de las categorías (qué de la lengua griega aparece en las categorías o qué medios de expresión condicionan lo que conocemos hoy como las categorías de Aristóteles)[218]; en tercer lugar, podremos estudiar las categorías como elementos que se han formado al decir, como λεγόμενα[219]; en cuarto lugar, se podrá estudiar también las categorías como resultado del modo de pensar de Aristóteles[220]; en quinto lugar, se podrán estudiar también las categorías como resultado del saber originario de su autor[221]; y en sexto y último lugar se podrá determinar la realidad universal y absoluta y la función que desempeñan en el conocer.[222]

Como apéndice al problema de la realidad de las categorías nos preguntaremos si las categorías de Aristóteles son simétricas o no y, por tanto, homologables entre sí, es decir,

[217] Cf. § 4.2.

[218] Cf. § 4.4.

[219] Cf. cap. 5.

[220] Cf. «El modo de pensar de Aristóteles», § 5.3, y «Las categorías y el modo de pensar de Aristóteles», § 5.4.

[221] Cf. § 4.3.

[222] Cf. cap. 6.

nos plantearemos si se han confeccionado con un solo criterio o con qué criterio se han creado.[223]

4.2. La finalidad de las categorías

4.2.1. Aristóteles enclava su tratado sobre las categorías dentro de un conjunto de escritos a los que llama *Órganon.* No obstante su nombre (órganon=instrumento u órgano biológico) y la forma como Aristóteles trata los mismos, los escritos que componen el *Órganon* son los menos especializados de sus obras[224]. En estos escritos Aristóteles se encarga de elaborar y poner a punto los instrumentos de que se vale toda disciplina para adquirir y organizar el conocimiento en su ámbito propio. De esta manera Aristóteles describe los medios del conocer. La posesión del instrumento que se propone Aristóteles habilita para razonar correctamente en diversos ámbitos, ya que, como nos dice él mismo en los *Tópicos,* «no es herramienta de poca monta para el conocimiento y el buen sentido filosófico» el hallarse en condiciones de argumentar tanto a favor como en contra de una tesis, recorriendo una misma dificultad en ambas direcciones[225]. Esta concepción instrumental implica, desde mi punto de vista, dos cosas: a) la independencia del pensar respecto de la ciencia (=la verdad) y de la ciencia respecto del pensar. Esta concepción es paralela a la que da soporte al gran invento de Aristóteles: la creación del silogismo[226]. De la misma manera que el silogismo es cosa distinta del contenido de que trata (la verdad que deduce), las categorías son igualmente distintas del conocimiento constituyendo así instrumentos del

[223] Cf. § 6.7.

[224] Mittelmann 2009: 10.

[225] Mittelmann 2009: 10.

[226] Cf. 4.2.7.

pensar, se forman aparte del pensar y son, por consiguiente, b) cosas objetivas en sí mismas que se pueden aplicar a distintas situaciones creando con ellas «cosas» o asertos verdaderos. Esto implica, pues, una objetivación de dos tipos de conocimiento que desentraña Aristóteles: el razonamiento que conduce a la verdad de los asertos (el silogismo) y los instrumentos que nos llevan a la ciencia (las categorías y todas las relaciones creadas en el *Órganon*).

4.2.2. El *Órganon* de Aristóteles tiene una orientación didáctica, encaminada a asegurar la progresión del aprendiz desde los temas más simples a los más complejos. Es preciso que todo estudiante adquiera en primer lugar las destrezas necesarias a la construcción del Saber respetando el orden de presuposición que hay entre ellas. El comentarista de Aristóteles Ammonio Hermeiou (*fl.* 530) afirma: «si se quiere razonar científicamente, es necesario aprender primero a razonar sin más, pues quien no sabe razonar, tampoco sabrá hacerlo científicamente»[227]. Un razonamiento científico o una demostración (απόδειξις, *apódeixis*) se distingue de otro cualquiera por los requisitos que sus premisas deben satisfacer: éstas no son meras opiniones plausibles (ni siquiera altamente probables), sino proposiciones ciertas, indemostrables[228], apropiadas al objeto de estudio, más evidentes que la conclusión y (en algún sentido) «causas» de ésta. A su vez, un razonamiento consta de proposiciones, que son unidades predicativas por las que atribuimos algo (normalmente una propiedad) a algo (normalmente un objeto). Tales proposiciones se implican u oponen entre sí de múltiples maneras; pero ellas exhiben además una articulación interna: constan

[227] Cf. Mittelmann 2009: 12.

[228] Si admitimos, con Aristóteles, que existe la evidencia, habrá proposiciones indemostrables, pero la evidencia no indica más que una renuncia del pensar a favor de las creencias que uno mismo lleva consigo.

de nombres y de verbos, elementos cuya adquisición precede y posibilita su ulterior combinación proposicional.[229]

4.2.3. Dentro de la serie de escritos que constituyen el *Órganon* de Aristóteles, a saber: las *Categorías, Sobre la interpretación*, los *Primeros Analíticos*, los *Segundos Analíticos*, los *Tópicos* y las *Refutaciones Sofísticas*, a las *Categorías* compete levantar un inventario de los términos simples que ingresarán después en las proposiciones que atribuyen algo a algo y que, en esa calidad, constituirán premisas del silogismo[230]. Se trata de un inventario de los tipos de términos simples, y no una enumeración exhaustiva de todos ellos. El comentarista Porfirio (232-304) hizo notar que «son prácticamente infinitas en número tanto las expresiones como las cosas. Pero el tratado no se propone recorrer las expresiones proferidas según su número», sino más bien «según su género», dado que «la infinitud de las cosas y de las expresiones que las significan se encuentran comprendidas en diez géneros».[231]

---

[229] Mittelmann 2009: 11-13.
Esta interpretación del pensamiento de Aristóteles por Mittelmann indica cuatro cosas: a) la autonomía de los «nombres» y «verbos», es decir, autonomía del significado lingüístico, algo que se da de por sí y desde el cual hemos de partir para el razonar; b) la autonomía del razonar manifiesto en el silogismo. El silogismo por sí mismo crea seguridad en el razonar; y c) el valor de verdad del aserto. Éste utiliza los significados lingüísticos ya existentes y los combina en una συμπλοκή creando verdades. Y como consecuencia de todo esto, d) la separación de lo significado y de las cosas, o dicho de otra manera: del significado y la designación (o referencia).

[230] Luego, como consecuencia, las categorías no son el significado, sino algo que elaboramos sobre el significado (lingüístico).

[231] Cf. Mittelmann 2009: 13-14, notas 8 y 9.
Como veremos más adelante (cf. 9.8), los cognitivistas se desenvuelven entre dos conceptos de categoría: el que impugnan, lo que llaman la teoría clásica de las categorías, y el que ellos propugnan, fundamentalmente la teoría de los prototipos. Pues bien, en esta cita de Porfirio podemos

4.2.4. El tratado inmediatamente posterior a las *Categorías* según el orden establecido por Andrónico de Rodas (*fl.* 70 a. C.)[232], *Sobre la interpretación*, deja en claro las relaciones de implicación, contrariedad o contradicción que rigen entre los distintos tipos de proposiciones destinados a ser premisas. Los *Primeros analíticos* estudian la formulación de reglas de inferencia que permitan enlazar proposiciones en razonamientos formalmente válidos, sin que las proposiciones deban cumplir con algún requisito especial de probidad científica. Los *Segundos analíticos* asumen esta investigación preliminar, poniéndola al servicio del raciocinio correcto a partir de premisas cualificadas del modo antes señalado. Los *Tópicos* nos enseñan las leyes del razonamiento meramente plausible. Y, por último, las *Refutaciones sofisticas* nos ayudan a desmontar los argumentos especiosos que revisten la apariencia (ὑπο-δύεται) de demostraciones, pero que no son concluyentes.[233]

4.2.5. En el esquema del *Órganon* las *Categorías* están dedicadas, como hemos visto, a la creación de conceptos orientados a la formación de proposiciones y éstas sólo existen en

ya ver instaurado el concepto de categoría que después los cognitivistas impugnarán y que, como Porfirio, atribuyen a Aristóteles. Habla Porfirio de «diez géneros», es decir, que concibe las categorías de Aristóteles con esa estructura piramidal que he señalado allí: un vértice que representa la categoría con la máxima extensión y mínima de intensión, el género, y una serie de posibles realizaciones de la categoría (abstractas como la categoría misma) que según se van alejando del vértice superior tienen menor extensión y más intensión.

[232] El orden con el que hoy se conocen las obras de Aristóteles fue establecido por Andrónico de Rodas. El principio de organización al que se atuvo Andrónico de Rodas no fue la precedencia cronológica de unos escritos sobre otros, sino una secuencia didáctica, encaminada a asegurar la progresión del alumno desde los temas más simples a los más complejos (cf. Mittelmann 2009: 9-18).

[233] Cf. Mittelmann 2009: 13-14.

función de los argumentos. Pero los argumentos que interesa construir son, ante todo, aquellos mediante los cuales se adquiere conocimiento cierto: un saber tal, que quien lo posee no podrá ser jamás persuadido de lo contrario. En esa medida, el demostrador se desentiende de la persuasión y lo plausible. No obstante, la inclusión de las *Categorías* en el *Órganon* tiene serias consecuencias sobre la unidad de dicho tratado y conduce —casi invariablemente— a desechar sus últimos seis capítulos como una intrusión de un mal editor. Forzoso es admitir que las *Categorías* se presentan como un texto deshilvanado, desprovisto de un hilo expositivo claro, que lo estructure de principio a fin. Desde Boecio (ca. 480-524/525) se distinguen tres secciones distintas en las *Categorías*:

a) los tres primeros capítulos que anteceden la discusión de las categorías o «*predicamentos*» propiamente dichos, que fueron llamados *antepraedicamenta*. En ellos Aristóteles formula algunas distinciones que pueden explicarse razonablemente en vistas a la discusión posterior;

b) los capítulos 4 a 8, que tratan consecutivamente de las cuatro categorías centrales (substancia, cantidad, relación y cualidad) y de sus respectivas propiedades: son los *praedicamenta*. La discusión de los predicamentos cesa abruptamente hacia el final del capítulo 8, dando inicio a un breve capítulo de transición que despacha sumariamente las seis categorías restantes, antes de introducir la discusión de las nociones que ocuparán el resto del tratado;

c) tras este hiato mal disimulado se inicia la discusión de los *postpraedicamenta*, colección de nociones cuya vinculación con las categorías parece remota.[234]

[234] Cf. Mittelmann 2009: 14-18.

4.2.6. Para Aristóteles, hacer ciencia significa hacer definiciones de las cosas y probar en función de la evidencia y de los principios que conducen a la evidencia[235]. De esta manera Aristóteles «dice», es decir, elabora un conocimiento o *Saber* en torno al objeto del que dice. Para Aristóteles la ciencia era un *Saber* sobre la realidad de tal manera que entre la mente y la realidad había una cuasi-indentidad[236]. La ciencia consistía en decir de las cosas y por tanto en llegar al *Saber.* Aristóteles en las *Categorías* aplica su método de estudio científico. Trata de definir aquello de que se piensa y decir de ello. Por este motivo lo dicho es realidad, puesto que hay una similitud entre lo pensado y la realidad, ya que lo que interesa de la realidad es su esencia. A la esencia llegamos mediante el pensamiento, con lo que al pensar, la esencia de lo real entra en el pensamiento y se instala dentro de él. Desde esta perspectiva, la razón de ser de los predicamentos es propedéutica, es decir, están hechos pensando en cómo hacer ciencia antes que en hacer ciencia: son básicamente un ejercicio mental en preparación de la ciencia. El propio Aristóteles parece así confirmarlo cuando, como hemos visto más arriba, en los *Tópicos* comenta sobre el significado del *Órganon.*[237]

---

[235] Dice Ortega y Gasset (1992a: 262): «Creía en la prestidigitación, puesto que creía —*sic*, creer— en el principio de contradicción como ley inexorable de lo real, etc. Su filosofía está llena de "evidencias", y ya hemos visto que las evidencias aristotélico-escolásticas son formas de catalepsia social; son, lisa y llanamente, prejuicios del "sentido común". De hecho, la doctrina aristotélica es la que menos uso hace de la duda incoativa. [...] el aristotelismo es una de las filosofías menos filosofías que ha habido».

[236] Como hemos visto, Aristóteles atribuye lo que piensa a la realidad: «lo importante de la cosa, a saber, su esencia, ingresaba en el pensamiento y estaba dentro de él [...]. Por esto pudo decir que "la mente o alma es en cierto modo todas las cosas"» (Ortega y Gasset 1992a: 29).

[237] Cf. Mittelmann 2009: 10.

4.2.7. Por otro lado, Aristóteles crea el silogismo sobre la base de la definición de las cosas que estudiaba. Tan convencido estaba Aristóteles de que, por un lado, la definición era el medio del conocimiento de la realidad y de que, por otro lado, la realidad era algo objetivo a lo que llegaba la mente en una quasi-identidad, y de que, por otro lado, las proposiciones elaboradas eran ciertas, que se inventó el silogismo como un instrumento formal, casi mecánico, de acceso al conocimiento. Aristóteles define el silogismo como: «un argumento en el cual, establecidas ciertas cosas, resulta ciertamente de ellas, por ser lo que son, otra cosa distinta de las antes establecidas»[238]. Aristóteles establece como principio que aquellas cosas que se relacionen en un silogismo tienen «necesariamente» que dar una verdad cierta. Esto tiene que ver con el valor dado por él a los principios y la definición. Ahora bien, en el ordenamiento tradicional que hizo Andrónico de Rodas dentro del *Órgano*, a las *Categorías* compete analizar los términos más simples que después valdrán, hechos proposiciones, para integrar el silogismo y hacer ciencia.[239]

4.2.8. En conclusión, la razón de ser de las *Categorías* era de ejercicio y preparación intelectual. Aristóteles quería preparar a sus discípulos a conocer la realidad (llegar al *Saber*) mediante la definición, los principios y el silogismo que integra a ambos. La definición consistía en decir algo sobre algo debidamente ordenado en un modo dado de pensar enclavado en un silogismo en donde mediante unas cosas dichas se han de dar necesariamente otras. La función, pues, de las categorías era propedéutica, con miras puestas en la ciencia.

---

[238] *Prim. An. I*, 24b, 18-23, apud Ferrater Mora, *Diccionario de Filosofía*, tomo V.

[239] Cf. Mittelmann 2009: 13-14.

4.3. Conocimiento necesario para concebir las categorías

4.3.1. La interpretación de las categorías que vamos a ver a continuación, es una interpretación lingüística, distinta de las que se han hecho tradicionalmente. Éstas han consistido en interpretar las categorías de Aristóteles a la luz de la lengua de cada comentarista o traductor, ignorando las peculiaridades de la lengua griega como lengua particular. En la reflexión sobre su propio razonar, Aristóteles comprueba que el conocimiento que le ha llevado a descubrir las categorías no es igual que el que le ha llevado a descubrir el principio de contradicción. Ese conocimiento era el *saber originario* que todo hablante tiene de cómo funciona su lengua, es decir, su conocimiento lingüístico. Aristóteles tenía, pues, ese saber originario, conocimiento con el que identificaba su pensamiento sin llegar a darse cuenta de que son dos cosas distintas. El saber originario sobre su propia condición y sobre las cosas es la base para toda reflexión lingüística. Aristóteles no tiene opinión formada sobre esto y dice que su reflexión es intermedia entre la acreditación de los sentidos y la «abstracción comunista». En consecuencia, su percepción intelectual era distinta de la que descubre el principio de contradicción y distinta también de la que proporciona el conocimiento sensible. Es decir, el método según el cual Aristóteles llega a las categorías no es la acreditación de los sentidos ni la abstracción comunista[240], método que hoy llamaríamos el método inductivo-experimental, sino por la reflexión sobre su saber originario, anterior a toda ciencia. Para Coseriu:

[240] En realidad, la forma como Aristóteles crea el principio de causalidad es la combinación de la inducción (la inducción propia de la abstracción comunista más la analogía), como nos hace ver Ortega (cf. Ortega y Gasset 1992a: 226).

«el "saber originario" acerca del lenguaje, [es] el conocimiento, anterior a toda ciencia, que el hombre tiene sobre sí mismo».[241]

Para Coseriu, el saber originario tiene su grado propio de exactitud, la coincidencia del *verum* objetivo y el *certum* subjetivo:

«[E]l fundamento teórico previo de las ciencias culturales, que se ocupan de lo creado por el hombre, no lo constituyen las "hipótesis" sino, como se ha visto [...], el "saber originario": por ejemplo, en el caso de la lingüística, el saber intuitivo de los hablantes y de los propios lingüistas en cuanto hablantes [...]. En este sentido, precisamente, las ciencias de la cultura son "más exactas" que las naturales, ya que su fundamento no es algo que sólo s e s u p o n e, *sino algo que el hombre* s a b e *(aunque sólo intuitivamente). Y es bueno recordar que también esto se encuentra ya en Vico, quien advierte que, en el caso de los objetos culturales, el* verum *objetivo, la realidad de los hechos como tales, y el* certum *subjetivo —la seguridad que el hombre tiene acerca de su índole— coinciden».*[242]

4.3.2. La distinción de los distintos niveles de la determinación lingüística nunca fue hecha por el autor de las *Categorías* ni por los comentaristas de las mismas. La falta de esta distinción, ha llevado a muchos autores a buscar interpretaciones muy forzadas. A este respecto es muy ilustrativo el razonamiento de Gomperz. Dice Gomperz que Aristóteles se imagina ante un hombre y enumera todo aquello que se puede decir de él, hasta si lleva calzado o está armado. La enumeración está concebida para abarcar el máximo de predicados que pueden ser asignados a una cosa o a un ser[243]. El no prestar atención a las peculiaridades, posibilidades y limitaciones de la lengua griega en el estado de lengua desde el que escribe Aristóteles o el concebir las categorías de

---

[241] Coseriu 1988: 66.

[242] Coseriu 1986b: 70.

[243] Benveniste 2007, I: 63-74.

Aristóteles desde las peculiaridades, posibilidades y limitaciones de la lengua de los comentaristas o desde las lenguas occidentales de hoy día, ha llevado a algunos eruditos a considerar que Aristóteles hablaba universalmente, sin sospechar que lo que decía podría estar condicionado por las peculiaridades de la historicidad de un estado de lengua dado.

4.4. La realidad histórica de las categorías

4.4.1. Para llegar a entender el sentido de las categorías tenemos que hacer un análisis interno de las categorías a la luz de las posibilidades de expresión de la lengua griega en el estado de lengua desde el que escribía Aristóteles. Y en esto nadie como Émile Benveniste[244] ha llegado a desentrañar el sentido de las llamadas categorías.

4.4.2. Émile Benveniste analiza las categorías de Aristóteles considerando a las mismas como un conjunto de datos elaborados y presentados de manera objetiva por un pensador que habla una lengua dada: el griego en un estado de lengua dado. De esta manera, para Benveniste, el estudiar las *Categorías* es muy adecuado para desentrañar las relaciones entre lenguaje y el pensamiento: qué hay del pensamiento en las categorías y qué hay de la lengua en las categorías.

4.4.3. Benveniste parte del hecho de que el uso de la lengua es fundamentalmente inconsciente y de que por muy abstractas que sean nuestras ideas, éstas encuentran siempre expresión en la lengua. De aquí, la confusión general de que la actividad de hablar una lengua y la actividad del pensar sean dos actividades distintas por esencia. Estas dos actividades se conjugarían para la necesidad práctica de la comunicación pero cada una tendría su dominio y sus po-

[244] Benveniste 2007, I: 63-74.

sibilidades independientes. En el caso del lenguaje, se trata de los recursos ofrecidos al espíritu para lo que se denomina expresión del pensamiento.

4.4.4. El lenguaje, en tanto que es hablado, es utilizado para trasportar «lo que queremos decir» o «lo que tenemos en mientes» o «nuestro pensamiento». Este contenido recibe forma cuando es enunciado y sólo cuando es enunciado. Lo que queremos decir recibe forma de la lengua y en la lengua, que es el molde de toda expresión posible. No puede disociarse de ella mi trascenderla. Ahora bien, la lengua está configurada en su conjunto y en tanto que totalidad. Está organizada como arreglo de signos distintos y distintivos, susceptibles de descomponerse en unidades menores y de agregarse en unidades complejas. Esta gran estructura, que encierra estructuras más pequeñas y de varios niveles, da su forma al contenido del pensamiento. De esta manera, el contenido del pensamiento debe pasar por la lengua y apropiarse de los marcos de ésta. El pensamiento, en consecuencia, se reduce, si no exactamente a nada, sí en todo caso a algo tan vago e indiferenciado que no tenemos medio alguno de aprehenderlo como «contenido» distinto de la forma que la lengua le confiere. La forma lingüística es, pues, no solamente la condición de transmisibilidad sino ante todo la condición de realización del pensamiento. No captamos el pensamiento en sí, sino ya apropiado a los marcos de la lengua. Fuera de esto, no hay más que volición oscura, impulsión que descarga en gestos y mímica. Es decir, que la cuestión de saber si el pensamiento puede prescindir de la lengua o rodearla como un obstáculo aparece despojada de sentido, a poco que se analicen con rigor los datos pertinentes.

4.4.5. Sin embargo, hasta aquí, la cuestión no pasa de una relación de hecho. Postular estos dos términos, pensamiento y lenguaje, como solidarios y mutuamente necesarios no nos indica cómo son solidarios ni por qué serían juzgados indispensables el uno para el otro. Entre un pensamiento que no puede materializarse sino en el lenguaje y un lenguaje que no tiene otra función que la de «significar», se desearía establecer una relación específica, pues es evidente que los términos en cuestión no son simétricos.

4.4.6. El problema, para Benveniste, es el siguiente: sin dejar de admitir que el pensamiento no puede ser captado más que formado y actualizado en el lenguaje[245], ¿tenemos manera alguna de reconocer al pensamiento caracteres que le sean propios y que nada deban a la expresión lingüística?[246] En esta pregunta implícitamente Benveniste distingue y deslinda lo que pertenece al nivel universal del pensar frente a lo que pertenece al nivel histórico.

4.4.6.1. Para responder a este problema, Benveniste se centra en el estudio de las «categorías», que aparecen como mediadoras entre el lenguaje y el pensamiento. Dice Benveniste que éstas no presentan igual aspecto según sean categorías del lenguaje (actualizado en una lengua) y categorías del pensamiento. Esta discordancia misma pudiera iluminarnos acerca de su naturaleza respectiva. Por ejemplo, discernimos de inmediato que el pensamiento puede especificar libremente sus categorías, instaurar nuevas, en tanto que

[245] La traducción de la obra de Benveniste que estoy extractando dice siempre «lengua» en vez de «lenguaje». El problema del logos es un problema del lenguaje cuya función es la de significar, aunque, obviamente, el lenguaje se realiza siempre en una lengua. De esta manera, la expresión «lenguaje» que aparece en estos apartados de Benveniste es interpretación mía.

[246] Benveniste 2007, I: 61.

las categorías lingüísticas, atributos de un sistema que todo locutor recibe y mantiene, no son modificables al gusto de cada quien[247]; vemos además otra diferencia: que el pensamiento puede pretender establecer categorías universales, pero que las categorías lingüísticas son siempre categorías de una lengua particular. Esto, a primera vista, confirmaría la posición precedente e independiente del pensamiento respecto al lenguaje.[248]

4.4.6.2. Consideradas desde un punto de vista del análisis que se propone Aristóteles, las categorías no son más que un inventario de las propiedades que un pensador griego, basado en su saber originario, juzgaba predicables de un objeto, así como una lista de los conceptos, que él creía conceptos *a priori*, por tanto, universales, que organizan la experiencia.

4.4.7. Las categorías, como ya sabemos, son diez, a saber: la *substancia*, el *cuánto*, el *cuál*, el *relativamente a qué*, el *dónde*, el *cuándo*, el *estar en postura*, el *estar en un estado*, el *hacer* y el *padecer*. Como ejemplos de cada una de estas categorías, Benveniste cita los ejemplos de Aristóteles: para *substancia*, 'hombre', 'caballo'; *cuánto*, 'de dos codos', 'de tres codos'; *cuál*, 'blanco', 'instruido'; *relativamente a qué*, 'doble', 'mitad', 'más grande'; *dónde*, 'en el Liceo', 'en el mercado'; *cuándo*, 'ayer', 'el año pasado'; *estar en postura*, 'está acostado', 'está sentado'; *estar en un estado*, 'está calzado', 'está armado'; *hacer*, 'corta', ´quema´; *sufrir*, 'es cortado', 'es quemado'.[249]

---

[247] Benveniste con esta expresión se refiere a las categorías de la lengua histórica.

[248] En este caso Benveniste dice «lengua», cf. nota 245.

[249] Cf. Benveniste 2007, I: 65-66.

4.4.8. Según Benveniste, Aristóteles plantea de este modo la totalidad de los predicados que pueden afirmarse del ser y aspira a definir el estatuto lógico de cada uno de ellos. Estas distinciones, las categorías, son ante todo categorías de la lengua griega: «de hecho, Aristóteles razonando de manera absoluta topa sencillamente con algunas de las categorías de la lengua en que piensa»[250]. Por poco que se preste atención al enunciado de las categorías y a los ejemplos que las ilustran, esta interpretación se verifica sin largos comentarios. Así las cosas, Benveniste analiza las categorías en lo que tienen de categorías de la lengua griega.

4.4.8.1. Οὐσία se traduce por igual por «substancia» o por «esencia», cuestión que no importa aquí. Es la categoría que responde a la pregunta «¿qué?»: 'hombre' o 'caballo', así, son especímenes de la clase lingüística de los nombres, indicadores de objetos, trátese de conceptos o de individuos.

4.4.8.2. Los dos términos siguientes, ποσόν y ποιόν forman pareja. Se refieren al «ser-cuánto», de donde el abstracto ποσότης, «cant-idad», y al «ser-cuál», de donde el abstracto ποιότης, «cual-idad». El primero no está propiamente enderezado al «número», que no es sino una de las variedades del ποσόν, sino más generalmente a todo lo que es susceptible de medida; la teoría distingue así las «cantidades» discretas, como el número, y «cantidades» continuas, como las rectas, el tiempo, o el espacio. La categoría de ποιόν engloba la «cual-idad» sin acepción de especies. Por lo que toca a las tres siguientes πρός τι, ποῦ, y ποτέ se vinculan sin ambigüedad a la «relación», al «lugar» y al «tiempo».

4.4.8.3. Para Benveniste, estas seis categorías no constituyen predicados que correspondan por cierto a atributos des-

[250] Benveniste 2007, I: 66.

cubiertos en las cosas, sino una clasificación que emana de la lengua misma. La noción de οὐσία indica la clase de los sustantivos. A ποσόν y ποιόν citados juntos responden no solamente la clase de los adjetivos en general, sino especialmente dos tipos de adjetivos que el griego asocia estrechamente. Ya en los primeros textos, antes del despertar de la reflexión filosófica, el griego juntaba u oponía los dos adjetivos πόσοι y ποῖοι, con las formas correlativas ὅσος y οἷος así como τόσος y τοῖος. Eran formaciones bien arraigadas en griego, derivadas una y otra de temas pronominales y la segunda de las cuales fue productiva: además de οἷος, ποῖος, τοῖος, tenemos ἀλλοῖος, ομοῖος. Es claro así que es en el sistema de las formas de la lengua donde se fundan estos dos predicados. Si pasamos al πρός τι tras la «relación» está igualmente una propiedad fundamental de los adjetivos griegos, la de proporcionar un comparativo. Así μεῖζον es la forma «relativa» por función. Los otros ejemplos dados por Aristóteles διπλάσιον, ἥμισυ, señalan la «relación» de manera diferente: es el concepto de «doble» o de «medio» el que es relativo por definición, en tanto que es la *forma* de μεῖζον la que indica la «relación». En cuanto a ποῦ, dónde, ποτέ, cuándo, implican respectivamente las clases de las denominaciones espaciales y temporales, y aquí también los conceptos están modelados sobre los caracteres de estas denominaciones en griego: no solamente ποῦ y ποτέ se sostienen por la simetría de su formación reproducida en οὗ ὅτε, τοῦ τότε, sino que forman parte de una clase que comprende además otros adverbios (del tipo de ἐχθές, πέρυσιν) o de las expresiones casuales que utilizan la forma del locativo (así ἐν Λυκειῳ, ἐν ἀγορᾳ). No es, por tanto, sin razón como estas categorías se hallan enumeradas y agrupadas como lo están. Las seis primeras se refieren todas a formas *nominales*. Éstas encuentran su unidad en la particularidad de la morfología griega.

4.4.8.4. Consideradas de esta suerte, las cuatro categorías siguientes forman asimismo un conjunto: son todas categorías verbales. Resultan, para Benveniste, más interesantes cuanto que la naturaleza de dos de ellas no parece haber sido correctamente reconocida.

4.4.8.5. Las dos últimas son inmediatamente claras: ποιεῖν, «hacer», con los ejemplos τέμνει, καίει, «corta», «quema»; πάσχειν, «sufrir», con los ejemplos τέμνεται, καίεται, «es cortado», «es quemado», manifiestan las dos categorías de activo y pasivo, y esta vez los ejemplos mismos están elegidos de suerte que subrayen la oposición *lingüística*: es esta oposición morfológica de dos «voces» establecidas en numerosos verbos griegos la que se trasparenta en los conceptos polares de ποιεῖν y de πάσχειν.

4.4.8.6. Pero ¿qué ocurre, se pregunta Benveniste, con las dos primeras categorías verbales κεῖσθαι y ἔχειν? Ni siquiera la traducción parece establecida: algunos entienden ἔχειν como «tener». ¿Qué interés tendrá por ventura una categoría como la de la «postura» (κεῖσθαι)? ¿Es un predicado tan general como los de «activo» y «pasivo»? ¿Es nada más de igual naturaleza? ¿Y qué decir de ἔχειν con ejemplos como «está calzado», «está armado»? Los intérpretes de Aristóteles parecen considerar que estas dos categorías son episódicas. Según ellos, Aristóteles nos las formula más que para agotar todas las predicaciones aplicables a un hombre. Benveniste comenta, como hemos visto más arriba, a Gomperz cuando dice:

> *«Aristóteles se imagina un hombre en pié ante él, en el Liceo, por ejemplo, y pasa revista sucesivamente a las preguntas y respuestas que podrían formularse a su respecto. Todos los predicados que pueden ligarse a este sujeto caen bajo uno u otro de los diez encabezados, desde la cuestión suprema —¿qué es el objeto aquí percibido?— hasta las preguntas subalternas relativas a la mera apariencia exterior,*

como: ¿qué lleva de calzado o de armas...?. La enumeración está concebida para abarcar el máximo de predicados que pueden ser asignados a una cosa o a un ser...».[251]

Y como fundamentación de esta interpretación Gomperz añade: «Tal es, por lo que se nos alcanza, la opinión general de los eruditos. De creerles, dice Benveniste, el filósofo distinguía harto mal lo importante de lo accesorio, incluso daba a estas dos nociones, juzgadas secundarias, precedencia sobre una distinción como la de activo y pasivo»[252].

4.4.8.7. Para Benveniste, estas dos funciones, ἔχειν y κεῖσθαι, tienen también un fundamento lingüístico. La categoría lógica de κεῖσθαι está ilustrada con los ejemplos ἀνάκειται «está acostado» y κάθηται «está sentado». Son dos especímenes de verbos *medios*. Desde el punto de vista de la lengua griega se trata de una noción esencial. Contrariamente a lo que nos parecería, la voz media es más importante en griego que la voz pasiva, que deriva de la anterior. En el sistema verbal del griego antiguo, tal como se mantiene aún en la época clásica, la verdadera distinción es entre verbo activo y verbo medio. Un pensador griego podía a justo título plantear en absoluto un predicado que se enunciaba merced a una clase específica de verbos, los que no son más que medios (los *media tantum*), y que indican, entre otras cosas, la «postura», la «actitud». Igualmente irreducibles a los activos y a los pasivos, los verbos medios denotaban una manera de ser tan característica como la que denotaban las otras dos categorías (la de activa y pasiva).[253]

4.4.8.8. No es distinto el caso con el predicado ἔχειν. No debe tomarse en el sentido habitual de «tener», un tener

[251] Apud Benveniste 2007: I, 68.

[252] Benveniste 2007, I: 68.

[253] Benveniste 2007, I: 68.

de posesión material. Lo que hay de particular y, a primera vista, de desconcertante en esta categoría, sale a la luz en los ejemplos ὑποδέδεται, «está calzado», ὥπλισται, «está armado», Aristóteles insiste cuando retoma el asunto de nuevo en el cap. IX del *Tratado*. A propósito de ἔχειν repite los mismos ejemplos, esta vez en infinitivo: τό ὑποδέδεσθαι, τὸ ὥπλισθαι. La clave de la interpretación está en la naturaleza de estas formas verbales: ὑποδέδεται y ὥπλισται son perfectos. Son, incluso, por hablar estrictamente, perfectos medios. Pero la característica del medio ya está asumida, como ya nos ha dicho Benveniste, por κεῖσθαι, cuyos dos verbos testigo, ἀνάκαιται y κάθηται carecen de perfecto, dicho sea de paso. En el predicado ἔχειν y en las dos formas escogidas para ilustrarlo, es la categoría del perfecto la que es puesta de relieve. El sentido de ἔχειν —a la vez «tener» y, en empleo absoluto, «hallarse en cierto estado»— se armoniza del mejor modo con la diátesis del perfecto[254]. Consideremos, dice Benveniste, que, para poner el valor del perfecto en la traducción de las formas citadas debemos incluir la noción de «tener» y así se volverán, κάθηται, «tiene el calzado en los pies»; ὥπλισται, «tiene sobre sí las armas». Observemos también, insiste Benveniste, que estas dos categorías, tal como las comprendemos, se siguen en la enumeración y parecen formar pareja, como πόιεῖν y πάσχειν que vienen en seguida. Hay, en efecto, entre el perfecto y el medio griegos, diversas relaciones a la vez formales y funcionales que, heredadas del indoeuropeo, han formado un sistema complejo; por ejemplo, una forma γέγονα, perfecto activo, va a la par con el presente medio γιγνομαι. Estas relaciones, dice Benveniste, han creado más de una dificultad a los gramáticos griegos de la escuela estoica: ora definían el perfecto

[254] Voz verbal, es decir, que el perfecto griego, por sí mismo y como nos da a entender Benveniste, constituye una voz verbal.

como un tiempo distinto, el παρακείμενος o el τέλειος; ora lo ponían con el medio en la clase llamada μεσότης, intermedia entre el activo y el pasivo. Es seguro en todo caso que el perfecto no se inserta en el sistema temporal del griego y permanece aparte, indicando, según el caso, un modo de temporalidad o una manera de ser del sujeto. Según esto, se comprende, visto el número de nociones que no se expresan en griego más que con forma del perfecto, que Aristóteles lo haya vuelto modo específico de ser, el estado (o *habitus*) del sujeto.[255]

4.4.9. Podemos ahora transcribir las categorías en términos de lengua, dando a cada una su designación original seguida de su equivalente:

Categorías nominales:

οὐσία (substancia), sustantivo;

ποσόν, ποιόν («cual»; «en qué número»), adjetivos derivados de pronombres, del tipo del latín *qualis* y *quantus*;

πρός τι («relativamente a qué»), adjetivo comparativo;

ποῦ («dónde»), ποτέ («cuándo»), adverbios de lugar y de tiempo;

Categorías verbales:

κεῖσθαι («estar dispuesto»), medio;

ἔχειν («estar en estado»), perfecto;

ποιεῖν («hacer»), activo;

πάσχειν («sufrir»), pasivo.

[255] Cf. Benveniste 2007, I: 68 69.

4.4.10. Así, pues, para Benveniste, Aristóteles tenía, en la descripción de las categorías, la intención de hacer un elenco de todos los predicados posibles de la proposición, con la condición de que cada término fuese significativo en estado aislado y sin estar en combinación con otros, no metido en una συμπλοκή, es decir, en un sintagma, como diríamos hoy. Pero, añade Benveniste, «inconscientemente» ha tomado como criterio la necesidad empírica de una *expresión* distinta para cada uno de sus predicados. Tenía, pues, que hallar, sin proponérselo, las distinciones que la lengua misma manifiesta entre las principales clases de formas, puesto que es por sus diferencias como estas formas y clases tienen significación lingüística. Añade Benveniste: «Pensaba [Aristóteles] definir los atributos de los objetos; no plantea más que seres lingüísticos: es la lengua la que, gracias a sus propias categorías, permite reconocerlos y especificarlos».[256]

4.4.11. Benveniste hizo el análisis de las categorías de Aristóteles para analizar el problema de las relaciones entre lenguaje y pensamiento. Se preguntaba por la naturaleza de las relaciones entre las categorías del pensamiento y las categorías de la lengua. En lo que de válidas para el pensamiento se les reconoce a las categorías de Aristóteles, éstas se revelan como trasposición de las categorías de la lengua. Las categorías son lo que se puede decir, lo que delimita y organiza lo que se puede pensar. La lengua proporciona la configuración fundamental de las propiedades reconocidas por el espíritu a las cosas. Esta tabla de predicados nos informa así, ante todo, de la estructura de las clases de una lengua particular.[257]

---

[256] Benveniste 2007, I: 70.

[257] Benveniste 2007, I: 70.

4.4.12. Así, pues, las categorías constituyen una propedéutica del pensar, es decir, un método preparatorio para el pensar. Esta propedéutica está hecha, por un lado, siguiendo las pautas y los valores de la lengua griega en el estado de lengua que estaba en vigor en la época de Aristóteles, y, por otro, en respuesta al modo de pensar de Aristóteles. Las categorías de Aristóteles tienen, por consiguiente, un valor histórico: responden a los valores específicos de la lengua griega, y un valor propio dentro de la filosofía de Aristóteles.

Por otro lado, las categorías de Aristóteles no son géneros, ni constituyen elementos comunes dentro de una comunidad lingüística, tal y como las interpretó Porfirio y tal y como las interpretan hoy los cognitivistas.

5

Las categorías y el decir

5.1. Los predicables, τά λεγόμενα

5.1.1. Una vez que hemos solventado el problema de la realidad de las categorías como elementos que pertenecen a una lengua, nos tenemos que plantear otro problema que va en línea con el anterior. Ahora nos proponemos estudiar las categorías desde la óptica del decir.

5.1.2.1. Cuando leemos las *Categorías* de Aristóteles varios interrogantes surgen de forma inmediata. La primera cuestión que nos podemos preguntar es la disparidad entre la primera de las categorías analizadas, la substancia, y las restantes. Por otro lado, llama la atención la estructuración del tratado: en primer lugar, habla de los antepredicamentos, cuya conexión con los llamados predicamentos o categorías es dudosa. Por otro lado también, Aristóteles habla siempre de lo que se dice y de lo que se puede decir, lo cual parece dar sentido a la expresión de Boecio sobre las categorías, a las que llama *los predicamentos*[258] o τά λεγόμενα: para Aristóteles, se trata de descubrir lo que se puede decir sobre un sujeto, es decir, lo que se puede definir, ya que de hecho se

[258] Cf. Mittelmann 2009: 14-18.

suele definir (lingüísticamente) por el común de la gente[259]. Esto implica en una primera consideración que se trata de un artificio hecho sobre la base de que se dice (por la gente); por tanto, para Aristóteles, lo que se dice es.

5.1.2.2. El primer aspecto del problema de la realidad de las categorías como cosas que se dicen ya lo tenemos resuelto: las categorías son porque así se dicen. Este aserto no tiene en cuenta la forma como «se dan» las categorías. De hecho, Aristóteles nos muestra que hay distintos modos de ser: la substancia existe en sí misma y las demás categorías se dan en la substancia. Es decir, que si bien la substancia existe en sí, las otras categorías se dan en otra cosa. Pero como cosas que se dicen tanto la substancia como las demás categorías son «seres», es decir, entes que se dan. Desde la perspectiva del decir son realidades que, si bien se forman al decir, para Aristóteles, son, porque constituyen un objeto nocional. Aristóteles explica esto estableciendo dos focos de atención: un foco que es el sujeto y otro, que es el predicado. Este esquema, sujeto-predicado y dicho común, se repite por toda la obra. Desde este punto de vista las categorías son una elaboración (mental) que Aristóteles hace sobre las "cosas" que, por otro lado, ya son. Aristóteles, así, habla de lo que construye, de lo que *fabrica*, que es cosa porque se dice algo de ello.

5.1.3. Aristóteles recalca que las «cosas» de las que habla se pueden decir en este o aquel otro sentido cuando no están combinadas. Esto nos hace pensar, a primera vista, en el interés de Aristóteles por el significado lingüístico. Pero tenemos que rechazar esta interpretación puesto que en *De intepretatione*[260] Aristóteles separa muy claramente lo que es significativo y lo que es un juicio o proposición. En las *Ca-*

---

[259] Cf. § 5.3.5, 5.3.6. y 5.3.18.

[260] *De Int.* 16a-17a 26.

tegorías Aristóteles habla de las cosas, unas que se dan en sí mismas y otras que se dan en otra cosa. Por otro lado, en *De interpretatione* también, las cosas, aunque Aristóteles hable de φωναί (las palabras), están siempre presentes, ya que, dice, las afecciones del alma (es decir, lo que concebimos) son semejanzas de las cosas[261]. De esta manera Aristóteles establece una relación entre las palabras, los significados (las afecciones del alma) y las cosas. En cualquier caso, utiliza el recurso de estudiar las palabras (los nombres y los verbos) según que vayan en combinación o no[262]. Esto podríamos interpretarlo como un interés de Aristóteles por establecer un nuevo tipo de entidades, no meramente πράγματα (cosas) ni φωναί (sonidos, palabras) ni πάθηματα (afecciones del alma) de las que hemos de partir, que en las *Categorías* son predicables, es decir, λεγόμανα, entidades de las cuales se puede decir y, por consiguiente, hacer ciencia justo porque se pueden decir.

5.1.4. Pero, ¿qué entiende Aristóteles por los predicables? Este problema ya lo planteó Simplicio (*fl.* 527-565). En su comentario a las *Categorías* Simplicio propuso tres acepciones posibles:

a) Las realidades acerca de las cuales trata el enunciado (τὰ πράματα περὶ ὧν ὁ λόγος, *tà prágmata perì hôn ho lógos*); es decir, las cosas.

---

[261] *De int.*26a8.

[262] Aristóteles sostiene que la composición de los conceptos aislados ("casa", "árbol", "verde", "inhóspito") no da lugar por sí sola a lo verdadero ni a lo falso, sino que estas determinaciones surgen cuando el alma enlaza estos conceptos entre sí, mediante la cópula verbal "es". En este acto el entendimiento "compone" dos nociones simples atribuyendo la una a la otra (al decir, por ejemplo, que "la casa es inhóspita"); o bien las "divide", al constatar que dos nociones simples no van juntas (al decir, por ejemplo, que "la casa no es inhóspita"). El acto por el que el alma compone dos nociones se denomina "afirmación", mientras que aquel que las divide se denomina "negación" (cf. Mittelmann 2009: 150, nota 4).

b) Los conceptos que se refieren a esas realidades (τὰ νοήματα τὰ περὶ τῶν πραγμάτων), *tà noémata tà perì tôn pragmáton*;

c) La propia palabra o voz significativa que se emite, así como el enunciado (αὐτή ἡ λέξις ἡ σημαντικὴ καὶ ὁ λόγος), *auté he léxis he semantikè kaì ho lógos.*[263]

Las tres alternativas de interpretación pueden invocar en su favor pasajes de las *Categorías.* Simplicio sostuvo que estas interpretaciones no son excluyentes e intentó reconciliarlas entre sí por medio de una fórmula que intenta retener lo mejor de cada una de ellas. Según Simplicio, ni las cosas están separadas de las voces (palabras) que las designan, ni éstas de las cosas que pretenden designar. Por su parte las intelecciones tampoco pueden separarse de ambas (de las voces y las cosas). De esta manera, el tratado versa simultáneamente "sobre las voces simples que significan las primeras y más generales de entre las cosas, por medio de intelecciones simples y primeras". Esta perspectiva implica tres niveles: el nivel de las voces o palabras (nivel lingüístico), el nivel de las cosas reales (la realidad o, en términos lingüísticos, la designación o referencia) y el nivel de la intelección (nivel del entendimiento, conocimiento o pensamiento). Desde esta perspectiva, una categoría tiene tres caras inseparables: así, por ejemplo, un *dónde* será a la vez una locación espacial ("en el ágora"), la expresión lingüística que lo designa (la palabra material) y el pensamiento que lo concibe (la realidad que se da en el alma). Para que uno de los tres elementos se dé, tienen que darse los dos restantes. Esta interpretación de Simplicio ha hecho concebir el "triangulo semántico" que Aristóteles expone en el primer capítulo de *De interpretatione* en el cual distingue sin separarlas

[263] Cf. Mittelmann 2009: 31.

las emisiones vocales (φωναί) de las intelecciones o pasiones del alma (ὁμοιώματα), y ambas de las cosas (πράγματα). Si Simplicio está en lo cierto, concluye Mittelmann[264], el inventario aristotélico clasifica voces o palabras; pero lo hace en función de un criterio semántico que considera los significados en una predicación.

5.1.5. Pero esta interpretación de Simplicio, desde mi punto de vista, no es totalmente cierta. Simplicio no llega a separar lo que el mismo Aristóteles implícitamente distingue en *De interpretatione*: los contenidos del alma llevan consigo el significado y el pensamiento. Al distinguir Aristóteles entre φωνή σεμαντική y λόγος frente a ἀπόφανσις está haciendo alusión a una realidad mayor que engloba a λόγος y ἀπόφανσις. Ambas son afecciones del alma, es decir, πάθηματα, lo que hoy día conocemos como pensamiento. Es decir, que en Aristóteles tenemos, las voces o palabras (φωναὶ), las cosas (πράγματα), las afecciones del alma o pensamiento (πάθηματα) que engloba al significado (φωνή σεμαντική) y éste es la base para la oración (λόγος) y el juicio o pensamiento (ἀπόφανσις).

5.1.6.1. Todas estas cosas son predicables, es decir, de todas estas cosas se puede decir algo. En este sentido, todas estas cosas pueden llegar a ser cosas del decir. Las *Categorías* de Aristóteles, por tanto, se pueden considerar como un decir, es decir, como una creación inventada y fabricada que nos sea útil en algún sentido. Las categorías de Aristóteles son voces, por un lado, que representan un significado, por otro, determinado éste en un sentido dado (aquél necesario para hacer ciencia), que potencialmente representan las cosas y son en sí mismas afecciones del alma, sin llegar a constituir una oración. De esta manera, las categorías

264 Cf. Mittelman 2009: 31-32.

existen porque Aristóteles las ha creado con la finalidad de hacer un esquema para hacer ciencia haciéndolas un decir. Aristóteles, de hecho, describe las categorías como algo que se dice o se puede decir[265]. Desde esta perspectiva las categorías son en virtud de que se dicen. Las cosas dichas aparecen o bien solas sin combinación entre ellas o bien en combinación[266]. En el primer caso las cosas dichas, categorías o τά λεγόμενα, expresan un pensamiento posible, es decir, un pensamiento considerado como posibilidad analizable en sí mismo y en el segundo caso, un juicio, una predicación de la realidad. En principio el pensamiento es anterior al juicio, es decir, la posibilidad es anterior a la realización. El juicio (las cosas dichas cuando aparecen en combinación) se basa en el pensamiento (en la pura posibilidad). Aristóteles, que hizo la distinción entre lo semántico y lo lógico, como acabamos de ver[267], elige el análisis de las cosas que se dicen en lo que éstas aportan en sí mismas sin que lleguen a entrar en combinación. En este sentido la realidad denotada por las categorías como palabras aisladas es un significado posible y, por tanto, un significado que puede materializarse en un algo, que será en última instancia un decir.

5.1.6.2. Pero Aristóteles, sin embargo no analiza el significado de la palabra aislada, sino que analiza la función que la palabra aislada puede llevar en sí misma en cuanto que representa un constructo dicho en lo que llamamos la categoría. Con esto Aristóteles no está haciendo un análisis semántico de lo que representan las categorías, sino que está creando un concepto que él considera necesario para hacer ciencia. Ésta es la razón por la que Aristóteles esquive, en la

265 Como ya he señalado, el nombre dado por Boecio así lo manifiesta, τά λεγόμενα.

266 Categorías 1a16.

267 Lugar citado.

mayoría de los casos, utilizar la palabra que designaría una categoría dada en favor de una expresión más neutra y concreta. Aristóteles no refiere las categorías por su expresión nominal (la cantidad, la cualidad, la relación, por ejemplo), sino que refiere el *cuánto*, el *dónde*, el *cuál*, el *relativo a*. El tratado de Aristóteles, pues, no trata ni sobre las palabras de una lengua, ni sobre los significados de la misma: trata de una *función* que tiene su origen y su fin en la creación hecha por su autor para un decir. En consecuencia, la realidad de las categorías frente al decir es que son cosas dichas, cosas que son en virtud de que se dicen.

5.1.6.3. El interés que muestra Aristóteles por considerar las categorías de forma aislada y no metidas en una combinación (συμπλοκή) se explica, igualmente, por la finalidad propedéutica de las categorías. Puesto que las categorías van a servir para hacer ciencia, ésta debe tener su fundamento en lo más básico y seguro. De aquí, que la primera categoría sea la substancia y que todas las demás categorías se basen en la substancia.

Así, pues, las categorías son una creación inventada en el decir que sin estar en combinación son un pensamiento posible y que Aristóteles utiliza no en sí mismas como posibles pensamientos sino en cuanto a la función que desempeñan como tales, ya que la finalidad de Aristóteles es hacer ciencia. Ahora bien, ¿en qué sentido las categorías son cosas que se dicen y, por tanto, algo que se crea?

5.2. ¿Qué nos dicen las categorías de Aristóteles?

5.2.1. Aristóteles en cada momento emplea la expresión «[esto] se dice de [algo]». El problema que ahora nos planteamos nos lo tenemos que plantear en un triple sentido.

Tendremos que ver el grado de realidad que tiene lo que designamos como «esto», lo que designamos como «de algo» y lo que expresamos con «se dice». Aristóteles tiene siempre presente estas tres realidades: el «esto» o la definición, el «de algo» u objeto al que se va a aplicar lo anterior y el «se dice» o el nexo de unión entre el primero (el «esto») y el segundo (el «de algo»). El nexo de unión es lo más importante en esta relación puesto que constituye la expresión de un decir: en virtud de que hay un sujeto cognoscente que se compromete a sí mismo respecto a «de algo» y mediante «esto» se crea la relación que une a ambos términos. El resultado es un *decir* o un *compromiso* de quien habla ante lo dicho. El elemento más importante de la relación creada, pues, no está expreso: es el sujeto cognoscente. Desde este punto de vista la expresión resultante de ese esquema no es nada que exista de por sí ni de antemano, sino algo que existe en virtud de esa relación creada mentalmente. Este esquema tripartito se repite con distintas expresiones a lo largo de toda la exposición de las *Categorías*. Otras expresiones que Aristóteles usa en este esquema son expresiones como «llamamos», «se predica», «se llama». El resultado de este proceder por Aristóteles es la definición del propio sujeto ante cada una de las cosas de las que habla (el «de esto» de nuestra introducción). Pero en estas últimas expresiones utilizadas por Aristóteles el sujeto es impersonal, es decir, refiere a lo que la gente dice. De esta manera la expresión no tiene más realidad que la que le da el hecho del ser dicha por el común de la gente, criterio, como veremos a continuación, según el cual, para Aristóteles, son las cosas.

5.2.2. El resultado de esta relación así establecida es lo que llamamos un predicable, una relación creada sobre las cosas. Luego, podemos distinguir en esta relación los siguientes elementos, ya señalados de una forma u otra: el sujeto cognoscente que se define a sí mismo ante lo que ha convertido en predicable; el predicable en sí mismo (la relación creada ya nominada: substancia, dónde, cuándo, cuánto, relativo a, etc.); y la realidad de la cosa a la que se aplica el predicable creado. Ahora bien, todo esto, ¿para qué lo crea Aristóteles? Para tener un instrumento de hacer ciencia; ¿qué grado de realidad tiene cada una de estas cosas?

5.2.3.1. El hecho es que las definiciones que se hacen de las categorías responden a lo que podríamos llamar una oración atributiva en la que aplicamos algo (predicado) a alguna cosa (sujeto) en virtud de que decimos. Aristóteles nos dice que las categorías se consideran de forma aislada, no en combinación. Con esto Aristóteles nos da a entender que los predicables son algo que se puede dar en sí, o mejor: que son algo potencialmente o en sí mismos predicables. Por esto Aristóteles quiere definir las categorías en lo que son, puesto que ya son mental y nocionalmente, y, por tanto, podremos decir algo de ellas, es decir, podremos hacer ciencia de ellas. La clave del problema está en esto que decimos «lo que son».

5.2.3.2. Ya hemos visto que las categorías son en cuanto son dichas (predicables). Pero Aristóteles, sin embargo, no tiene en cuenta este modo de ser de las categorías y las acepta de la misma forma que acepta todas las cosas que están ahí. Para Aristóteles, los predicables de los que habla no son meramente cosas que están ahí. Los predicables son relaciones que se dan en las cosas. Y éste es, desde mi punto de vista, el aspecto que resalta Aristóteles en sus predicamentos. Para hacer ciencia es necesario fijarse no en las cosas, sino en las relaciones que se pueden establecer en las cosas. De esta manera podemos ver que la substancia no se dice del sujeto ni se encuentra en el sujeto: es la pura relación de ser de aquello de lo que queremos decir. Por esto podremos «decir en parte» de las cosas[268]. Es decir, podremos hacer ciencia, no de lo que hace que caballo sea caballo (la especie de caballo o la idea del mismo), sino de este caballo, puesto que este caballo es una substancia. De la misma manera no podemos encontrar ni el *cuánto* ni el *cuál* ni el *relativo a* en sí mismos: hemos de encontrarlos en otra cosa, en algo a lo que ya hemos atribuido la substancia.

5.2.4. El problema, pues, está, para Aristóteles, en decir lo que son, es decir, en crear relaciones que nos sirvan de base para conocer las cosas y hacer con ello ciencia. Para esto Aristóteles se basa en dos supuestos: las cosas de las que dicen los predicables son en sí mismas, por dos razones distintas, porque

a) así nos lo atestiguan los sentidos[269] y

b) así se dicen en el común de la gente.[270]

Por tanto, si las cosas ya son se pueden sacar relaciones de ellas. Y estas relaciones son los predicables que existen en razón de ser dichos. Así, la substancia es un algo que encontramos en las cosas, al igual que el *cuánto*, el *cual*, el *relativo a*, la diátesis del perfecto, la voz media, la voz activa y la voz pasiva. Y en esto podemos ver un grado de realidad distinto entre las cosas que son (las cosas de las que hablan los predicables) y las cosas que son en cuanto que son dichas: los predicables, que en esencia son relaciones que se dicen o se pueden decir, diferencia de ser (o grado de realidad) que Aristóteles no llega a reconocer de forma explícita, o mejor dicho y según lo entiendo: que Aristóteles no llega a reconocer más que en sus *Categorías*.

[268] Cf. § 5.3. 9).

[269] Cf. § 5.3.10.

[270] Cf. § 5.3.5) y 5.3.6).

5.2.5. Ortega y Gasset cifra la diferencia entre el modo de pensar aristotélico o «primigenio» y el modo de pensar cartesiano o «moderno», precisamente en estudiar las relaciones como correlatos más que como cosas. Dice, además, que Aristóteles llegó a ver las relaciones que se dan entre las cosas, pero que no llegó a darse cuenta de su importancia:

> *«[lo que separa a uno u otro modo de pensar no es más que "un pelo"] Descartes y Aristóteles (cuando analogiza) coinciden en hablar —Aristóteles sin darse cuenta— de las cosas como meros términos de relaciones; por tanto, como correlatos. La diferencia entre ambos estriba en que Descartes, que se da cuenta de ello, toma los correlatos como correlatos, mientras que Aristóteles toma los correlatos como si fuesen cosas no relativas, sino absolutas, independientes de la relación; es decir, formalmente como "cosas". Ahora bien, esto es lo que hacía el hombre primigenio».*[271]

Y esto es lo que pasa en las *Categorías*: Aristóteles analiza las cosas entre sí y descubre relaciones que sirven para estudiar las cosas ya existentes, partiendo de que ya son frente a los géneros y especies o ideas (de Platón), que ignoran las cosas «particulares» (individuales, que diríamos hoy). Analizadas las cosas así, tenemos el *Saber* sobre las mismas[272], que consiste, precisamente, en ver esas relaciones que crea con decirlas.

5.2.6. El tipo de relaciones que Aristóteles crea en las *Categorías* son muy dispares entre sí y ninguna de ellas tiene existencia concreta. «Es substancia, dice Aristóteles, aquella que no se dice de un sujeto ni se encuentra en sujeto alguno»[273], es decir, substancia es una elaboración mental, la pura relación de ser, como hemos visto, que una vez conce-

[271] 1992a: 228.

[272] Cf. Ortega y Gasset 1992a: 126.

[273] *Categorías* 2a11-13.

bida, Aristóteles busca en las cosas. Lo mismo se podría decir de la substancia segunda, que corresponde a los géneros y especies, pero el problema es que se parte de los géneros y especies: hasta Aristóteles las ideas de Platón eran el punto de partida. Como ejemplos de substancia, Aristóteles aduce, entre otros, el enunciado y la opinión[274], cosas que no tienen más existencia que la que se le da al «decir en parte» de ellas. En el caso de las demás categorías, al mero acto del «decir en parte» de lo que representan se une el modo de ser de las mismas, que son en otra cosa, cosa que ya tiene de por sí la substancia: el *cuánto* no puede darse en sí mismo sino que su forma de ser es en otra cosa; el número es un *cuánto*[275] *y el enunciado*[276] *y la línea*[277] son susceptibles de aprehensión según el cuánto, algo que se da en otra cosa. Con respecto al *cuál* tenemos tres tipos posibles: el estado y la disposición[278], aquellas cosas que se denominan en función de una capacidad o incapacidad natural[279] y las cualidades afectivas y las afecciones[280]. Lo mismo pasa con el *relativo a*: forman parte de los relativos «cosas» como el estado, la disposición, la sensación, el conocimiento, la posición[281]; etc. Es decir, todas estas categorías son creadas porque decimos de ellas y al decir de ellas ponemos de relieve el modo de ser que representan: no son en sí mismas sino en otra cosa que ya tiene el ser, es decir, la substancia. Y éste es, desde mi punto de vista, el motivo por el que Aristóteles pone en el mismo nivel lo que

[274] *Categorías* 4a34 y ss.

[275] *Categorías* 4b25 y ss.

[276] *Categorías* 4b33 y ss.

[277] *Categorías* 5a.

[278] *Categorías* 8b26 y ss.

[279] *Categorías* 9a14 y ss.

[280] *Categorías* 9a28 y ss.

[281] *Categorías* 6b y ss.

es en sí y por sí (la substancia) y lo que no es sino en otra cosa (las demás categorías). Una y otras son porque se crean al decir de ellas. Y al decir de ellas podemos ver que los objetos de los que decimos son asimilables los unos a los otros. Todos son igual: todos son mentales y sirven, en este caso, para separarlos de las ideas (géneros y especies, substancia segunda) que los han creado como cosas de la realidad.

Y tenemos que decir que en efecto es así. Cuando aprehendemos una cosa, por nueva que nos sea, concebimos una cosa como esencia, es decir, como clase o categoría. Sólo mediante la determinación, la orientación de los conceptos hacia lo que percibimos, vemos a esta silla como «la silla».

Para concluir: las categorías son relaciones y tienen realidad en el sentido en que «se dice» de ellas. Su grado de realidad consiste en ser elaboraciones mentales implícitas en el acto del conocer. Ahora bien, el problema que entrañan las categorías y al que se enfrenta Aristóteles es que, según hemos visto, Aristóteles identifica lo real con el pensamiento. Las categorías son cosas pensadas que no tienen más realidad que la que le da el hablante a la hora de decir de ellas y que dependen en última instancia de la realidad lingüística. Esto es así por dos razones: en primer lugar porque se dan y existen en el decir, y en segundo lugar, porque es la lengua histórica la que ha ido introduciendo en su uso (norma de la lengua de Coseriu[282]) formas que posibilitan este trato que en última instancia dependen del sujeto hablante, dicente y cognoscente.

---

[282] «Una técnica de la lengua puede entenderse en primer lugar como uso lingüístico corriente: como realización habitual, "normal" por término medio en el hablar de una comunidad lingüística de un complejo homogéneo de procedimientos y unidades lingüísticas, y, además independiente en la medida en que lo realizado normalmente es también objetivamente funcional («distintivo» o bien «opositivo»)» (Coseriu 1992: 293).

5.2.7. El interés que muestra Aristóteles por considerar las categorías de forma aislada y no metido en una combinación (συμπλοκή) se explica, igualmente, por la finalidad propedéutica de las categorías. Puesto que las categorías van a servir para hacer ciencia, ésta debe tener su fundamento en lo más básico y seguro. De aquí, que la primera categoría sea la substancia y de que todas las demás se basen en la substancia.

5.2.8. Ahora bien, si las categorías son fruto de un decir, ¿responden en sí mismas a la forma de pensar de su autor? ¿Representan una mera clasificación arbitraria o responden a la realidad que refieren de algún modo? Para contestar esta pregunta tenemos que ver primero el modo de pensar de Aristóteles.

5.3. El modo de pensar de Aristóteles

De esta manera, si las categorías no tratan ni de las palabras ni del significado de las palabras, ¿de qué tratan en consecuencia? ¿Son los predicamentos algo consistente en sí mismos o responden a patrones de un modo de pensar determinado? Si los predicamentos son algo autónomo y consistente en sí mismos tenemos que buscar una realidad en el mundo de Aristóteles, a la que los mismos se refieran. Si esto es así la propia solución nos llevará a la segunda parte de nuestro problema: tenemos que ver cuáles son los patrones según los cuales los predicamentos se han creado en el modo de pensar[283] de Aristóteles. Para hacer esto tene-

[283] Ortega y Gasset analiza una teoría filosófica como la respuesta, en un momento dado, a una situación problemática: la filosofía es un modo de pensar necesario (cf. 1992a: 22). No interesan los detalles de la teoría, sino el por qué de la teoría misma y sus particularidades.

mos que detenernos primero en la exposición de la teoría de Aristóteles.

1) Modo de pensar cosista

Ortega y Gasset, analizó la filosofía de Aristóteles en su génesis, es decir, como respuesta de ésta a una duda suscitada. A esto Ortega llama «modo de pensar»[284]. El modo de pensar de Aristóteles, para Ortega, es un modo de pensar "cosista, comunista, sensual e "idiota"[285]. Este modo de pensar describe las cosas en cuanto que existen y son en un mundo, siendo en sí mismas. La intención de Aristóteles es llegar a conocerlas en cuanto que son. El criterio para llegar a ese *Saber*[286] es la experiencia, es decir, la acreditación de los sentidos, que es el criterio último para acceder al conocimiento de las cosas[287]. Con esto, como hemos visto, Aristóteles se encontró con las cosas de antes de ponerse a pensar sobre ellas. Esto implicaba que la mente concibe las cosas porque son en sí mismas y como son, consistiendo el conocer en la acomodación de la mente a las mismas:

---

[284] Ortega y Gasset 1992a: 164.

[285] Ortega entiende estos términos de la siguiente manera: es un modo de pensar "cosista" porque su interés es descubrir las cosas en sí mismas y no en la relación que causa que las cosas sean; es sensual en cuanto que las cosas se conocen por la acreditación de los sentidos; es comunista porque la definición y descripción de las mismas se hace por lo que las cosas puedan tener en común, procedimiento que Ortega llama, abstracción comunista, es decir, abstracción inductiva; y es idiota o idiótica porque reclama «lo propio de cada cosa». Cf. 1992a: 121-22.

[286] Para Aristóteles la filosofía como modo de pensar necesario era el Conocimiento, el Saber (Ortega y Gasset 1992a: 22).

[287] «no se ha dado nunca a la experiencia un papel tan importante como el que reviste en la doctrina aristotélico-escolástica» (Ortega y Gasset 1992a: 159).

«Para Aristóteles la similaridad [entre lo pensado y la realidad] era casi total, porque lo importante de la cosa, a saber, su esencia, ingresaba en el pensamiento y estaba dentro de él, o en cuanto pensada, tal cual era fuera de él. Por esto pudo decir que "la mente o alma es en cierto modo todas las cosas"».[288]

2) El concepto de ser, la substancia

Aristóteles toma el concepto de ser de Parménides, con una modificación muy significativa: si el ser de Parménides es en sí mismo frente al no ser, siendo uno, eterno, inmóvil y sin principio ni fin, Aristóteles considera el Ser como lo más común que se da en los seres[289] y, puesto que se da, es algo que existe en sí y no necesita de algún otro ser para existir, es decir, el ser es la substancia, que es el modo de ser verdadero o más auténtico[290]. Desde esta perspectiva, los predicamentos dicen algo de realidades existentes y susceptibles de análisis y descripción, por varias razones: porque la gente así lo considera y porque son realidades que la experiencia corrobora a diario.

3) Modo de pensar sensual

La importancia dada a la experiencia en el modo de pensar aristotélico lleva consigo la aceptación de las cosas y de la realidad material de las mismas. La experiencia se basa en la acreditación de los sentidos. Dice Ortega al respecto: «La fe en los sentidos es un dogma tradicional, una institución pública establecida en la opinión irresponsable y anónima de la "gente", de la colectividad»[291]. El hombre cree en la efectividad de la experiencia porque así se ha considerado y

---

[288] Ortega y Gasset 1992a: 29.

[289] Ortega y Gasset 1992a: 216.

[290] Ortega y Gasset 1992a: 239.

[291] Ortega y Gasset 1992a: 238.

se considera popularmente[292]. De esta manera las cosas que se dicen son efectivamente ciertas, por varias razones: en primer lugar porque así lo atestiguan nuestros sentidos y en segundo lugar, porque responden a las creencias vigentes en una comunidad de hablantes. En esta concepción la lengua actúa como la correa de transmisión de las creencias que están en vigor en una comunidad de hablantes, en este caso, la concepción sobre la existencia de las cosas. Benveniste, como hemos visto en el capítulo anterior, interpreta los predicamentos como realidades habidas porque están concebidas según medios de expresión de la lengua griega, por tanto, realidades contingentes que están en vigor en la lengua. Son, también, realidades comunes de una lengua determinada, y según este criterio, son entes. La razón de ser, pues, de los predicamentos es doble: por un lado, pertenecen a una lengua según las exigencias históricas de la misma, y en segundo lugar, se dan por el hecho de ser «dichos» en la lengua, es decir, constituyen creencias entre los hablantes de esa lengua. Los predicamentos, como realidades lingüísticas que se dicen y se utilizan dentro de la lengua en cuestión, se comprueban a diario en su existir entre los hablantes de esa lengua. En este sentido son realidades históricas y, por tanto, objetivas, susceptibles de descripción en lo que son, «ideas comunes» que se dicen.

4) Algo que está ahí

Las cosas que se dicen (τά λεγόμενα) son o bien las palabras proferidas (φωνάι), o bien las cosas expresadas mediante tales palabras (πράγματα), o bien las pasiones del alma (πάθηματα, ὁμοιώματα) o los conceptos (νοήματα) significados por las palabras o a través de las oraciones o

[292] Santo Tomás de Aquino, siglo XIII, hizo notar este hecho. Aceptamos una creencia porque es una cosa que hemos visto desde que nacimos. Cf. § 6.1.8.2.

proposiciones. Como en *De interpretatione*[293] Aristóteles estudia las palabras en sí, no en combinación. En *De interpretatione* Aristóteles separa lo que es significativo de lo que es declarativo o juicio (ἀπόφανσις, *apóphansis*): las unidades significativas menores, *ónoma* y *rema* (ὄνομα, ῥῆμα, nombre y verbo) aportan por sí mismas una significación frente a las unidades que se dan en combinación o unidades significativas mayores. Esto significa que para Aristóteles la significación de las palabras tiene una efectiva realidad, independiente de que la analicemos o no. Como consecuencia, podemos decir que las categorías son una cosa que está ahí y que tenemos que tener en cuenta. Dicho de otra manera: Aristóteles nunca llegó a preguntarse si sus categorías tendrían razón de ser o no en otra lengua o si la realidad de las mismas era debida a las posibilidades de expresión de la lengua griega.

5) En la conciencia colectiva

El fundamento de ese estar ahí de las categorías, nos dice Aristóteles, es κατά συνθηκην[294] (en acusativo =como), es decir, como algo establecido, en razón de lo que está establecido[295]. Y esto que está establecido es una relación, no entre sonidos y objeto designado, sino entre sonidos y contenidos psíquicos, «contenidos del alma»: ἐστὶ δέ τἀ ἐν τῇ φωνῇ τῶν ἐν τῇ ψυχῇ παθημάτων σύμβολα[296]. La relación, pues, entre el signo material y el contenido psíquico es la relación entre φονή y πάθημα y sólo a través de ésta la relación entre el ὄνομα (sonido con significado) y el objeto designado (πράγματα). En este sentido las categorías son en sí mismas algo objetivo que está en el alma, que para Aristóteles es la

---

[293] *De Int.* 16a19-21 y 16b 6-7.

[294] *De Int.* 16a.

[295] Cf. Coseriu 1977: 23.

[296] *De Int.* 16a, 3-4. Cf. Coseriu 1977: 23.

conciencia común o colectiva, según podemos comprobar en nuestra experiencia interna; por tanto, algo de lo que se puede decir (=predicar).

6) Pensar común

La distinción que establece Aristóteles entre lo que es primariamente significativo y lo que es la proposición o juicio, distinción que permite a Coseriu separar el *lógos* en sí mismo u oración (=lenguaje) y la *apóphansis* o lo lógico, proposicional o poético[297], nos permite ver el valor de las categorías: son cosas que se dicen utilizando los medios de la lengua y que por encima de éstos denotan realidades que se dan en el alma colectiva o pensar común, reflejándose en la lengua.

7) Decirse de y estar en

Para crear «lo que se dice» (τά λεγόμενα) Aristóteles establece un doble criterio, a saber: el *decirse de* y el *estar en.* El primer criterio (decirse de) distingue los individuos pertenecientes a cualquier categoría de las especies y géneros en los que están incluidos. Para Aristóteles, no es lo mismo un individuo dado, que la especie o el género bajo cuya consideración se puede enclavar el individuo dado. La consideración de ese individuo dado (*hombre particular*), por un lado, bajo el prisma de la especie (*el hombre particular es hombre*) o el género (*el hombre particular es animal*), por otro, constituye tres formas de ser o tres predicamentos distintos, a saber, la cosa particular, hombre particular (la substancia primera), la especie y el género (la substancia segunda que puede ser o bien especie o bien género). El segundo criterio (estar en) distingue aquello que no goza de existencia separada de donde se da. Para este tipo de cosas «existir» consiste en «estar en» algo del primer tipo. Así, todo lo que racionalmente podamos separarlo de allí en donde se da

[297] Coseriu 1982: 246-47.

constituirá un predicamento distinto de aquel en donde se da. Ambos criterios se resumen de la siguiente manera: un objeto tiene todo lo que se encuentra en él, mientras que ese objeto "es" todo lo que se dice de él. Lo que se encuentra en un objeto también es predicable, siendo en sí mismo un predicamento de carácter distinto de aquello en donde se da. El primer criterio (decirse de) es empírico: sabemos que algo se dice de un sujeto si conocemos ese algo como hecho experimentado; el segundo criterio (estar en) es racional: lo que está en un sujeto es algo que le conviene, por tanto, algo necesario y que se puede deducir del propio concepto del sujeto. Por tanto, el primer criterio da predicamentos contingentes, sometidos a la posibilidad de ser verdaderos o falsos; el segundo, da predicamentos necesarios, puesto que están contenidos allá de donde se deducen, es decir, están contenidos allá de donde se «extraen». Combinando ambos criterios, Aristóteles separa los cuatro modos de ser que hemos visto en los antepredicamentos.[298]

Mittelmann[299] interpreta que la relación asimétrica «decirse de» no es coextensiva a la relación «predicarse de»: no todo lo que se predica de algo *se dice* de él (en sentido técnico), sino sólo aquellos predicados que, de uno u otro modo, vuelven manifiesto lo que el individuo es[300]. Debido a esto, Aristóteles explica lo que después se ha llamado la ley de la transitividad de la predicación. Lo que se dice del predicado se enunciará también del sujeto, pero no al revés. Por ejemplo, *hombre* se predica de hombre particular y *animal* se predica a su vez de hombre particular[301], porque tanto *hombre* como *animal* son especie y género de hombre

[298] Cf. § 2.2.2.

[299] 2009: 60, nota 9.

[300] Cf. *Categorías* 2b30-31.

[301] Cf. *Categorías* 1b10-1b20.

particular. Los géneros que se hallan subordinados entre sí tienen las mismas diferencias, pues los géneros superiores se predican de aquellos otros que les están subordinados, de tal suerte que todo cuanto es diferencia del sujeto será también diferencia del predicado. Pongamos un ejemplo. El género *viviente* engloba dentro de su concepto al género *animal* y éste engloba a las especies *hombre* y *caballo*. Las diferencias que definen al género *viviente* definirán al género *animal* y a las especies que hemos dado como ejemplo.

8) El decir y lo que se dice

Como hemos visto, para la elaboración de sus categorías Aristóteles concibe dos focos de interés: el sujeto y el predicado, dos estructuras mentales en torno a las que elabora las categorías y con las que concluye sobre el ser de las categorías o «cosas dichas». Es sujeto aquello que constituye el soporte para el decir. Es predicado la creación que se hace en torno al sujeto. Entre el predicado y el sujeto hay una enorme diferencia. El sujeto se concibe como algo capaz de soportar una predicación, es decir, el sujeto se concibe como algo estable en sí mismo de tal manera que la aplicación del predicado llegue a constituir un algo. El predicado, por el contrario, es una creación cognoscitiva que se convierte en un algo gracias a la atribución que se hace de él respecto al sujeto. Para Aristóteles, el predicado está constituido por géneros y especies. De esta manera el predicado es un algo mental, mientras que el sujeto es lo que hace que el predicado, al poder decirse del sujeto, sea lo real. La aplicación del predicado al sujeto es lo que podemos llamar un *decir*, que constituye la finalidad que pretende Aristóteles, y el elemento que analiza, lo *dicho*, τό λεκτόν.

9) Decir en parte, la ciencia sobre las cosas

Lo que en realidad pretende Aristóteles es hacer ciencia[302]. Ciencia, para Aristóteles consiste en *decir*. Aristóteles llama a las ciencias derivadas de la filosofía los conocimientos dichos en parte o particulares: *ἐν μέρει λεγόμενα*[303]. Es decir, ciencia es los conocimientos particulares sobre las cosas o los conocimientos concretos de las cosas. En tiempos de Aristóteles la filosofía como el pensar necesario era el Conocimiento, el *Saber*. Dentro del ámbito de la filosofía, como particularización de su modo de pensar, comenzaban a condensarse las ciencias. Se ocupaban éstas de partes del Ser: las figuras espaciales, los números, los astros, los cuerpos orgánicos, etc. Pero el modo de pensar sobre todos estos saberes era el filosófico. Para Aristóteles, estos conocimientos se resolvían en decir algo sobre ellos. Y esta actitud de Aristóteles, más que de un filósofo, es la actitud de un científico, preocupado por el saber de las cosas. De hecho, la reforma que Aristóteles introdujo sobre la teoría de Platón consistió en declarar urgente el conocimiento de las cosas concretas que «están ahí» y nos rodean por todas partes.[304]

10) La fehaciencia sensorial

Para Ortega y Gasset, Aristóteles, «uno de los filósofos más grandes que ha habido, no tenía temperamento de filósofo, sino de "hombre de ciencia", y éste propende siempre al especialismo, es decir, a interesarse en lo específico, que,

[302] «Aristóteles, como hombre de ciencia que era *ante todo*, fue un pensador radicalmente naturalista y profano» Cf. Ortega y Gasset 1992b: 138.

[303] Ortega y Gasset 1992a: 22

[304] Ortega y Gasset 1992a: 126.

[...], es lo "propio", lo "idiota"»[305]. Según este modo de pensar, las cosas se dan porque los sentidos nos dan testimonio de ellas, es decir, los sentidos muestran el Ser. La fehaciencia sensorial es, según Ortega y Gasset, el primer principio en su filosofía, aunque él no la ve como tal principio. Parte de este principio como cosa que va de suyo y no repara en él[306]. Para Aristóteles, la acreditación de los sentidos es una realidad con la que cuenta en su modo de pensar, aunque él mismo no vea necesario justificarlo. La fe en el principio de la acreditación de los sentidos es la base para reconocer la auténtica Realidad[307]. Para Aristóteles, pensar y realidad se identifican entre sí. Ya hemos visto que, para Aristóteles, la esencia de las cosas ingresaba en el pensamiento, siendo la misma tanto fuera como dentro del pensamiento[308]. Y esto quiere decir varias cosas: en primer lugar que la esencia de una cosa es cosa distinta de la cosa misma; segundo que como cosa distinta, la esencia tiene que ser cosa objetiva; y tercero, que el conocimiento consiste en aprehender lo que está ahí. Como consecuencia, el *Saber* es llegar a las cosas que están ahí, a las que sólo tenemos que aproximarnos y, como veremos a continuación, tocarlas.

11) El tocar las cosas

El acto de aprehender o de entender la realidad, el νοῦς *noûs* aristotélico, al contrario que el *intuito* cartesiano[309], consiste en un aproximarse a las cosas median-

[305] Ortega y Gasset 1992a: 231. Ya hemos visto el sentido de «idiota» o «idiotizar» en Ortega, «centrarse en lo propio».

[306] Ortega y Gasset 1992a: 254.

[307] Ortega y Gasset 1992a: 214.

[308] Cf. Ortega y Gasset 1992a: 29. Reproduzco la cita en § 4.3.1.

[309] El *intuito* cartesiano es el juicio indubitable, puro y simple: «no procede del fluctuante testimonio que caracteriza a los sentidos ni del criterio falaz propio a nuestra imaginación que urde combinaciones torpes, sino

te los sentidos, «consiste primariamente en captar, tocar –θιγγάνειν, thingánein– la Realidad misma de la cosa o la cosa como real. La verdad del pensamiento como tal pensamiento, por ejemplo, de una proposición es posterior a la verdad como captura de la realidad misma por la inteligencia. De aquí que la proposición verdadera en Aristóteles es siempre transcendente a sí misma, habla de las cosas reales y vale para ellas».[310]

12) La abstracción «comunista»

Dado que las cosas están ahí, según nos lo atestiguan los sentidos, y dado que el conocimiento es aproximarnos a las cosas hasta tocarlas, Aristóteles trata de saber sobre ellas por medio de lo que Ortega y Gasset llama la «abstracción comunista», es decir, por medio de extraer de las cosas aquello que es común a las mismas, es decir, por abstracción inductiva. La inducción es el procedimiento de observar las cosas singulares que los sentidos nos acreditan y de ver qué regularidad de comportamiento manifiestan[311]. Toda la filosofía de Aristóteles procede según este modo de conocer: mediante la abstracción comunista define los objetos de forma universal y concluye sobre las propias definiciones que actúan como principios. Así, por ejemplo, Aristóteles observa que un hombre particular es mortal y que otro y que otro también lo son, de lo que concluye que todos los hombres son mortales. La conclusión es sacada, según Ortega y Gasset, por abstracción de la «mortalidad» «comunista» en todos ellos. Pero la conclusión sacada de esta forma no puede ser por «abstracción comunista», que equivaldría a

que es una concepción de nuestra mente pura y atenta, tan fácil y distinta que no deje lugar a duda alguna o, lo que es lo mismo, que se origina en la sola luz de la razón» cf. Ortega y Gasset 1992a: 328.

[310] Ortega y Gasset 1992a: 330.

[311] Ortega y Gasset 1992a: 154.

decir que la conclusión sacada ha sido hecha por inducción. La inducción parte de las propiedades de los particulares y, por tanto, no puede nunca darnos una conclusión universal; esto por varias razones: en primer lugar, los ejemplares analizados son de carácter individual. De un individual no se puede sacar una conclusión universal del tipo *dictum de omni* o κατά παντός, es decir, de extensión universal del concepto[312]; en segundo lugar, los ejemplares analizados son siempre unos pocos y es imposible llegar a analizar todos los ejemplares de la misma especie. Por consiguiente, por muchos ejemplares que estudiemos nunca tendremos la seguridad de que lo concluido es cierto. Pero Aristóteles dice que sí, que sus principios y definiciones son de carácter universal.

Si Aristóteles ha llegado a esas conclusiones universales no es por el método explicado, sino por un proceder que él ejecuta, al que no le concede el valor que requiere. Es la analogía. Cuando Aristóteles procede de la forma descrita llega a un momento en que él ve la identidad de los ejemplares analizados y los muchos que les queda por analizar. En este momento proyecta la imagen de los que ha analizado sobre todos los que les queda por estudiar y concluye de forma universal. Este salto que da de unos pocos a todos (universal del tipo κατά παντός o *dictum de omni*) lo da en virtud de la analogía. En el razonamiento intuitivo hay una adición de tipo analógico que no está en los objetos analizados sino que es añadida intuitivamente a ese proceso de «abstracción comunista». Si los individuales analizados son o se comportan así es presumible que todos los demás se comporten o sean de la misma manera. La conclusión así ya no es inductiva: es analógica, como hace ver Ortega y Gasset.[313]

---

312 Cf. Ortega y Gasset 1992a: 76.

313 Cf. Ortega y Gasset 1992a: 226 y ss.

13) La analogía

Aristóteles define nominalmente la analogía como aquella relación del concepto a las cosas conceptuadas que no implica en el concepto expresar una realidad común de estas, sino que su comunidad consiste solo en referirse a todas, cada cual a su manera, como algo único[314]. Esta definición de la analogía es concebida justamente al revés: son las cosas conceptuadas las que, cada una a su manera, mantienen algún tipo de relación con el concepto. Aristóteles, cuyas conclusiones terminan todas en la analogía, no busca en la analogía las relaciones a las que ésta da lugar[315]. Para Ortega y Gasset, el modo de pensar analógico de Aristóteles no es científico, y por tanto, no rinde posesión mental de la auténtica realidad. El pensar analógico se diferencia del pensar cosista de Aristóteles en que el pensar analógico no piensa las cosas como son en sí sino como términos de relaciones[316]. Por tanto, se trata simplemente de abandonar la categoría de cosa o substancia e instalarse en las categorías de relación προς τί[317]. Para Aristóteles, pues, es antes la cosa que la relación. De aquí que Ortega defina su modo de pensar como «cosista».

14) La intuición de índole analógica

Aristóteles instituye la definición como forma de operar en el estudio de las cosas. La definición no consiste más que en precisar las partes de una intuición como tal: «La defini-

---

[314] Ortega y Gasset 1992a: 226.

[315] Ibídem.

[316] «Mediatizados los entes y reducidos a meros términos de relaciones, el conocimiento científico consistirá en pensar las relaciones entre los entes y no a estos. Pero las relaciones no pueden sernos descubiertas por la sensación, ni por la fantasía, sino que son obtenidas mediante *actos de comparación* a que sometemos las cosas» (Ortega y Gasset 1992a: 236).

[317] Ortega y Gasset 1992a: 227.

ción es el resultado de una operación anatómica que practicamos sobre el extracto intuitivo»[318]. De la manera descrita, la definición engendra el concepto de la cosa, precisando los componentes de aquel. «De una proposición así no tiene sentido exigir prueba. Es mera aserción»[319]. Esos componentes son, a su vez, conceptos; de modo que la definición no hace sino transferirnos a otras definiciones hasta que llegamos a unas últimas que se limitan a nombrar los elementos intuitivos últimos[320]. Pero el problema está en que Aristóteles, como hemos visto, instituye la abstracción comunista como forma de analizar las cosas. Tanto en la abstracción comunista, de índole inductiva, como en la definición[321], de índole intuitiva, recurso que utiliza Aristóteles en su estudio de las cosas[322], éste se basa en la intuición de índole analógica. Y esto es lo que separa el modo de pensar aristotélico o modo de pensar «antiguo» («primigenio», en términos de Ortega y Gasset[323]) del modo de pensar «moderno» introducido por Descartes. Aristóteles —sin darse cuenta— habla de las cosas como meros términos de relaciones, es decir, como si fuesen cosas no relativas sino absolutas, independientes de la relación, es decir, considerando a los correlatos como «cosas». Descartes, por el contrario, toma los correlatos como correlatos. La diferencia entre uno y otro es que Aristóteles no llega a darse cuenta del valor de la relación, mientras que

---

[318] Ortega y Gasset 1992a: 69.

[319] Ortega y Gasset 1992a: 74.

[320] Cf. Ortega y Gasset 1992a: 72-73.

[321] «Definir es descomponer y esto se llamaba en tiempos de Aristóteles *análisis*, reducción de un compuesto a sus simples, de un todo a sus partes [...] Su resultado —el concepto como término— es ya algo apto para que las operaciones lógicas se ejerzan sobre él» (Ortega y Gasset 1992a: 71).

[322] Cf. Ortega y Gasset 1992a: 89.

[323] Cf. Ortega y Gasset 1992a: 227-28.

Descartes, que se da cuenta de ello, toma los correlatos como lo verdaderamente importante: aquello que hay que analizar en la ciencia.[324]

15) La definición como principio

Dado que Aristóteles procede a base de definiciones de las cosas, sobre las que concluye[325], su modo de pensar combina a la vez la inducción y la analogía, como hemos visto más arriba. De la inducción pasa a la analogía sin ninguna justificación, como, por ejemplo, en la definición de hombre como animal racional. Esta conclusión, sin embargo, la saca Aristóteles por analogía. Dice al respecto Ortega y Gasset:

> *«La inducción empírica, hiperbolizada en* un *razonamiento analógico, sería el modo como obtenemos los principios. Mas el razonamiento analógico no se logra; queda sin auténtico fundamento, y para fingirle alguno, se saca el* deus ex machina *del* lumen naturale *o* inteligencia. *Un "modo de pensar" pretendidamente exacto y deductivo que tan poca pulcritud muestra en la operación intelectual más importante, en la averiguación de los principios, manifiesta así que no tiene el sentido de ellos, y precisamente la multitud pululante de principios con que actúa, quita a éstos el valor de tales y los pone de tres al cuarto.*[326]

---

[324] Cf. Ortega y Gasset 1992a: 228.

[325] «El aristotelismo llama principio —ἀρχή o πρῶτον— a cualquiera cosa; a saber: a la simple definición empírica de cualquiera cosa» (Ortega y Gasset 1992a: 123). Por otro lado dice Ortega: «Aristóteles tiene una idea propia de la definición y su función en el artefacto que acaba de inventar y del que justamente está envanecido: el silogismo analítico». Sin embargo, no prestó atención alguna a los axiomas, que también son principios. La razón es que se encontró con los axiomas antes de inventar su lógica y antes de poseer su idea sobre ciencia (*epistéme*) como prueba analítica (cf. Ortega y Gasset 1992a: 142).

[326] 1992a: 157.

16) El valor de los principios: pensar primigenio

El modo de pensar de Aristóteles como «modo de pensar» pretendidamente exacto y deductivo procede a base de principios. Como ya hemos visto, las propias definiciones de las cosas son principios en su teoría. Las definiciones son intuiciones sobre las cosas. No obstante, Aristóteles, como hemos visto en los epígrafes anteriores, no muestra interés en justificar los principios ni la analogía. Como resultado, continúa Ortega y Gasset en la cita anterior:

> *«Al ser ficticio, ilusorio y arbitrario el funcionamiento de la analogía que haría completa la inducción [...] queda sólo por toda fuente de los principios el más puro empirismo».*

Ortega recalca la contradicción que este modo de pensar lleva consigo de la siguiente manera:

> *«Lo que hay de cómico en los conceptos escolásticos viene de aquí; porque son mero resultado de la humilde observación experimental y así estarán admirablemente bien, porque serían siempre reformables en vista de nuevas observaciones, aunque no podrían ser «principios» ni servir para una teoría deductiva. Pero llega la analogía con el fuelle del* lumen naturale, *y los infla, transformándolos en conceptos absolutos, en* dicta de omni et nullo *y las pobres nociones de origen sensual y observativo, sin culpa de ello, a causa de la inflación, se ven obligadas a ser "principios". [...] De aquí resultan definiciones como la de que el hombre es un animal racional, no mucho menos impropia que la de bípedo implume, pero mucho más funesta».*[327]

Ortega y Gasset llama a este modo de pensar un «pensar primigenio o mágico», que consiste precisamente en pasar de la inducción a una conclusión sacada por analogía suponiendo que tal conclusión es sacada de la experiencia basada en la acreditación de los sentidos[328], no fijándose en las rela-

[327] Ortega y Gasset 1992a: 157-58.

[328] Cf. Ortega y Gasset 1992a: 227-28.

ciones que desempeñan las cosas sino en las cosas mismas, como hemos visto. Lo curioso es que Aristóteles no se da cuenta de este salto gratuito.

17) El principio de la posibilidad del pensamiento

Así pues y como hemos visto más arriba, el modo de pensar de Aristóteles es, repetimos, cosista, empirista, inductivo y parte de principios que son las definiciones. Este modo de pensar encierra en sí mismo un interrogante: ¿cómo estamos seguros de que lo que conocemos es verdad? Aristóteles no es ajeno a esta cuestión y postula otro principio mayor, al que no discute sino que supone: es el principio de *la posibilidad del conocimiento.* Tiene que haber verdades improbadas e improbables, porque de otro modo sería imposible la ciencia, esto es, la prueba[329]. Ya hemos visto que Aristóteles acepta sin preguntarse qué es la analogía y que sin darse cuenta saca todas sus definiciones, axiomas y principios por analogía bajo la sombra de la experiencia, la que se fundamenta en la acreditación de los sentidos[330]. Para Aristóteles, tiene que haber un principio superior que dé fundamento a todo el *Saber.* Para Aristóteles, en expresión de Ortega, «los principios son verdad no porque sean verdad, sino porque tienen que ser verdad, porque hace falta que sean verdad»[331], porque posibilitan el *Saber,* es decir, la ciencia. Según Ortega, Aristóteles tuvo este pensamiento una y otra vez. A pesar de haberlo tenido no se paró ante él, ni reflexionó sobre él, ni advirtió que «en él brota de pronto un modo de pensar *radicalmente* distinto del suyo»[332]. El principio de la posibilidad del conocimiento, según Ortega, «significa, en efecto, [...]

[329] Ortega y Gasset 1992a: 107-08.

[330] Cf. Ortega y Gasset 1992a: 226-30.

[331] Ortega y Gasset 1992a: 108.

[332] Ortega y Gasset 1992a: 108.

una inversión total de su doctrina». Ortega da las siguientes razones: primero, porque hace depender la verdad sobre el Ser de lo que es verdad *sólo* para el Pensar. Con esto, el Ser no sería por sí; segundo, porque la realidad o actualidad efectiva del conocimiento se funda en su posibilidad, y para este modo de pensar es absurdo que el "acto" se funde en la "potencia". Y podríamos añadir nosotros que entonces lo que interesaría sobre todo son las relaciones προς τί[333], no las cosas en las que se dan las relaciones, con lo que nos encontramos con la analogía, negando, pues, toda inducción; tercero, porque aniquila la noción antigua de teoría deductiva, tergiversando por completo lo que se entendía por principio. Y, como conclusión añade Ortega:

> *«Si se "prueba" este [el principio de la posibilidad del conocimiento]* porque *hace posible la ciencia, es decir, porque de él se derivan consecuencias, son estas quienes prueban el principio, con lo que se tiene una prueba circular viciosa, una* petitio principii *que en este caso es titular».*[334]

18) La evidencia y el sentido común

Por último, puesto que Aristóteles admite el estudio de la cosa sobre las relaciones que se pueden crear sobre la misma; puesto que utiliza la experiencia sobre la base de la acreditación de los sentidos como criterio de verdad; puesto que se basa en la inducción para llegar al conocimiento; puesto que utiliza la analogía para llegar a sus conclusiones sin plantearse qué es la misma pasando tranquilamente de la inducción («abstracción comunista») a la conclusión analógica; y puesto que da por supuesto que el conocer es posible gracias a los efectos que tiene, utiliza el criterio de

333 Ortega y Gasset 1992a: 227.

334 Ortega y Gasset 1992a: 108-09.

lo que llama la «evidencia»[335] para defender sus principios y definiciones, uno de los cuales es el principio de contradicción. Como consecuencia de todo esto acepta los prejuicios del «sentido común». De esta manera, Aristóteles adopta el método, opuesto al de Platón, que coincide con el sentido común, con la opinión pública. Piensa que la verdad sobre las cosas se encuentra en la máxima próximidad de ellas, y esta máxima proximidad de ellas, y esta máxima proximidad de la mente con la realidad se da por medio de la sensación que llega a constituir la facultad noética fundamental en la doctrina aristotélica[336]. En consecuencia, el acto de entender o νοῦς, como ya hemos visto, consistía en aproximarse a la cosa hasta tocarla —θιγγάνειν— aceptando con ello como principio de su filosofía la acreditación de los sentidos. El principio de la acreditación de los sentidos, además, es un lugar común o sentido común de la gente. Desde Aristóteles y los estoicos, la acreditación de los sentidos, la «demagogia de la fehacencia aneja a los sentidos»[337], es el criterio último del hablar popular. Según Ortega y Gasset, la de Aristóteles es la única filosofía que se comporta así[338]. A propósito de las implicaciones que tiene este principio respecto al conocer humano, dice Ortega:

> *«El principio de la acreditación de los sentidos tiene [...] un rango y substancia mucho mayores que cualquier principio*

[335] «la "evidencia" del principio de contradicción no tiene nada que ver con las exigencias de una teoría pura» (Ortega y Gasset 1992a: 195).

[336] Cf. Ortega y Gasset 1992a: 127.

[337] Cf. Ortega y Gasset 1992a: 237.

[338] Cf. Ortega y Gasset, ibídem. La lingüística cognitiva, que tanta aceptación tiene hoy día, bajo el principio de seguir el «realismo experiencialista» vuelve a defender la acreditación de los sentidos, hasta tal punto que consideran como uno de sus tres básicos postulados que «el pensamiento está corporeizado» (Lakoff 1990: xiv). Cf. una crítica a la misma en Martínez del Castillo 2008.

teorético. Mientras estos ejercen su función, que es meramente lógica, en el sobrehaz de nuestra persona que es la reducida región de nuestra mentalidad seconsciente, *aquel es operante en las recónditas vísceras de nuestra vida».*[339]

Y a propósito de la adopción de dicho criterio por Aristóteles, Ortega afirma lo siguiente:

«De hecho la doctrina aristotélica es la que menos uso hace de la duda incoativa. [...] el aristotelismo es una de las filosofías menos filosofías que ha habido».[340]

5.4. Las categorías y el modo de pensar de Aristóteles

Pero volvamos a las categorías. Antes de exponer el modo de pensar de Aristóteles habíamos dicho que las categorías son en virtud de que se dicen, que en sí mismas representan relaciones posibles que se materializan en un algo dicho cuya realidad es lo creado al decir, separando así lo dicho de lo que se da primariamente, las esencias o las ideas[341]. Esto nos llevó a preguntarnos[342] qué eran, en realidad, las categorías: una mera clasificación arbitraria de lo que representan o si en realidad representan lo que refieren. Ahora, tras haber visto el modo de pensar de Aristóteles podemos responder a estas preguntas.

1) Modo de pensar cosista y sensualista

Las categorías responden a un determinado modo de pensar, el modo de pensar cosista y sensualista de Aristóteles, quien acepta las cosas de la opinión común. Las categorías

[339] Ortega y Gasset 1992a: 255.

[340] Ortega y Gasset 1992a: 262-63.

[341] § 5.2.

[342] § 5.2.1.

son cosas que están en vigor entre la gente ya que son un conjunto de realidades que dimanan directamente del sentir común. Son, por consiguiente, algo autónomo y objetivo en tanto que son algo en vigor socialmente, susceptible de descripción y definición —que es lo que hace Aristóteles—. La correa de transmisión de este modo de pensar ha sido el lenguaje. El problema de la interpretación de las categorías ha venido cuando el estado de la lengua en el que se desenvolvió Aristóteles desapareció. Las nuevas lenguas o los estados sucesivos de la lengua griega ya no dicen lo mismo, con lo cual empezaron las interpretaciones que justificarían la forma como aparentemente estaban expresadas. Ya anteriormente hemos visto el estudio de las categorías hecho por Émile Benveniste desde la lengua griega, quien corrige interpretaciones ya desviadas.[343]

2) Las categorías y el saber originario

Por otro lado, el modo de conocer las categorías, como ya dijimos, es de reflexión sobre el saber originario que tenía Aristóteles sobre su lengua condensando en ésta los dos grandes prejuicios que tenía: la acreditación de los sentidos y la aceptación de lo común. De aquí, la aceptación de las definiciones, los principios —en particular, del principio de contradicción—, la evidencia, la «abstracción comunista» como el medio de conocimiento, la no consideración de la importancia de la analogía y la aceptación del principio de causalidad. Los hablantes tienen conocimiento intuitivo de cómo funciona su lengua. Pero, a la vez, los hablantes aceptan como ciertas un número dado de creencias y realidades dadas por ciertas que el uso de la lengua, no la lengua, lleva consigo. A partir del saber originario los hablantes pueden

[343] Cf. § 4.3. En la presentación de las categorías de Aristóteles (§ 2.1) dijimos que la mera presentación de las categorías según se muestran en la traducción directa era ya una interpretación. A esto me refería.

hacer una reflexión y pueden llegar a crear todo un tratado, que es lo que hace Aristóteles.

3) La substancia y el ser

De los diez predicamentos hay uno, la substancia, que, por su carácter independiente no puede ponerse en el mismo nivel que los demás. La substancia es un algo trascendente de lo que participan todos los seres. Es substancia «aquello —dice Aristóteles— que no se dice de un sujeto ni se encuentra en sujeto alguno». Es decir, substancia como Ente, es algo trascendente, algo que va más allá de toda clase particular de conceptos. Dice a este respecto Ortega:

> *«En el modo de pensar aristotélico la transcendentalidad del concepto Ente significa que transciende toda clase particular de conceptos, que no queda adscrito a ninguna y que se cierne sobre todas sin trámite de especificación. [Significa dos cosas] Por un lado significa que [...] el concepto Ente es, en efecto, transcendente de toda clase de cosas, porque no se origina en ellas, sino que, al revés, es él el origen de las cosas en cuanto entes. Por su otro lado significa que la hipótesis del Ente obliga a cada cosa a transcender el ámbito primario en que nos aparece y en que vale como mera practicidad, y entrar a formar parte o constituirse en ingrediente de "algo así como" un Mundo».*[344]

Aristóteles presenta la substancia como la primera categoría, porque hay que sacar las categorías del ser. Es necesario primero tener el ser y después podremos analizarlo. Aristóteles presenta la substancia primera como algo distinto de las substancias segundas, los géneros y las especies: substancia «es la que es llamada así del modo más estricto prioritario y eminente»[345]. La substancia primera es lo que hace a algo ser. Algunos seres no se dan en sí mismos sino en

---

[344] Ortega y Gasset 1992a: 225.

[345] Categorías 2a11.

otro. De la misma manera las otras categorías se dan en otro ser, es decir, en la substancia primera, como el *cuanto* y el *cual*. A partir de la substancia primera los otros predicamentos se «dicen» también, es decir, se dan. Desde este punto de vista, éstos también son substancia. La substancia está en todo aquello que de una manera u otra se puede decir, es decir, aquello que es capaz de ser concebido en sí mismo.

4) Algo que es en sí

Para Aristóteles, la substancia es algo consistente en sí mismo, es decir, algo que es por sí y algo que da la impresión de objeto. La substancia, dice, parece significar un esto (τόδε τι). Por esto tiene un valor absoluto: o es o no es. Nada puede ser más substancia que otro. La substancia no puede tener contrarios. Estas características, nos remiten al concepto de ser existente en la lengua griega y en las lenguas indoeuropeas en general, que se materializa en el verbo griego εἰμι, εἶναι y tiene multitud de formas que han sido el medio para crear toda una ontología.

5) La noción del «ser», proyección de la lengua griega

Tras la explicación lingüística de las categorías, E. Benveniste se pregunta el por qué de las mismas y encuentra la repuesta también en la lengua. De aquí se sigue, continúa Benveniste, que lo que Aristóteles nos da por cuadro de las condiciones generales y permanentes no es sino la proyección conceptual de un estado lingüístico dado[346]. Más allá de los términos aristotélicos y por encima de esta categorización se despliega la noción de «ser» que envuelve todo. Sin

[346] Estado de lengua: «[es] un modo sumamente complejo: [...] un vasto conjunto de modos interdependientes. Esos modos son en gran parte análogos en el hablar de una comunidad considerado en un momento determinado (y haciendo abstracción del tiempo de la investigación), y en este sentido configuran un *estado de lengua*, o "lengua sincrónica"» (Coseriu 1988: 48).

ser un predicado él mismo, el «ser» es la condición de todos los predicados. Todas las variedades de «ser-tal», del «estado», todas las visiones posibles del «tiempo», etc., dependen de la noción de «ser». Ahora bien, también la noción de ser es una propiedad lingüística muy específica. El griego no solamente posee un verbo «ser» (lo cual no es de ningún modo una necesidad de toda lengua), sino que ha hecho de este verbo usos harto singulares. Lo mudó en función lógica, la de cópula (el mismo Aristóteles observaba ya que en esta función el verbo no significa propiamente nada, que opera simplemente una *synthesis*), y por este hecho este verbo ha recibido una extensión más vasta que cualquier otro. Por añadidura, «ser» puede tornarse, gracias al artículo, en una noción nominal tratada como una cosa; permite variedades, por ejemplo su participio de presente, sustantivado él mismo y en varias especies (το ὄν, οἱ ὄντες, τα ὄντα); puede servir de predicado a sí mismo, como en la locución τὸ τι ἦν εἶναι que designa la esencia conceptual de una cosa[347]; y no hablemos —dice Benveniste— de la pasmosa diversidad de los predicados particulares con los cuales se puede construir, mediando las normas casuales y las pre-

[347] Es ésta una de las más controvertidas expresiones de Aristóteles. La tradición latina suele traducir esta expresión o bien *quod quid est esse* (Boecio), o bien con una expresión sustantiva, *quidditas.* Debido a su mayor manejabilidad éste segundo término ha hecho fortuna entre las lenguas románicas. En español, sin embargo, ha sido rechazado por la Real Academia Española de la Lengua. Más fiel a la etimología locucional es la traducción de Boecio. Miguel Candel Sanmartín propone la siguiente traducción haciendo un pequeño cambio de tiempo en el verbo, que pasaría de imperfecto a presente. Considerando que esta locución suele ir seguida de un nombre en dativo a cuya definición la expresión contribuye de forma generativa, la propuesta de Candel sería: «qué es, en qué consiste el ser (para tal o cuál cosa)». Cf. Aristóteles, *Tratados de lógica.* Introducciones, traducciones y notas de Miguel Candel Sanmartín, Madrid, Gredos, 1982 (reimpr. Madrid, RBA, 2007), pág. 79 (*Tópicos* I 4), nota 12.

posiciones... Nunca acabaríamos, concluye Benveniste, de hacer el inventario de esta riqueza de empleos. Éstos son datos de lengua, de sintaxis y derivación. Benveniste dice textualmente: «Subrayémoslo [...] es en una situación lingüística así caracterizada donde pudo nacer y desplegarse toda la metafísica griega de "ser", las magníficas imágenes del poema de Parménides como la dialéctica del *Sofista*». La lengua no ha orientado la definición metafísica del «ser», pero ha permitido hacer del «ser» una noción objetivable que la reflexión filosófica podía manejar, analizar, situar como no importa qué otro concepto.[348]

6) Un hecho indoeuropeo

Esta variedad de empleos de «ser» en griego es un hecho de las lenguas indoeuropeas, de ningún modo una situación universal ni una condición necesaria. Ni que decir tiene que los pensadores griegos a su vez han actuado sobre la lengua griega, enriquecido las significaciones, creado formas nuevas. Es sin duda de una reflexión filosófica sobre el «ser» de donde surgió el sustantivo abstracto derivado de εἶναι. Benveniste nos lo describe en su formación histórica: primero fue εσσία en el pitagorismo dorio y en Platón, después fue οὐσία, que al final se impuso. En conclusión, la estructura lingüística del griego predisponía la noción de «ser» a una vocación filosófica.[349]

7) Concepción substante de la realidad

Esta interpretación de Benveniste coincide en lo esencial con el estudio de Boman[350], quien hace notar el carácter contingente del concepto de ser en los griegos. Contrapone la concepción fundamentalmente «substancialista» o sustan-

---

[348] Benveniste 2007, I: 71.

[349] Cf. Benveniste 2007, I: 73.

[350] Boman 1954, apud Ferrater Mora, *Diccionario de filosofía* (substancia).

te[351] de la realidad de la mayor parte de los filósofos griegos frente a la concepción dinámica de los hebreos. La concepción griega se debe a su modo de pensar —el pensar estático— que caracteriza a los griegos y a los indoeuropeos en general; en su contra, el modo de pensar de los hebreos es el pensar dinámico. De aquí que los griegos, —y los indoeuropeos en general—, tiendan a concebir el «ser» o la «realidad» como «presencia», en tanto que los hebreos, y acaso todos los pueblos semíticos, tiendan a concebirlo como un «devenir real». Concebir el «ser» como «presencia» equivale a concebirlo como «substancia».[352]

Y coincide también con Ortega y Gasset cuando hablando de las creencias señala la fe en el ser substante, «el ser de las cosas, donde ser significa algo fijo y estático, el ser que ya es cada cosa. El prototipo de ese ser era el ser de los conceptos y de los objetos matemáticos, un ser invariable, un ser siempre lo mismo», que viene hasta nosotros desde Parménides.[353]

8) Problema lingüístico

En definitiva, Aristóteles ve una realidad existente y vigente en su comunidad de hablantes, es decir, en su lengua griega. Quiere explicarla y comienza atribuyendo a esa realidad lingüística el concepto de ser vigente también en esa comunidad lingüística. Modifica dicho concepto convirtiéndolo en la substancia, en aquello que es por sí mismo. A partir de ésta y sobre ésta, siguiendo las pautas de significación de la lengua griega analiza lo que hoy conocemos como las categorías. El problema de las categorías es un problema lingüístico por tres razones: primero, porque tiene que ver con el decir. En este sentido el problema implícito tiene que

---

351 Cf. Ortega y Gasset 1996: 236.

352 Cf. Ferrater Mora, *Diccionario de filosofía.* Volveremos sobre esto.

353 Cf. Ortega y Gasset 1996: 234-36.

ver con el lenguaje, es decir, con el crear y el significar en el acto de decir, siendo en sí mismo un problema universal: hablamos de las cosas que son creadas en el decir; segundo, porque tiene que ver con las peculiaridades, posibilidades y limitaciones de la lengua griega. En este sentido las categorías constituyen realidades históricas de una comunidad de hablantes muy determinada, la que constituyó la lengua griega en el tiempo en el que se desenvolvió Aristóteles; y tercero, porque tienen que ver con el modo de pensar en vigor en la tradición que significa la lengua griega, recogiendo y teorizando lo que la gente pensaba.

Y toda esta concepción tiene que ver con el modo de pensar de Aristóteles, para quien la fehaciencia de los sentidos, la «abstracción comunista», el decir de la gente, la vigencia de los principios y las definiciones y la aproximación al objeto como aprehensión sensual hasta llegar a tocar la cosa aprehendida, son los parámetros que lo delimitan.

6
La realidad absoluta de las categorías

Así, pues, hemos visto el problema de la realidad de las categorías desde cinco puntos de vista: a) como elementos que responden a una finalidad dada[354]; b) como elementos que pertenecen a una lengua[355]; c) como elementos que constituyen un decir[356]; d) como elementos que son la manifestación del modo de pensar de Aristóteles[357]; y e) nos hemos preguntado, con Aristóteles, por el carácter del conocimiento necesario para crear las categorías[358]. Con esto hemos estudiado distintos problemas que tienen que ver con los niveles histórico e individual de la determinación lingüística. Nos queda por estudiar el problema primero y fundamental de todos los demás: aquel que tiene que ver con el fundamento mismo del conocer, es decir, el problema de la realidad absoluta de las categorías o problema universal de la determinación lin-

[354] Cf. § 4.4.

[355] Cf. § 4.3. y 4.4.

[356] Cf. § 5.1. y 5.2.

[357] Cf. § 5.3 y 5.4.

[358] Cf. § 4.3.

güística[359]. Una vez que sepamos cuál es la realidad universal de las categorías nos preguntaremos

i. si las categorías son categorías mentales o si son categorías de las cosas;[360]

ii. si las categorías se forman por lo que las cosas tienen en común, o por la experiencia[361], o por analogía.

También dentro del problema de la realidad de las categorías y en conexión con el estudio de las mismas, nos quedaría por ver el problema de si las categorías creadas, es decir, las que analizamos, a saber: las categorías de los cognitivistas[362], las categorías de Aristóteles, las que veremos más adelante, las categorías de Ortega y Gasset[363], junto con las que veremos en este capítulo (las categorías del conocer[364] y las pertenecientes a las nomenclaturas[365]), son concebidas con un solo criterio o con varios, es decir, si en sí mismas y unas respecto de las otras son simétricas u homologables entre sí[366]. Cuando hayamos visto todo esto podremos ver los tipos en los que podemos enclavar las categorías.[367]

---

[359] Cf. § 6.1.

[360] Cf. § 6.2.1.

[361] Cf. § 6.2.2.

[362] Vistas en la introducción (cf. Introducción § 1 a § 4) y que comentaremos en este capítulo.

[363] Cf. Cap. 7 y 8.

[364] Cf. § 6.2.3

[365] Cf. § 6.2.2.

[366] Cf. § 6.6 y 6.7.

[367] Cf. § 9.13.

6.1. La realidad absoluta o universal de las categorías

6.1.1. El problema de la realidad de las categorías como realidad absoluta, puede formularse así: ¿Cuál es la razón última de la existencia de las categorías? ¿Qué base real o cognoscitiva tienen las categorías? Se trata, como ya hemos dicho, del estudio de las categorías en el nivel universal de la determinación lingüística. En consecuencia, ya no hablamos ni de las categorías de Aristóteles ni de las categorías de los cognitivistas ni de Ortega; hablamos de las categorías en cuanto que son en sí mismas y desempeñan una función, es decir, hablamos de todas las categorías en cuanto que sirven en sí mismas.

6.1.2. La argumentación de Aristóteles sobre las categorías gira en torno al concepto de lo que es la substancia. Como él mismo nos dice, «toda substancia parece significar un "esto"»[368], es decir, toda substancia siendo la pura condición de ser como hemos dicho más arriba, es, además, un algo, asimilándose así a lo que son las cosas que se pueden tocar: un algo que es en sí como ser y como cosa objetiva. De esta manera la substancia es y, en virtud de que es, se objetiva como algo que es en sí, con lo que su condición de ser creada al decir se asimila a lo que es de manera física sensible y concreta. La substancia es la primera de las categorías y lo dicho se aplica de ella de manera privativa. Pero Aristóteles también trata de esta manera a las otras categorías: son realidades objetivas que participan de la pura condición de ser siendo en otra cosa, en la que encontraremos la realidad y ser de la cosa y la substancia que Aristóteles atribuye a todo lo que es. De esta manera la substancia es cosa objetiva y las otras categorías (el *cuánto*, el *cuál*, el *relativamente a*

[368] Categorías 3b10.

qué, el *dónde*, el *cuándo*, el *estar en postura*, el *estar en un estado*, el *hacer* y el *padecer*) son también cosas objetivas que son en otra cosa.

6.1.3. Una vez que Aristóteles deja bien sentado que la substancia es, busca relaciones que se dan, no en la substancia, sino en las cosas a las que aplica la substancia, relaciones que en realidad, si bien parten de un concepto creado por analogía que conviene a las cosas materiales, no son más que consideraciones cognoscitivas que se añaden al compuesto de cosa objetiva más condición pura de ser (=substancia). El supuesto de que todo lo que es es substancia constituye la base para poder hablar de todas las categorías. El darse en otra cosa, aparte del darse en sí, constituye una forma de ser que Aristóteles pone de manifiesto precisamente en las *Categorías.* De esta manera, Aristóteles distingue dos formas de ser: el ser en sí y el ser en otra cosa. Lo particular de la existencia de las categorías es que Aristóteles las concibe justamente como dándose en muchas cosas y en virtud de que se dan en esas muchas cosas Aristóteles las concibe como realidades objetivas de las cuales se puede decir o predicar. Pero, a pesar de esto, constituyen en sí mismas una abstracción, por consiguiente, un objeto mental.

6.1.4. Aristóteles no se ha planteado si las cosas reales existen, con lo cual tampoco tiene en cuenta la labor del sujeto cognoscente. Tampoco se pregunta por el grado de realidad de aquello de que habla en las *Categorías.* Da por supuesto que las cosas con las que se encuentra son y, puesto que son, busca el fundamento de su ser en lo que él intuye como substancia. Ahora bien, si la substancia es un algo que Aristóteles intuye en las cosas y que va a buscarlo en las mismas, las otras categorías (el *cuánto*, el *cuál*, el *respecto de*, el *dónde*, el *cuándo*, el *estar en cierta posición*, etc.), que no pueden ser más que en otra cosa aunque mentalmente se separen de donde se dan, serán así mismo algo concebido como intuición del propio Aristóteles, es decir, serán algo que Aristóteles busca en las cosas o seres. Es decir y dicho de otra manera: son algo mental aunque Aristóteles las haya creado sobre la base de las cosas por intuición y analogía, concibiéndolas como algo objetivo. Luego, tanto la substancia como las otras categorías tendrán el mismo grado de realidad: responden a lo que es el acto del conocer, el acto de aprehender la realidad mentalmente a partir de una sensación inicial o intuición primera o como Aristóteles mismo decía una *aísthesis*[369]. Las categorías en su realidad más radical son *instrumentos a priori* del conocer humano porque se dan y existen en el acto del conocer y son en sí mismas necesarias: gracias al acto de conocer existen las categorías y gracias a las categorías, en sentido contrario, se da el propio acto de conocer humano. En este sentido las categorías son absolutas: tienen que existir. Sin categorías, sean del tipo que sea, no hay conocimiento propiamente humano. Puede haber, sí, una intuición o *aísthesis*, que se podrá desarrollar sensiblemente, es decir, según la naturaleza propia de la *aísthesis*, que es sensación (algo sensible y concreto) lo cual constituye también conocimiento. Y ésta es la línea de demarcación que separa lo que es el conocimiento sensible, conocimiento que tienen tanto los humanos como los animales (el moverse por impulsos sensibles) y el conocimiento propiamente humano, conocimiento creativo fruto de la libertad humana, que transforma lo sensible y concreto en algo virtual, es decir, abstracto, lo abstracto en idea (representación de lo abstraído) y la idea en contenido de conciencia (significado)[370]. El conocimiento humano, que nece-

[369] *De Anima* III, 1, 425a14 apud Ortega y Gasset 1992: 128.

[370] Cf. Martínez del Castillo 1999: cap. 3.

sariamente parte de lo sensible y concreto, de una intuición o *aísthesis*, transforma lo que le llega a través de los sentidos haciéndolo otra cosa de lo que es. Este hacer otra cosa de lo sensible y concreto es la pura creación y la pura abstracción (=transformación de la forma de ser de aquello que aprehendemos[371]), lo cual nos da el elemento manipulable y acomodaticio que distingue al conocer humano. Y este elemento manipulable y acomodaticio es lo que constituye «el ser» o la substancia o la categoría[372]. Lo abstraído, pura invención, es la categoría, instrumento *a priori* del conocimiento, es decir, instrumento sin el cual no se daría el conocimiento humano, ni la substancia, ni el ser.

6.1.5. Ahora bien, la realización de las categorías es ejecutada siempre por un sujeto individual creativo e inteligente incardinado en una circunstancia. Si bien el ser humano, allá donde se encuentre, conoce, es decir, transforma lo sensible en abstracto hasta llegar a constituir la categoría o clase de cosas que aplica libremente a lo que aprehende de forma individual, necesita de lo material para comunicarse con otro[373]. Para que una conciencia humana se pueda

[371] Recordemos que Ortega y Gasset llama a la abstracción «extracción» (cf. 1992: 64). Cuando abstraemos algo extraemos una cosa que está entre muchas otras, dejándola aislada (cf. Ortega y Gasset 1996: 107), con lo que no es en sí misma sino que es considerada como si fuera. Luego lo transformamos desde lo que es en algo que no es.

[372] El ser, para Aristóteles, es como veremos más abajo el ser que se ejecuta. En este sentido, la existencia del mismo se identifica con su esencia; ésta no es más que lo que representa la categoría. El caballo es «el ser que caballea». El ser del caballo está en la categoría que lo representa.

[373] Coseriu distingue dos clases de comunicación en el lenguaje: comunicar algo a alguien, cuyo contrario, el no comunicar, no llega a negar la naturaleza lingüística del hablar, y el comunicar con alguien, condición imprescindible del hablar o lenguaje. El comunicar con alguien constituye la segunda dimensión del lenguaje, la historicidad, que se basa en la *alteridad* del lenguaje y se corresponde con la *alteridad* del ser humano.

comunicar con otra conciencia necesita medios concretos y materiales que sean comunes entre él y el otro. Lo necesario no se da en sí mismo. Dada la limitación del sujeto creador las categorías, en sí mismas necesarias y *a priori*, se tienen que realizar en lo contingente, es decir, en formas de validez limitada. Dada también la condición histórica del sujeto, las formas tienen que ser comunes dentro de una comunidad de hablantes. La realización de las categorías siempre se da en una lengua. De esta manera, la categoría se materializa en formas concretas individuales que se han formado sobre la base de formas compartidas y comunes en una comunidad lingüística, es decir, formas históricas y contingentes. Si bien en sí mismas las categorías son necesarias, en su realización siempre son algo contingente, e incluso, algo fugaz. La realidad necesaria de las categorías es cosa distinta de su realización, cuya realidad siempre se forma individualmente sobre la base histórica de su creador o creadores.

6.1.6. El acto del conocer, que empieza con la *aísthesis*, es un acto de transformación en el que el sujeto fabrica, es decir, inventa constructos extraídos de la *aísthesis*, los modifica, les da un grado de realidad determinado, les atribuye una universalidad infinita de designación, los relaciona, les da un nombre, los determina para que se apliquen de las cosas reales, y los convierte en palabras y constructos de una lengua que pueden ser tanto individuales como comunes o

---

La dimensión de la *alteridad* –condición esencial del ser humano: «ese "ser-con-otro" –el reconocerse a sí mismo en otros, el reconocer en el "tú" a otro "yo" [...], coincide con la intersubjetividad originaria de la conciencia: con el hecho de que la conciencia humana es conciencia abierta hacia otras conciencias con las que establece comunicación, es decir, les reconoce las mismas facultades de sentir, pensar, juzgar, significar e interpretar. Y el lenguaje es la forma básica de este salir la conciencia de sí misma e ir al encuentro de otras conciencias» (cf. Coseriu 2006: 44).

ambas cosas a la vez[374]. Con esto el acto del conocer crea las categorías y éstas hacen posible el acto del conocer. El acto del conocer es un acto de creación individual, por un lado, y un acto absoluto, por otro, que pasa de lo necesario a lo contingente, de lo universal a lo histórico e individual, siendo de esta manera un acto de creación histórica[375] e individual. El acto del conocer es un acto de traducción del lenguaje de los sentidos al lenguaje del ser —ese algo creado en virtud de la aplicación de la categoría al constructo transformado. La *aísthesis*, en virtud del acto del conocer, de ser concreta y sensible y como tal efímera, se hace cosa distinta de lo que es[376]. De esta manera el lenguaje, mediador necesario en el conocer humano, se convierte en la posibilidad del ser. Dice Ortega y Gasset:

> *pertenece a la realidad que el hombre esté ante ella y la vea. Casi son equivalentes los términos perspectiva y conocimiento. [...] El conocimiento no es sólo un* modus cognoscentis *sino una positiva modificación de lo conocido. [...] El conocimiento [...] es perspectiva, por tanto, ni propiamente un ingreso de la cosa en la mente [...], ni un estar la "cosa misma" en la mente* per modum cognoscentis *[...] ni es una copia de la cosa [...], ni una construcción de la cosa [...], sino una "interpretación" de la cosa misma sometiéndola a una traducción [...] del lenguaje del ser, que es mudo, al lenguaje decidor del conocer. Este lenguaje al que es traducido es, ni más ni menos, el lenguaje, el* lógos. *Conocer en su postrera y radical concreción, es dialéctica —*διαλέγειν*—* ir hablando precisamente de las cosas. La palabra enuncia las vistas en que nos son patentes los aspectos de la Realidad.[377]

[374] Cf. Martínez del Castillo 2004.

[375] Este acto de creación histórica podrá constituir un hecho de lengua o un hecho de discurso.

[376] Cf. Ortega y Gasset 1992; cf. Martínez del Castillo 2004.

[377] Ortega y Gasset 1989: 41-42.

6.1.7. Las categorías son, pues, instrumentos *a priori* del conocer, por un lado, instrumentos contingentes del conocer, es decir, históricos, por otro, e incluso, instrumentos individuales de conocer, por consiguiente, efímeros. Estos tres aspectos se dan siempre juntos y en el mismo acto del conocer. Ahora bien, todo acto de conocer humano es un acto complejo que es también un acto de decir y hablar. En este sentido, las categorías son siempre categorías lingüísticas: las categorías son hechas según los parámetros de la lengua y son, por tanto, formas comunes o formas individuales hechas sobre bases comunes, categorías que, por encima de su individualidad concreta, están vigentes de una forma u otra en una comunidad de hablantes y que como tal no existen más que virtualmente en la forma de ver y concebir la realidad de los hablantes de una lengua.

6.1.8.1. Los cognitivistas interpretan las categorías únicamente como universales, es decir, como cosas que se dan siempre independientemente de su valor como elementos desgajados de una lengua y creados por un sujeto individual. Para los cognitivistas, esta universalidad es de tipo estructural, tanto biológica, como genética o culturalmente. Es decir, los cognitivistas atribuyen la universalidad de las categorías a causas somáticas, psicológicas, sociológicas e, incluso, genéticas[378]. En consonancia, las categorías son consideradas como cosas concretas y objetivas que se dan en todos los individuos pertenecientes al género humano. La prueba que aducen para defender esta concepción es que las categorías se pueden comprobar empíricamente[379]. Apoyan la universalidad de las categorías en lo que llaman la categorización,

---

[378] Lakoff 1990: 266.

[379] Cf. Lakoff 1990:6.

un proceso que se da en el hombre[380] y en la estructura de la mente, que por otro lado, defienden, está «corporeizada».[381]

6.1.8.2. El recurso de los cognitivistas a la experimentación de las categorías se basa en la confusión de los conceptos de «histórico», aquello que es «común» entre los hablantes de una lengua, y «natural». Los cognitivistas, que no conocen el concepto de historicidad ni, por consiguiente, el de alteridad[382], asimilan lo universal a lo biológico y genético. Un hablante que nace en una historicidad dada aprende lo que está en vigor en su comunidad lingüística como único instrumento en su relacionarse con el mundo. Este es el hablante 'naif'. Para el hablante 'naif', no existe más realidad que la que ha aprendido por primera y, a veces, definitiva vez. Los conocimientos así adquiridos constituyen creencias que se desarrollan en los individuos sin que ellos lleguen a darse cuenta. Esto por dos razones:

a) porque son conocimientos que se aprenden sin que los individuos que los aprenden lleguen a conocer ni plantearse el problema que llevan consigo, y

b) porque, para los individuos que así los aprenden, problema y solución, constituyen la misma cosa.

---

[380] Dice Lakoff (1990: 8): «human categorization is essentially a matter of both human experience and imagination —of perception, motor activity, and culture, on the one hand, and of metaphor, metonymy, and mental imagery on the other. As a consequence human reason crucially depends on the same factors, and therefore cannot be characterized merely in terms of the manipulation of abstract symbols».

[381] Cf. Lakoff 1990: xvi; Lakoff y Johnson 1999: 7. Para una crítica sobre la lingüística cognitiva cf. Martínez del Castillo 2008.

[382] Cf. Coseriu 1988: 71 y Coseriu 1992: 216, respectivamente y § 8.7.3.1. y § 8.7.3.2. Sobre las diferencias entre el concepto de *alteridad* entre Ortega y Coseriu cf. nota 579.

De esta forma las creencias llegan a ser consideradas como hechos incontrovertibles, hechos que son así «porque son naturales». La constatación de la existencia de las creencias como hecho que se da en los humanos se ha descrito desde muy antiguo. Ya en el siglo XIII decía Santo Tomás de Aquino:

> *Ea quibus a pueritia animus imbuitur, ita firmiter tenentur ac si essent naturaliter et per se nota.*[383]

Para Ortega y Gasset, las creencias son una realidad en las que el hombre no ejerce su libertad, ya que llegan a constituir una fe:

> *En la creencia, el hombre no elige su modo de creer ni de pensar, sino que, por el contrario, está desde luego sumergido en su fe, sin que sepa por dónde ha entrado en ella ni ocurrírsele querer salir de ella. Su creencia ni siquiera le parece creencia, sino que le parece la realidad misma.*[384]

Humboldt por su parte describe este hecho en términos de la lengua:

> *Por el mismo acto por el que el hombre hila desde su interior la red de la lengua, se hace él mimo hebra de aquélla, y cada lengua traza en torno al pueblo al que pertenece un círculo del que no se puede salir si no es entrando al mismo tiempo en el círculo de otra.*[385]

---

[383] *Summa contra gentiles* I c, XI.

[384] Ortega y Gasset 1989b: 173

[385] 1990: 83. Por otro lado, dice Humboldt: «[el lenguaje] es indispensable [...] para acceder a una concepción del mundo a la que el hombre sólo puede llegar en la medida en que va llevando su pensamiento hacia una mayor claridad y determinación, lo que es fruto del pensar en comunidad con los demás».

De aquí que podamos decir que el lenguaje forma el pensamiento.[386]

6.1.8.3. Ahora bien, dada la existencia de las categorías como creencia entre los hablantes de una lengua, puedo yo muy bien «experimentar», es decir, comprobar cuáles son las categorías según las cuales este y este hablante se relaciona con el mundo que le rodea. Se puede muy bien comprobar «empíricamente (¡cómo si no!)» que los hablantes de una lengua utilizan las categorías de su lengua de forma espontánea y sobre todo de forma irreflexiva[387]. Es decir, que las categorías de una lengua, el mundo o forma de ver la realidad propia de una lengua, constituyen un hecho que el hablante, como dice Humboldt, no puede abandonar si no es entrando en el mundo, no de su lengua, sino de otra lengua. La comprobación empírica, pues, no conduce a nada nuevo: sólo conduce a lo que ya previamente sabíamos por razonamientos *a priori*, a saber: que las creencias se dan entre los hablantes; que los hablantes identifican las categorías de su lengua con la realidad misma; y que todos los hablantes tienen sus propias creencias. Con esto se podrá concluir que las categorías son «naturales», si es que así concebimos lo que nos parece universal; que se dan en todos los seres humanos

---

[386] «El lenguaje no es un instrumento para designar objetos ya pensados, sino que es más bien el "órgano formador del pensamiento"» (Humboldt 1990: 37).

[387] Los cognitivistas dirían de forma inconsciente (cf. Lakoff 1990: 6). Son dos cosas muy distintas. Decir conocimiento inconsciente es una contradicción. Dice Coseriu: «La afirmación de que un saber es inconsciente es una *contradictio in adiecto*. La idea de situar el saber lingüístico no en el individuo, sino en la conciencia colectiva es simplemente una solución de compromiso. Se reconoce que el saber lingüístico es un saber (bastante) seguro y que el individuo no puede justificar ese saber, pero se extraen conclusiones falsas» (Coseriu 1992: 215-16). Por otro lado, el conocimiento irreflexivo sigue siendo consciente.

salvo determinados detalles propios de una lengua[388], si es que para nosotros no existe más que lo natural y creemos que la inducción es un método fiable en la investigación; que son «inconscientes», si es que negamos lo humano (la creatividad y libertad humanas); que responden a la estructura de la mente, que está «corporeizada» y es igual para todo el género humano, si es que concebimos la mente como existente y objetiva; y que revelan la forma como los humanos conceptualizan[389], si es que, para nosotros, la conceptuación es un proceso que se opera en nosotros. ¿Es suficiente, pues, el método empírico para saber asuntos que tienen que ver con la mente y con el conocimiento humano? ¿Es que en todos estos «hechos» no hay ya una «interpretación» de los mismos[390]?

6.1.8.4. Para solventar este problema, tenemos que plantearnos, primero, el siguiente problema: ¿son las categorías las mismas para todos los seres humanos?

Todas las categorías y todos los significados son lingüísticos. En este sentido la respuesta es no. Por tanto, para saber sobre las categorías tenemos que aplicar los mismos métodos de investigación que se aplican al lenguaje. De esta manera la razón dada por Lakoff de que las categorías de la teoría clásica de las categorías no era el resultado de la investigación empírica[391] se ha de aplicar solamente al aspecto histórico de las mismas, no al aspecto universal ni al aspecto individual.

---

[388] Cf. Lakoff 1990: 95.

[389] Cf. epígrafe siguiente.

[390] No obstante, el saber todas estas cosas *a priori*, es decir, el saber que las categorías se dan necesariamente, no es óbice para que efectivamente comprobemos cuáles son las creencias de la «gente». Esta labor sí que es productiva por parte de la lingüística cognitiva.

[391] Lakoff 1990: 6.

6.1.8.5. Por otro lado, Lakoff atribuye a Aristóteles lo que llama la teoría clásica de las categorías; en contra de ésta, Lakoff asegura que la interpretación de las categorías se ha de hacer conjugando la experimentación y ejerciendo la imaginación: «human categorization is essentially a matter of both human experience and imagination»[392]. Es decir, que interpretando estas palabras podemos decir que sabremos lo que son las categorías si combinamos la inducción (=método empírico) y la creación (analogía), cosa esta segunda que invalida a la primera, método que, por otro lado, usa Aristóteles cuando define sus principios y hace sus definiciones[393].

6.1.8.6.1. Para los cognitivistas, la prueba suprema de la efectividad de la comprobación empírica y de la existencia natural de las categorías nos la da Lakoff en el hecho que toma del dyirbal. Hablando de la categorización, Lakoff resalta el funcionamiento de la categoría *balan* del dyirbal, lengua aborigen australiana, como forma genuina de categorizar de los humanos. Citando a R. M. W. Dixon, Lakoff dice que la lengua dyirbal hace una «excelente clasificación de las cosas». Cada vez que un hablante dyirbal utiliza una palabra que designe una cosa del mundo en una oración tiene que marcar la clase a la que pertenece[394]. De esta manera hay cuatro clases: *bayi, balan, balam* y *bala.* Pues bien, de la clase segunda, *balan,* forman parte las hembras, el fuego, el agua, y la lucha. Lakoff interpreta a los primeros objetos semánticos como «las mujeres» y a los dos últimos como «cosas peligrosas». De esta categoría, Lakoff toma el título de su libro: *Women, Fire and Dangerous Things*, uno de los

[392] Lakoff 1990: 8.

[393] Cf. Ortega y Gasset 1992: 115-16 y 1992: 226.

[394] «Whenever a Dyirbal speaker uses a noun in a sentence, the noun must be preceded by a variant of one of four words: *bayi, balan, balam, bala*» (Lakoff 1990: 92).

libros fundacionales de la lingüística cognitiva. Según esto concluye Lakoff:

> *Dixon has provided a superb example of how human cognition works. Though the details of categorization may be unique to Dyirbal, the general principles at work in the Dyirbal system show up again and again in systems of human categorization.*[395]

Y en la página siguiente corrobora:

> *Dixon's analysis explains why the Dyirbal system is the kind of system that human beings can function with.*

Es decir, que según estas palabras, *the kind of system* (con el determinante artículo) quiere decir que no hay otro sistema «con el que los seres humanos puedan funcionar». En consecuencia, Lakoff considera la categorización del dyirbal como el tipo de categorización universal, prototípico y genuino.

6.1.8.6.2. Pero en esta interpretación de Lakoff tenemos un triple plano en el que Lakoff no repara. Una cosa es lo que la lengua dyirbal establece para su uso, lo cual deriva en una función gramatical dada; otra cosa es el significado que las palabras tienen en dyirbal, significado que necesariamente pertenece al universo de conocimiento dyirbal —por consiguiente, significado histórico—; y otra, aquello que es motivo de connotación en la categoría gramatical referida. Ahora bien, ¿para quién o quiénes los objetos semánticos que forman la categoría *balan* constituyen motivo de connotación? La clase *balan* causa connotación precisamente en personas que no pertenecen al mundo dyirbal, en Lakoff y sus seguidores. Para éstos, el «fuego», «el agua» y «la lucha» constituyen cosas «peligrosas», por lo que las «mujeres» (no ya las «hembras»), insinúan, aparecen también

[395] Lakoff 1990: 95.

como cosas peligrosas. Pero este tipo de connotación es externo a la lengua dyirbal, puesto que la función de la clase *balan* es meramente gramatical y se manifiesta en el uso de la lengua. Al igual que en otras lenguas hay que marcar el género cuando se usan las palabras y no los conceptos (en esp. el *maestro-la maestra*), en dyirbal el hecho de que aparezcan las hembras junto al fuego y la lucha no encierra más valor que el de ser un requisito del uso, por tanto, una cosa gramatical convencional e histórica, que no tiene nada que ver con los objetos semánticos en los que se aplica ni con el significado que llevan consigo.

6.1.8.6.3. Clases de palabras semejantes a la clase *balan* del dyirbal se pueden encontrar en muchas lenguas occidentales, como, por ejemplo, en el inglés. Cuando estudiamos la sintagmática[396] de los adjetivos *young*, *new* y *old*, podremos ver que *young* y *new*, denotando el mismo significado léxico [edad: corta], se reparten en su combinación la oposición entre «lo humano» (y, por extensión, lo viviente) frente a lo «inerte», mientras que *old*, en sentido opuesto del significado léxico de los anteriores [edad: avanzada], se combina tanto con lo humano como con lo inerte. Es decir, *young* y *new* crean dos clases que se oponen entre sí separando «lo vivo (humano)» de «lo inerte» (la cosa): *a young woman* frente *a new house*. Pero *old* no hace esa distinción. Si hiciéramos consideraciones semejantes a las que hace Lakoff respecto a la clase *balan* del dyirbal, podríamos *insinuar* que *old* crea una realidad que no es lo más conveniente a lo que denota lo vivo humano, puesto que si lo humano aparece junto a lo inerte algo tendrá en común, —aparte, claro está, del contenido semántico—, en virtud de lo cual llegan a constituir la misma clase. Y lo vivo y lo inerte se oponen polarmente

[396] La forma como las palabras de una lengua se combinan entre sí dentro de un enunciado.

entre sí: una cosa no puede ser a la vez viva e inerte en el mismo sentido, cosa que, podríamos decir, aparece en la clase que requiere 'old'. Podemos decir, pues, que el inglés tiene una clase muy semejante a la clase *balan* del dyirbal: ¿en qué se diferencia esta clase del inglés de la clase *balan* del dyirbal? Las palabras que pertenecen a ambas clases tienen su sintagmática aparte de su contenido semántico y aparte de la designación que cada una de ellas pueda tener. El contenido semántico de las palabras que componen la clase *balan* puede ser dispar entre sí –de hecho lo es y mucho más la designación que no tiene nada que ver ni con el contenido semántico ni con la combinatoria de las palabras.

6.1.8.6.4. Pero Lakoff explica esto que he llamado connotación basándose en el supuesto que él considera universalmente aceptado por los otros (por aquellos que defienden la «teoría clásica de la categorías»), que dice: «things are categorized together on the base of what they have in common». Como consecuencia de este principio añade:

> *The idea that categories are defined by common properties is not only our everyday folk theory of what a category is, it is also the principal technical theory –one that has been with us for more than two thousand years.*[397]

Pero si el principio señalado arriba es falso no tiene ningún sentido buscar elementos que los miembros de la clase *balan* tienen en común. Es decir, que en la interpretación de este hecho de lengua Lakoff se apoya en el principio que niega. Justifica esta interpretación diciendo que «the chain of inference –from conjunction to categorization to commonality– is the norm». Aun siendo la norma, si el principio es falso no tiene sentido utilizarlo.

[397] Lakoff 1990: 5.

6.1.8.6.5. De cualquier forma Lakoff debería haber dicho quiénes son los que defienden el principio de que las categorías se forman por lo que las cosas tienen en común. Este principio es un hecho que Lakoff no explica, sino que meramente formula y rechaza, sin explicar el valor que pueda tener ni justificar por qué, atribuyéndolo a Aristóteles. Este principio en su propia formulación es ya contradictorio.

6.1.8.6.5.1. Lo primero que Lakoff debería haber hecho con este principio es analizar si existen categorías que se han formado según este principio. Lakoff en su estudio incluye incluso las categorías de las ciencias naturales, a las que llama «THE CATEGORIES OF THE WORLD» que, sugiere, «PSHYCHOLOGICALLY FIT THE CATEGORIES OF THE MIND».[398]

6.1.8.6.5.2. Pero tenemos que aclarar todo esto:

a) Las categorías de Aristóteles no tienen nada que ver con ese tipo de categorías de la teoría clásica que dice Lakoff. Las categorías de Aristóteles están estructuradas en torno al concepto de substancia, que es la primera de las categorías. Las otras categorías (el *cuánto*, el *cuál*, el *relativo a*, el *dónde*, el *cuándo*, el *estar en una posición*, el *tener* o *estado*, el *hacer* y el *padecer*), se han de entender en términos de la primera de ellas, la substancia, puesto que la substancia existe en sí misma mientras que las otras categorías existen en otra cosa (otra sustancia).

b) Lakoff repite[399] la idea de que las categorías de la teoría clásica vienen de Aristóteles y están en vigor desde hace dos mil años. Esta idea implica que Lakoff identifica dichas categorías con las que están en la tradición en la técnica del hablar, sin decirnos de qué técnica del hablar (=lengua) se

---

[398] Lakoff 1990: 34.

[399] Lakoff expone esta idea en la cita de arriba (Lakoff 1990: 5); igualmente en la página 6, 9 y otras del mismo libro. Respecto a la atribución a Aristóteles de las categorías de la teoría clásica, cf. citas en la nota 411.

trata. De hecho, en la tradición de una lengua hay muchas creencias, muchas categorías y muchos significados. Y existen muchas tradiciones en la técnica del hablar, es decir, existen muchas lenguas. Las categorías de la tradición ni son ni pueden ser de Aristóteles. Las categorías de la tradición son fundamentalmente los significados (de una lengua) y las que podemos llamar las *categorías del conocer*, conjunto de creencias participadas por los hablantes de una lengua. Pero si analizamos estas categorías (y los significados) veremos que en éstas no se aplica el principio de lo que las cosas tienen en común. Las categorías del conocer están formadas de la forma como se forman los conceptos, es decir, por *analogía*. Las categorías del conocer son necesarias para conocer. Éstas no se forman por inducción (=método experimental «abstracción comunista», según Aristóteles), sino por creación, es decir, por *analogía*.

Cuando conocemos por primera vez un objeto que no conocíamos, por ejemplo, un ejemplar de animal de otro continente que no conocíamos, seleccionamos las características del ejemplar que en ese momento podemos juzgar como esenciales y definitorias. Nos formamos así un concepto de lo que es ese animal y le atribuimos capacidad infinita de designación: todos los animales de su clase o especie serán de esta o aquella forma. Y esta manera de formarnos ese concepto no es por lo que las cosas tienen en común, sino por creación sobre lo que en ese momento juzgamos esencial en ese ejemplar, es decir, por *analogía*. Ahora bien, el concepto así formado no es seguro sino un concepto que nos sirve para proceder en la concepción de aquello que aprehendemos. Cuando vemos un segundo ejemplar de esa clase de animales, comprobamos si ese nuevo ejemplar se acomoda o no a la definición esencial que nos habíamos formado. Si se acomoda nos reafirmamos en nuestra creación analógica, pero si no se acomoda, corregimos entonces el concepto que inicialmente nos habíamos formado renunciando a él y creando otro[400]. Por tanto, en la formación del concepto o la categoría no hay posibilidad alguna de desarrollar un proceso de seleccionar lo que las cosas tienen en común, es decir, no existe la posibilidad de desarrollar un proceso inductivo (=método experimental) ni mucho menos de ver qué propiedades tienen los distintos ejemplares en común, puesto que sólo conocemos uno inicialmente.

Por otro lado, el principio de que las categorías se forman por lo que las cosas tienen en común se revela en sí mismo contradictorio, porque antes de que exista la categoría no es posible aplicar dicha categoría, ya que las cosas no existen como tales cosas más que cuando les aplicamos la categoría en cuestión. La formación de una categoría, pues, es un acto de creación, es decir, de analogía.

c) Las únicas categorías que han sido formadas o que se forman según el principio de las propiedades que las cosas tienen en común son aquellas de los lenguajes específicos (el lenguaje de los médicos, de los arquitectos, de los textos jurídicos, de la informática, la química, etc., es decir, las lenguas funcionales definidas por diferencias diastráticas).[401] Pero tenemos que señalar que estas categorías son científicas, no lingüísticas. Responden a clasificaciones objetivas de las cosas, en las que las cosas existían antes de formar dicha categoría científica, cosa que es justamente al revés de las categorías del conocer: en las categorías de conocer la cosa

---

400 Cf. Coseriu 1992: 226. En la página siguiente Coseriu dice: «El aprendizaje de la lengua por el niño [es] una permanente actividad creativa y un sacrificio: el niño sacrifica lo que ha creado él mismo cuando comprueba que no es eficaz en la comunicación con los adultos o con otros niños».

401 Cf. Coseriu 1981: 118 y ss.

existe como tal cosa después de que sea creada la categoría y después de ser la cosa creada por la categoría, cosa que no es un juego de palabras, sino una realidad que sucede en un solo acto y simultáneamente. A las clasificaciones objetivas Coseriu llama «nomenclaturas».[402]

d) Por otro lado, las categorías que se transmiten en la tradición no pueden haber estado entre nosotros durante ese período de tiempo tan largo (dos mil años). Todo esto depende de lo que entendamos por lengua y estado de la lengua, conceptos que llevan consigo el problema del cambio lingüístico, la sincronía y la evolución de una lengua. Las formas, procedimientos, reglas, contenidos y actitudes de una lengua constituyen en sí mismos y en relación a otros *sistemas de isoglosas*. El eje sincrónico en el hablar, distinto del eje de la evolución o diacrónico, se funda en una doble relación de solidaridad: solidaridad de los hablantes entre sí y solidaridad en los medios de expresión utilizados entre sí, es decir, solidaridad con el interlocutor, solidaridad horizontal, y solidaridad con la tradición, solidaridad vertical. La solidaridad horizontal da lugar a lo que llamamos el estado de la lengua, serie de sistemas de isoglosas que están en vigor en el hablar de una comunidad en un momento dado. La solidaridad vertical, para los hablantes de una lengua, significa permanencia de la tradición, por tanto, serie de reglas, procedimientos, contenidos, formas y actitudes que los hablantes tienen como contenidos virtuales, según los cuales y en aproximación a los cuales crean a diario su hablar. Ahora bien, en el hablar de una comunidad de hablantes (=lengua) participan todos los hablantes, incluso aquellos que procedentes de territorios ajenos a la lengua hablan la lengua de esa comunidad. Dada la naturaleza libre e histórica de los sujetos hablantes, el hablar nunca es igual: siempre es creativo, tanto

[402] Coseriu 1981: 95-107.

en las formas materiales (palabras y contenidos) como en las formas propiamente virtuales (las reglas, procedimientos y actitudes). La lengua como objeto histórico, objeto que manifiesta la historicidad de sus hablantes, cambia y se renueva en cada estado de lengua. De esta manera una lengua histórica no es más que la sucesión de estados de la lengua (tradición) que se reconstituyen ininterrumpidamente desde el estado de lengua anterior. En este sentido no es cierto que las categorías hayan estado entre nosotros desde los tiempos de Aristóteles. Es cierto sí, que algunas categorías sí que quedan, pero hay que decir cuáles y en qué sentido perviven. Pongamos un ejemplo: *infantil* existe en las lenguas occidentales como palabra del presente estado de lengua. Ahora bien, esta palabra tiene su origen en el indoeuropeo, que viene de la misma raíz que el verbo griego *fari* o *femi* más el prefijo negativo in-. La combinación inicial era una metonimia, «el que no habla». Hoy día en algunas lenguas, por ejemplo en el español, ya no existe como sustantivo[403], pero sí existió así en el latín y hoy sigue existiendo en el inglés. Pero el significado que hoy denota ya no tiene nada que ver con hablar o no hablar, sino que es un significado nuevo, «relativo al niño o al bebé». Es decir, que como categoría que fue ha desaparecido en lo que fue, dando lugar a una nueva. Pero hay un hecho que es digno de mención en este caso: la palabra material ha sobrevivido a su contenido. Como categoría desapareció hace ya muchos años.

6.1.8.6.5.3. Pero en el caso de las categorías de Aristóteles, los hechos contradicen ese aserto de la pervivencia de las categorías durante dos mil años. Cuando los comentaristas de Aristóteles (Porfirio, Ammonio Hermeiou, siglos III y VI después de Xto) quisieron interpretar las categorías de Aristóteles ya no entendían la lengua de Aristóteles: habían pasado

[403] *Infante* hoy en español es una palabra técnica, no de la lengua común.

unos seiscientos cincuenta años, cuando menos. Sólo cuando en el siglo XX Émile Benveniste nos dice que las categorías de Aristóteles no son lo que significan en su expresión literal, sino que hacen alusión a determinadas expresiones propias de la lengua de Aristóteles (el valor del verbo medio, la diátesis del perfecto, la correlación de los adjetivos, etc.), es cuando las categorías empiezan a tener sentido[404]. De ninguna manera se puede defender que esas categorías u otras cualesquiera, en su conjunto, pueden haber pervivido durante tanto tiempo.

Pero si alguna categoría ha pervivido hay que decir cuál y probar por qué. Y qué duda cabe de que algunas han pervivido, como por ejemplo, el concepto de ser substante que en el mundo occidental hace concebir lo que es como algo que es en sí y de forma objetiva. Esta creencia se pone de manifiesto en el propio Lakoff cuando concibe la cognición y todos los aspectos de la cognición (la razón, las creencias, la mente «corporeizada», la categorización, los conceptos de nivel básico, los preconceptos, etc.) como seres con existencia concreta. Y ésta sí que es una creencia o concepción de la forma de ser que nos viene de los griegos. Tan convencido está Lakoff de que las categorías de la teoría clásica perviven entre nosotros durante dos mil años que no cree conveniente aportar ninguna como ilustración.

6.1.8.6.6. En el rechazo del principio de que las categorías se forman por lo que las cosas tienen en común por Lakoff tenemos cuatro cosas:

a) lo que es la categoría en sí,

b) lo que es una categoría de una lengua,

c) lo que es una categoría del discurso (realidad que se crea en el acto del hablar) y

[404] Cf. Benveniste 2007, I: 63-74.

d) lo que es el estudio de las categorías.

Lo que es la categoría en sí es una cosa absoluta: son instrumentos *a priori* del conocer; lo que es una categoría de una lengua es una realidad histórica o contingente que va ligada a la significación y medios de expresión propios de la lengua; lo que es una categoría individual es una realidad contextual y esporádica; y lo que es el estudio de una categoría es un algo que pertenece a la teoría de las categorías. Las categorías históricas son por definición realidades contingentes y convencionales. Las únicas categorías formadas según el principio de lo que las cosas tienen en común son, como hemos dicho[405], las categorías que se dan o se pueden dar en los lenguajes específicos. Pero, como hemos dicho, éstas no son lingüísticas, sino clasificaciones objetivas o «nomenclaturas». Volveremos sobre esto.[406]

6.1.9.1. Resumiendo lo dicho hasta ahora, las relaciones de significación que define Aristóteles en las *Categorías* son creaciones cognoscitivas fruto de un acto de conocer. En este sentido la realidad de las categorías es absoluta: son algo necesario para que se dé el acto del conocer, es decir, son instrumentos *a priori* del conocer. Y lo mismo podemos decir de la categoría *balan* y todas las categorías del dyirbal que como categorías de una lengua son categorías históricas pero que en sí mismas son absolutas. Y esto mismo vale para aquellas categorías que he llamado la *categorías del conocer*: son realidades absolutas que, siendo en sí mismas categorías individuales, algunas de ellas se han hecho históricas porque han pasado a la tradición. Las categorías que pueden estar formadas por el principio de las propiedades en común de las cosas, categorías que no son lingüísticas, son también

---

405 Cf. 6.1.8.6.5.2, c)

406 Cf. § 6.2.1. a 6.2.4.

absolutas cuando se emplean en el conocer, pero, al no ser lingüísticas, no son históricas ni pueden ser individuales: se identifican con la realidad. Éstas no responden a la sistematización de los hechos de la experiencia hecha por una lengua. Éstas son categorías distintas a todas las demás ya que en su formulación tanto las cosas como la categoría ya existían antes de su formación. En este sentido, por tanto, estas categorías no son delimitadoras de especies.[407]

6.1.9.2. Pero lo dicho en este apartado nos suscita el siguiente problema: ¿Son las categorías, categorías de la mente o categorías de las cosas?

6.2. Corolarios

6.2.1. ¿Categorías de la mente o categorías de las cosas?

6.2.1.1. Como primer corolario al problema de la realidad absoluta de las categorías tenemos que ver si las categorías son categorías de la mente o, por el contrario, como defiende Lakoff[408], son categorías de las cosas. Dicho sea de paso: decir categorías de la mente es redundante. Toda categoría es un concepto y todo concepto no puede ser más que mental. Es una fabricación de la mente.

Los cognitivistas dan por supuesto que las categorías son resultado de la categorización, con lo que las categorías serían

---

[407] Dice Coseriu: «el lenguaje ciertamente no crea los entes, las "cosas" naturales o de otra manera objetivas a las que atribuye un determinado modo de ser [...] [ni] el ser que se atribuye a las "cosas": antes bien, reconoce y delimita modalidades del ser en las "cosas" mismas y por eso es delimitación de especies o, [...] de "clases" de entes (clases que, naturalmente, desde el punto de vista de su objetividad, pueden también ser clases de un solo miembro e incluso clases vacías)» (Coseriu 2006: 73-74).

[408] Lakoff 1990: 9.

absolutas en el sentido natural, como hemos visto[409]. Pero conciben la categorización como un mecanismo biológico que ha creado todas las categorías que hoy se dan socialmente. La base de la universalidad de las categorías son las cosas, por lo que las categorías son categorías de las cosas. Por otro lado, como hemos visto, atribuyen a Aristóteles lo que llaman la teoría clásica de las categorías[410]. Ésta está constituida por las categorías formadas por lo que las cosas tienen en común. Según esto, su propósito es corregir la concepción sobre las categorías que se basan en este criterio. Pero este tipo de teoría y el criterio en que se basan no son las categorías de Aristóteles, sino que son las categorías que, manifiestas como conceptos o significados históricos, constituyen las que podemos llamar las *categorías del conocer*. Pero, como también hemos dicho, las categorías del conocer tampoco se han formado por lo que las cosas tienen en común ni tampoco son categorías de las cosas ni en vigor desde hace dos mil años. Sólo si consideráramos los géneros y las especies como categorías de Aristóteles (las substancias segundas) podríamos decir que las categorías que se emplean en el común tienen algún parecido con ellas. Pero desde el primer momento Aristóteles dice que la substancia primera, frente a la segunda, es la que más propiamente se llama substancia. No son, pues, substancias segundas las que constituyen el interés de Aristóteles, a las que de pasada alude en sus *Categorías*.

---

[409] Cf. § 6.1.8.1 y ss.

[410] En realidad, Lakoff nunca llega a decir «directamente» que la teoría clásica de las categorías es originaria de Aristóteles; meramente lo deja entrever con expresiones como «the principal technical theory [...] that has been with us for more than two thousand years» (1990: 5), o las ya referidas en la nota 400, a las que podríamos añadir «They work by classical Aristotelian principles» (1990: 88), «linguists have simply taken for granted the classical theory of categorization, which has been with us since the time of Aristotle» (1990: 180).

6.2.2. Lo que las cosas tienen en común y la experiencia

Veamos la crítica que hace Lakoff a la que llama la categoría clásica sobre las categorías, cita que nos permite ver la atribución cognitivista de dicha teoría a Aristóteles:

> *«From the time of Aristotle to the later work of Wittgenstein, categories were thought be well understood and unproblematic. They were assumed to be abstract containers, with things either inside or outside the category. Things were assumed to be in the same category if and only if they had certain properties in common. And the properties they had in common were taken as defining the category.*
>
> *»This classical theory was not the result of empirical study. It was not even a subject of major debate. It was a philosophical position arrived at on the basis of a priori speculation. Over the centuries it simply became part of the background assumptions taken for granted in most scholarly disciplines. In fact, until very recently, the classical theory of categories was not even thought of as* a theory. *It was taught in most disciplines not as an empirical hypothesis but as an unquestionable, definitional truth.*
>
> *»In a remarkably short time, all that has changed. Categorization has moved form the background to center stage because of empirical studies in a wide range of disciplines».*[411]

6.2.2.1. Nos interesa únicamente discutir si la base de los cognitivistas para referir las categorías de Aristóteles como categorías de las cosas y si éstas u otras están formadas por lo que las cosas tienen en común, es cierta o no, por un lado y, por otro, ver si lo que dicen se aplica a las categorías de Aristóteles.

6.2.2.2. Las categorías de Aristóteles son predicables, es decir, relaciones que son creadas por Aristóteles en el mero acto de decir de ellas. Naturalmente las categorías de Aristóteles son abstractas: son relaciones cognoscitivas, es decir, conceptos, y como tales no pueden ser más que abstractos,

[411] Lakoff 1990: 6-7.

al igual que los prototipos de los cognitivistas: éstos son también conceptos abstractos. Aristóteles, a pesar de dar por supuesto que las cosas son como se les considera que son, nunca trató de hacer una clasificación de las cosas, más bien, y como hemos visto, quiso hacer una propedéutica para estudiar las cosas.[412]

6.2.2.3. Aristóteles nunca tuvo en cuenta el referido principio de buscar lo que las cosas tienen en común al crear sus categorías. Los cognitivistas dicen que las categorías de Aristóteles no eran el resultado de la investigación empírica. Y ya hemos visto que el modo de pensar de Aristóteles estaba basado precisamente en la experiencia: fundaba el ser de las cosas en la acreditación de los sentidos. Las cosas son y son por la experiencia. Su modo de pensar era un modo sensual, es decir, Aristóteles tenía que asegurarse en los sentidos para dar algo por verdadero. Y el método experimental, del cual hacen bandera los cognitivistas en contra de Aristóteles, no era tan extraño a Aristóteles como los cognitivistas presumen. Ya hemos hablado de la «abstracción comunista»[413]. A pesar de esto las categorías de Aristóteles no eran categorías de las cosas, porque Aristóteles no utilizó la inducción en su creación, es decir, el partir de los individuales para su definición, sino, como hemos visto, el saber originario que como hablante tenía sobre su propia lengua. Volveremos sobre esto más adelante.[414]

6.2.3. Las categorías del conocer

6.2.3.1. Por otro lado, si consideramos las substancias segundas como categorías, es decir, si el término categoría se

---

[412] Cf. § 4.2.

[413] Cf. § 5.3.12.

[414] Cf. § 9.4.

ha de aplicar a los géneros y especies, esas categorías no pueden ser de Aristóteles, por la sencilla razón de que, como hemos visto, las categorías son consideraciones cognoscitivas que se dan y se darán siempre en un acto de conocer, ya que son categorías del conocer. No fue Aristóteles el que inventó el conocer. Las categorías de las que dice Lakoff que están formadas por lo que las cosas tienen en común no existen más que en las nomenclaturas. Pero Lakoff con esta expresión está señalando las categorías de la tradición, es decir, las categorías del conocer.

Como hemos visto más arriba, en el conocer aprehendemos algo y le atribuimos capacidad infinita de designación, con lo que por *analogía*, no por lo que las cosas tengan en común (es decir, no por *inducción=método experimental=abstracción comunista*) creamos una categoría (=concepto) que nos sirve de base para conocer otro ejemplar de aquello que hemos aprehendido. Si al aprehender el segundo ejemplar de ese concepto que ya aprehendimos y creamos antes, el concepto inicial creado no concuerda con lo que de nuevo aprehendemos, corregimos inmediatamente el concepto inicialmente creado y sobre la marcha creamos otro[415] también por analogía. Y algunas de este tipo de categorías, las categorías del conocer, sí que pueden estar en vigor en una comunidad. Y como todo lo que está en vigor en una comunidad de hablantes (=lengua) es contingente no puede durar por principio, como dice Lakoff, dos mil años. Decir que Aristóteles inventó las categorías del conocer es lo mismo que decir que antes de Aristóteles no hubo seres humanos sobre la faz de la tierra, puesto que no eran capaces de conocer.

6.2.3.2. Toda categoría en sí misma considerada es un constructo abstracto, que no puede ser más que abstracto y que constituye un instrumentos *a priori* del conocer, es

[415] Cf. nota n° 401.

decir, un instrumento sin el cual no se daría el conocer. Ni Aristóteles inventó las categorías, ni la abstracción, ni el conocer, ni tampoco uno de los efectos de la abstracción: las categorías que perviven por un período más o menos largo en el acervo común. Pero fijémonos bien, la categoría del ser substante que hemos dicho arriba la padeció también Aristóteles, no sólo los cognitivistas. Éste concibió sus diez categorías, como conceptos que se aplicaban sustantivamente de las cosas, es decir, como cosas objetivas.

6.2.3.3. Pero ni Aristóteles ni los cognitivistas supieron, si no utilizar, sí al menos ver el valor de lo que los cognitivistas llaman «imagination» en la creación de las teorías, es decir, la analogía. Ambos despreciaron la analogía. En su lugar, tanto uno como otros propugnan o bien la «abstracción comunista» o bien el método experimental, métodos que refieren a la *inducción.* Tanto la primera como el segundo parten de los individuales, realidades concretas. De un individual no se puede sacar conclusiones universales[416], a no ser, eso sí, por *analogía*, en cuyo caso ya no podemos hablar de *inducción*, sino de *creación.*

6.2.4. Categorías abstractas y conceptos físicos

6.2.4.1. Por otro lado, postular, como Lakoff, que tenemos categorías tanto concretas como abstractas:

> *«Any adequate account of human thought must provide an accurate theory for* all *our categories, both concrete and abstract».*[417]

es una cosa mucho más sorprendente que el famoso título del libro de Lakoff[418]. ¿Puede haber categorías concretas? Lo concreto y lo abstracto son términos incompatibles entre sí,

---

[416] Cf. Popper 2002: 3-7.

[417] Lakoff 1990: 6.

[418] *Women, Fire and Dangerous Things.*

términos absolutos en el que el uno excluye al otro. Aceptar que hay categorías concretas y categorías abstractas, quiere decir que el concepto de categoría admite ambas cosas, con lo que está mal definido, pues acepta a la vez lo abstracto y lo concreto para una misma realidad. El conocer es una actividad mental que parte de lo concreto y lo transforma en algo que no es, ni existe.

6.2.4.2. Por otro lado, las substancias segundas, es decir, los géneros y las especies, tienen una designación. Los géneros y las especies son consideraciones cognoscitivas, es decir, conceptos, con designación en las cosas reales. El concepto es una cosa y la designación otra muy distinta. Así, podremos hablar del *hombre*, y podremos buscar el concepto *hombre* en los individuales. Pero esto no será una categoría formal de Aristóteles, será un acto mental elaborado por alguien que signifique por un lado y que designe, por otro. La designación sí, trata con las cosas reales, entre las que se dan las cosas concretas. Lo que tenemos que hacer es no confundir planos: el significado es creación cognoscitiva, la designación (o referencia) son las cosas. Ahora bien, lo que en Aristóteles no se aplica de ninguna manera es que haya conceptos que sean físicos:

> *«It is obvious that not all of our concepts are physical concepts. Many of them are abstract. Reason is abstract».*[419]

6.3. Las categorías, creación cognoscitiva

Pero tenemos que buscar la realidad de las categorías allá en donde se dé. Cuando hablamos, utilizamos las categorías que nos inventamos en el mismo acto del hablar, que es un acto de hablar, decir y conocer. En este sentido cada hablante, en cada acto del habla, crea una categoría nueva.

---

[419] Lakoff 1990: 267.

Pretender ver una identidad entre lo concebido y lo dicho con las cosas del mundo real, no tiene sentido. El lenguaje es la creación de significados que emplea signos. Lo creado es mental, es decir, abstracto por naturaleza. En su realidad universal y absoluta las categorías son instrumentos *a priori* del conocer, es decir, instrumentos necesarios del conocer, sin los cuales no se da el conocer y, al contrario: no se darían las categorías si no existiera el conocer (humano), pues el conocer consiste precisamente en eso: en crear y separar, es decir, en crear categorías para separar aspectos que creamos sobre lo que nos rodea, a lo cual llamamos la *realidad.*

6.4. Las categorías y el pensamiento

6.4.1 Aristóteles no llegó a plantearse el problema de las relaciones lenguaje-pensamiento. Este problema no tenía cabida dentro del modo de pensar de Aristóteles pues, como hemos visto[420], identificaba la realidad con lo conocido. No obstante, Aristóteles no es ajeno a separar lo que da el lenguaje en contraposición a aquello para lo que sirve el lenguaje: los distintos usos. En *De interpretatione* defiende la función significativa del lenguaje frente al uso del mismo[421]. Para Aristóteles, no existe la realidad como distinta del pensamiento, con lo que el lenguaje necesariamente tenía que acomodarse a esa doble realidad. La lengua, para Aristóteles, es una cosa dada sin posibilidad de que no reflejara la mente. Pero cuando Aristóteles hace la distinción entre lenguaje como significativo y el lenguaje como uso, habla del lenguaje ulteriormente determinado, lo cual nos dice lo siguiente: el lenguaje es una realidad determinable, es decir, una activi-

[420] Cf. § 5.3. 1).

[421] De Int. 16a, 16b y 17a.

dad libre, una actividad que no está hecha, sino que hay que hacer en el momento del hablar.

6.4.2. Para Aristóteles, en consecuencia, el lenguaje es un fiel reflejo de la mente y de la realidad. Cuando Aristóteles define el lenguaje como lo meramente significativo separándolo de lo lógico, el procedimiento de esta separación está en la combinación o no de las palabras. Esta concatenación de realidades (casi identidad de la mente y la realidad y casi identidad del lenguaje y la mente) lleva a Aristóteles a fijarse en aquellas matizaciones o relaciones que constituyen como previas el estudio de las cosas tal y como se dan en sí mismas. Las relaciones que encuentra, las categorías, son relaciones de significación que están en todas las cosas. La razón de este estar en las cosas está en lo que Aristóteles es capaz de distinguir según los parámetros de la lengua griega, sin que Aristóteles se diera cuenta de que tales relaciones de significación eran propias de la lengua griega y no de otra lengua. Esto lleva consigo una identificación entre la mente que es capaz de identificar esa relación significativa y la lengua. Para Aristóteles, lo hablado se identifica con lo pensado y esto con lo real: describir esas relaciones significativas era descubrir lo que se daba en el pensamiento y por tanto en las cosas. El estudio individual de las cosas comenzaba con el descubrimiento de la substancia, el *cuánto*, el *cuál*, el *dónde*, etc.

6.5. El ser griego y la substancia de Aristóteles

6.5.1. Por otro lado, Aristóteles acepta la existencia de las cosas. Éstas son algo objetivo y concreto, la viva representación de la substancia. La prueba de la existencia de las cosas era la acreditación de los sentidos, como ya hemos visto[422].

[422] Cf. § 5.3. 10).

Percibimos las cosas sensorialmente. Por tanto, son. Por otro lado, la gente acepta igualmente las cosas en sí mismas. Aristóteles concibe lo que es doblemente: como ente en sí mismo (algo que es) y como algo objetivo. La base de esta concepción es el concepto del ser substante de los griegos. Para Pármé-nides, el ser es uno, eterno, inmóvil, no tiene principio ni fin. Aristóteles busca el ser en las cosas y les atribuye el concepto de ser como condición de su existencia, creando así el ser como substancia: «el verdadero o más auténtico Ente es la substancia, y la substancia es "este hombre", "este caballo" que veo. Nada más»[423]. Aristóteles añade al ser de Parménides el que sea por sí mismo y no necesite de otro ser para ser, es decir, que Aristóteles transforma el ser de Parménides en substancia. De aquí, que el primer predicable sea el que una cosa sea por sí misma y como cosa objetiva, es decir, como substancia. Las cosas, que para Aristóteles están ahí, lo primero que necesitan no es su esencia sino su individuación como entes, es decir, como substancia. A partir de la concepción de las cosas como substancia, la cosa entra en el campo del *Saber* y podemos ver en ella los otros predicables. Para Aristóteles, el ser es «el primum cogitabile»[424]. Pero el ser, para Aristóteles, es algo que está ejecutando su propia esencia, algo que es siendo: el ser en acto, ἐνέργεία ὄν. Ortega resume el concepto de ser en los griegos y el ser de Aristóteles de la siguiente manera:

> *«La concepción griega del ser [lo que hay tras lo que hay, lo que tras-hay] posee, ciertamente un lado estático que le viene no tanto de que se orienta en los objetos según están ante él y le son meros aspectos o espectáculos, sino a causa de la fijación "cristalización" que en ellos pone el concepto. El concepto es inmóvil (idéntico a sí mismo); no varía, no se esfuerza, no* vive. *Es lo que ya es, y nada más. Pero el Ser*

[423] Ortega y Gasset 1992a: 239.

[424] Ortega y Gasset 1992a: 216.

en los griegos, aun poseyendo esa fijeza y parálisis que del concepto le sobreviene —cuya proyección en el plano de "la existencia fuera» (τό ἐκτός, tó ektós) *es— consiste en [...] en estar haciendo su esencia, en estarla ejecutando. Este lado del ser —frente al del estatismo— aparece oficialmente formulado en la idea aristotélica del Ser como actualidad* (ἐνέργεια ὄν, (enérgeia ón), *el Ente como operante. "Ser" es la primordial y más auténtica operación. "Ser caballo" no es sólo presentar al hombre la forma visible "caballo", sino* estarla siendo desde dentro, *estar haciendo o sosteniendo en el ámbito ontológico su "cabalidad"; en suma ser caballo es "caballear", como ser flor es "florear" y ser color, "colorear". El Ser en Aristóteles tiene valencia de verbo activo».*[425]

El ser de Aristóteles es el ser en el que el sujeto que lo concibe implica la realidad. El ἐνέργεια ὄν es un concepto de ser que se ejecuta en lo que es. De aquí que Aristóteles, que como hemos visto, fuese más científico que filósofo[426], intuyera la necesidad de estudiar las cosas una por una frente a las Ideas de su maestro Platón. Con el esquema de relaciones descritas en las *Categorías* Aristóteles abría la puerta a lo que todavía no se había hecho, la ciencia basada en lo individual.

6.5.2. Esta concepción sobre el ser que es siendo lo que es invita a Aristóteles a analizar todo cuanto es predicable del ser. Las cosas habían pasado de estar estáticamente en el mundo a presentarse ante el observador. Para Aristóteles, la substancia es un algo que está ahí y se presenta ante nosotros, porque es siendo. Este algo objetivo y dinámico a la vez, es un algo que es preciso definir antes de hacer una ciencia

---

[425] Ortega y Gasset 1992a: 277-78.

[426] «Aristóteles era un hombre de ciencia, y fue filósofo *en tanto* que hombre de ciencia. Su reforma del platonismo consistió en declarar urgente el conocimiento de las cosas concretas que "están ahí" y nos rodean por todas partes» (Ortega y Gasset 1992a: 126).

particular. Antes que considerar si un caballo «caballea» es necesario poner de manifiesto todas las relaciones que se predican de él en cuanto substancia. Los demás predicables tienen que ver con la substancia, precisamente, por el modo de ser de los mismos, que son en otra cosa (substancia). Por tanto, todos los predicables participan de ser substancia de un modo o de otro. El *cuánto* y el *cuál* es un algo que necesita apoyarse en la substancia para ser. El *relativo a* establece una relación entre dos substancias pero de tal forma que la relación está ahí y se nos presenta ante nosotros. El *dónde* y el *cuándo* definen la relación del ente con el espacio y el tiempo porque el problema fundamental del Ente es su existir. No se da el Ente sino los entes. El Ente así es el Existente. Las cosas se diferencian entre sí no sólo por lo que son (por pertenecer a una especie que las diferencia de las demás de otras especies), sino también por el modo de ser eso que son, con lo que las cosas, además de su esencia, tienen existencia individual. Por tanto, se diferencian entre sí como seres individuales[427]. Y este descubrimiento, el Ser en cuanto el Existente es, para Ortega, una de las tres máximas «averiguaciones» de la filosofía griega. Dice Ortega al respecto:

> *«Con ejemplar agudeza [Aristóteles] había descubierto que si repartimos las cosas todas en grandes clases, hallaremos que aquellas no se diferencian entre sí sólo por* lo que *son —por tanto, como una especie de otra—, sino también por el modo de ser eso que son. La blancura no sólo se diferencia del caballo en que aquella es un color y éste un animal, etcétera, sino en que el existir de la blancura es apoyarse en otra cosa sin la cual no puede ser, mientras que para el caballo existir es estar atenido a sí propio y no en apoyarse en otra cosa.*

[427] No obstante, Aristóteles nos dirá que la relación del Ente con las cosas en donde se da es analógica, con lo que crea un pseudogénero (el género que incluiría al ser en cuanto ser, en donde ningún ente se diferenciaría de los demás). Cf. Ortega y Gasset 1992a: 219-221.

Esta advertencia perspicacísima hubiera sido imposible si antes no hubiera hecho su máximo descubrimiento, que él solo compensa sus otras deficiencias, y que con el descubrimiento de Ente en Parménides y el descubrimiento del lógos *o Razón en Platón, constituyen las tres máximas averiguaciones que debemos a la filosofía griega. Me refiero al descubrimiento de que el problema radical del Ente es su existir, o, dicho en la terminología moderna [...]: que el problema radical de lo Real es su realidad».*[428]

6.5.3. Categorías tales como el *dónde* y el *cuál* no están relacionadas con el Ente, sino con el Existente, es decir, no hablan de la realidad de la substancia de la que se predican. Tampoco el *cuándo* habla de la substancia sino del Existente, por tanto refieren algo que es susceptible de definición.

6.6. La individuación o separación de las cosas de los géneros y especies (=las Ideas)

Las categorías de Aristóteles son predicables, es decir, relaciones cognoscitivas creadas por Aristóteles en el mero acto de decir de las cosas. Cuando Aristóteles quiere estudiar una cosa, encuentra que esa cosa es parte de los géneros y especias (las Ideas de su maestro Platón) que clasifican las cosas del mundo. El primer problema, pues, que ha de plantearse es si tal cosa existe como ser, es decir, como ente individual. A causa de este interés Aristóteles crea el concepto de Substancia. Todos los géneros y especies están formados por seres individuales que existen frente a los mismos. Y Aristóteles comprueba que efectivamente (así nos lo atestiguan los sentidos) las cosas son seres por sí mismos, es decir, son entes, es decir, se dan efectivamente frente a las Ideas de Platón, como seres individuales, es decir, son subs-

[428] 1992a: 220-21.

tancias. Por consiguiente, para analizar una cosa y crear lo que hoy día decimos una ciencia es necesario individuar la cosa, es decir, convertir la cosa en substancia, algo que existe por sí y algo que existe de forma objetiva. Una vez creada la cosa como ente, es decir, como substancia, Aristóteles busca lo que son las otras categorías, es decir, las propiedades que podemos ver en las cosas según nos las presentan los sentidos: la cantidad, la cualidad, el dónde, etc.

6.7. Simetría de las categorías

6.7.1. Simetría de las categorías de Aristóteles

Una última cuestión sobre la naturaleza de las categorías. ¿Son las categorías de Aristóteles intercambiables entre sí? ¿Son las categorías de Aristóteles simétricas? Las categorías de Aristóteles no son simétricas, es decir, no son homologables ni co-ordinables entre sí: designan realidades que sólo se pueden explicar en términos de lo que es la primera de ellas, la substancia. Dicho de otro modo: Aristóteles emplea un doble criterio para la creación de las categorías: el modo de ser en sí y el modo de ser en otra cosa. O se conciben las categorías de Aristóteles en su relación, cada una de ellas, con la substancia, o constituyen un conjunto difícil de mantener unido.

6.7.2. Simetría de las categorías de los cognitivistas

La misma cuestión tenemos que hacérnosla respectos a las categorías de Lakoff. Éstas en mucho mayor grado son asimétricas. En cuanto a la formación de las categorías por los cognitivistas, éstos, al igual que Aristóteles actuara en su *Saber*, siguen el mismo método: partir de principios que no se discuten. Así, Lakoff crea lo que es su teoría sobre las categorías a base de las objeciones que él hace a las que considera las «categorías de la teoría clásica». Estas objeciones, expuestas en la introducción de este libro[429], son principios según los cuales Lakoff concibe sus categorías, a saber: *«family resemblances», «centrality», «polysemy as categorization», «generality as a prototype phenomenon», «membership gradience», «centrality gradience», «conceptual embodiment», «functional embodiment», «basic-level categorization», «basic-level primacy», «reference-point, or "metonymic," reasoning»*. El criterio de formación de las categorías de Lakoff es múltiple y sin cohesión entre los distintos elementos que lo constituyen.

[429] Cf. § 0.1.

7
Las categorías de «la razón vital» de Ortega y Gasset

Para ver la naturaleza de las categorías en lo que son, voy a hacer una exposición de las categorías que Ortega y Gasset propone para la lengua de la razón vital, la lengua que Ortega propugna para el desarrollo de su filosofía. Dado su modo de pensar, las categorías que propone no son meramente lingüísticas como podríamos pensar, sino que responden a la forma de concebir «la vida de cada uno». Son, pues, categorías *a priori*, sacadas deductivamente de la realidad radical de la que parte: la vida de cada cual. Esta exposición nos valdrá para hacer una comparación entre los tres tipos de categorías que tratamos aquí. Esto también nos facilitará el planteamiento de un último problema, el que podríamos llamar la figura de las categorías, es decir: ¿cuál es el tipo de estructura interna que presentan cada uno de los sistemas de categorías? Nos preguntaremos si las categorías se definen en cuanto géneros y especies, si son finalistas, si son unidireccionales o si son estáticas o dinámicas. Para la exposición de las categorías de la razón vital sigo el estudio de Concha D'Olhaberriague Ruiz de Aguirre 2009.

7.1. La primera de las categorías

Ortega no se propuso nunca hacer una gramática, ni era su intención inicial el incidir o modificar los criterios de los especialistas, con los que colaboró en muchos aspectos. En cambio, sí postuló una gramática a la que denomina pura o general y que habría de dar cuenta de los caracteres esenciales o *a priori* del lenguaje.

7.1.1. Aunque no entró en pormenores ni concretó su contenido, se manifestó a favor de recuperar los conceptos aristotélicos de sujeto y predicado. Acepta con Benveniste, cuya interpretación de las categorías hemos visto más arriba, que es la lengua la que provee al pensamiento de los moldes fundamentales para reconocer las propiedades de las cosas. Sin embargo, Ortega va más allá con sus predicados del hombre «animal etimológico»[430], o la «metáfora existencial»[431], remitiéndonos a la unión primera entre *homo* y lenguaje. Wilhem von Humboldt describió esta primera unión en un texto leído en la Academia de las Ciencias de Berlín en 1820, que reproduzco:

> *«Sólo por el lenguaje es hombre el hombre, mas para inventarlo tenía ya que serlo.*
>
> *»Es cierto que hay quien se figura que esto pudo ir ocurriendo poco a poco, gradualmente, por rondas, por así decirlo; hay quien se figura que gracias a una parte más de la lengua inventada pudo el hombre llegar a ser más hombre y que gracias a tal incremento pudo él, a su vez, inventar más lengua; también hay quien desconoce la indisociabilidad de la conciencia humana y la lengua humana, así como la naturaleza de la operación intelectual que se requiere para concebir una única palabra.*

430 O. C. VII: 220.

431 O. C. VII: 495.

»No por eso es lícito, sin embargo, imaginar la lengua como algo dado de manera acabada; si así fuera, tampoco cabría concebir cómo el ser humano podría comprender la lengua dada y servirse de ella. La lengua emerge necesariamente del hombre mismo y, además, emerge de él poco a poco, pero lo hace de tal manera que su organismo no yace desde luego como una masa inerte allá en la oscuridad del alma, sino que condiciona como ley las funciones de la fuerza del pensar; en consecuencia, la primera palabra hace resonar ya, y presupone, la lengua entera. De ahí que, si con algo cabe comparar eso que en realidad no tiene igual en toda el área de lo pensable, es del instinto natural de los animales de lo que podemos acordarnos, y al lenguaje podemos llamarlo un instinto natural de la razón».[432]

7.1.2. Por otro lado, Ortega postula una implicación en lo real, acorde con la sensibilidad instaurada por la fenomenología. En términos gramaticales esta implicación en lo vital puede sintetizarse diciendo que la atmósfera raciovital se expresa en voz media y dativo ético[433]. Estos dos usos de verbo y sustantivo representan dos funciones sintácticas que comparten la expresión de un afecto por parte del sujeto, que resuelve las posiciones realista e idealista: un objeto se ofrece a un sujeto y pone las bases para una relación de interconexiones dinámicas. En esta nueva disposición activa, el objeto no es en sí, sino que «me es» o «te es»[434]. Entre el objeto y quien lo conoce hay una tensión mutua, envolvente y, en ocasiones, en virtud de ella se «me» hace repelente,

[432] Humboldt 1991: 44.

[433] Dos funciones de las lenguas clásicas que hacen notar la implicación de las cosas en lo dicho. La expresión española «hoy no me ha venido el pintor a casa» sería el equivalente más exacto de dichas funciones. El dativo ético, *dativus ethicus*, es también llamado dativo de daño o provecho.

[434] Ya hemos visto que para Aristóteles, el ser no es el Ente, sino los existentes, es decir, el ser en cuanto que se ejecuta.

grato o indiferente (función que expresa el referido dativo ético en griego y latín). Así, el temple de la razón vital es el «dar-se cuenta». El dolor de muelas me duele *doliendo-me*. El ser «me-es», es decir, se resume en una vivencia irreductible a toda otra. Dice Ortega:

> *«Esta expresión [ser-me] formal en mí para expresar la realidad radical de todo —es, en rigor, un* dativus ethicus *que es propio del lenguaje más familiar y expresa intimidad afectuosa,* gemütlichkeit, *lo atopadizo— lo mío en suma. Así al amigo: ¡Me has resultado un fresco! En que la aparente acusación queda reabsorbida en mí. Eres un fresco pero mi fresco —yo esto te lo digo a ti— ¿Qué nos importa eso a nosotros?».*[435]

7.1.3. Estas dos postulaciones no son privativas de tal o cual apartado de esta gramática sintomática no analítica. Se trata de la manera de presentarse todos sus componentes, que son los que nos interesan y sólo ellos, porque están en nuestro paisaje. Esta manera, en consecuencia, debe entenderse como una orientación o instrucción de uso con el objeto de facilitar su lectura[436]. Y con esto tenemos la primera y fundamentalmente única categoría de la gramática de la razón vital: la que aúna la afección de lo real y la forma de ser de las cosas para mí. La casa me-es casa en cuanto que me casea.[437]

7.2. La substancia: los actuantes frente a los substantes

7.2.1. Junto a esta troposfera de afección radical e implicación de lo real que hace que algo me-sea, la primera categoría

[435] NTE, 538: 333.

[436] Cf. D'Olhaberriague Ruiz de Aguirre 2009: 273-77.

[437] Hoy tras la celebración de la Copa Mundial de Fútbol podemos decir: «La selección española nos-es campeona del mundo».

con la que choca la nueva concepción es con la de substancia, οὐσία. Ésta no se puede admitir si no la concebimos de la manera descrita. Los nombres que llamamos sustantivos no son «substantes» sino «actuantes» e invasivos. El caballo me-es caballeando. De esta manera, en esa gramática que propugna Ortega y Gasset, no habría nombres ni verbos sino una irrupción del nombre en la función del verbo y, a la vez, una irrupción del verbo en la función del nombre. En consecuencia, el nombre y el verbo se fundirían en una unidad semántica. Este irrumpir del nombre en la función del verbo es muy frecuente en algunas lenguas, como el inglés, en donde pasar de nombre a verbo es una cosa frecuente (por ejemplo, love, work, walk, sleep, dream, etc.).[438]

7.2.2. El sentido de categoría, para Ortega y Gasset, ha de remitirse al sentido originario de κατήγορος, añadiéndole los matices procedentes de κατά a la raíz de ἀγορα (=plaza pública). Se baja a la plaza pública a «conversar» con el otro[439]. La categoría, así, sería el diálogo entre un yo y un tú.

7.3. Las categorías del contexto

Ortega utiliza la expresión «categorías del contexto». Trata con ello de deslindar la densa red de corrientes actuantes en el decir expreso. Éste lleva consigo un «subdecir» concomitante, es decir, una autocensura o cosa vedada que no se dice, ya sea por ser de todos conocido, o ya sea por pasar inadvertido al locutor de puro obvio o trasparente[440]. Ortega llegó a prometer una exposición desarrollada de las «cate-

---

[438] Cf. D'Olhaberriague Ruiz de Aguirre, 2009: 276.

[439] Cf. D'Olhaberriague Ruiz de Aguirre 2009: 277.

[440] Cf. cita en § 8.2., página 271.

gorías del contexto» en un libro que no llegó a aparecer[441]. Concibe el lenguaje como «actividad», concepto que ya utilizara Humboldt, quien se apoyó para dicha concepción en el concepto de Aristóteles ένέργεια. Según este concepto Ortega concibe los nombres funcionalmente activos. Cuando Ortega analiza el concepto metafórico de ciprés lo concibe como funcionalmente activo. Ser ciprés es «mi-ver-el-ciprés». El mismo tratamiento da al concepto de «verdad» (αλήθεια), al que concibe «como un verbo *verdad*, como algo viviente, en el momento de lograrse, de nacer; en suma, de acción»[442]. El modelo de categoría nominal es el nombre *verdad* del judeo-español, que verbaliza palabras como «amuchigar» (de *mucho*=acrecer en ser) o «verdaguear» (de *verdad*=decir verdad). Frente al poder inercial de la lengua, Ortega defiende el carácter maleable de la misma.[443]

7.4. El ser como actualidad

Como hemos visto más arriba[444], Ortega celebra la modificación que hizo Aristóteles al concepto estático del Ser, derivado de la misma estructura del concepto. Frente a este ser estático, Aristóteles concibe el "ser como actualidad" o realización, como algo que se ejecuta a sí mismo como ser en el momento de ser[445]. Esta concepción nos da lugar a dos innovaciones:

1. Los sustantivos en sintagma con el verbo se «actualizan» o «verbalizan», de cuyo proceso resultan

---

[441] *Aurora de la razón histórica.* Cf. OC. IX, p. 394, nota 2.

[442] O. C. IX: 386.

[443] Cf. D'Olhaberriague Ruiz de Aguirre 2009: 278.

[444] Cf. § 6.5.1.

[445] Cf. Ortega y Gasset 1992a: 277-78; cf. Cita en § 6.5.

las siguientes ecuaciones, a modo de ejemplos: ser caballo=caballear; ser flor=florear; ser color=colorear.

2. Al ser fijo y cristalizado por el concepto hay que agregar el «Ser aristotélico» poseedor de valencia de verbo activo.[446]

7.5. El sentido de la cópula «es»

7.5.1. En 1915 Ortega se preguntó si podría deducirse que la cópula «es» aporta alguna diferencia en el juicio frente a la mera atribución sin cópula. Ortega estima que en la atribución sin cópula ya hay sujeto y predicado por más que nos refiramos a ellos como sustantivo y adjetivo. Estas partes de la oración no dejarían de ser los disfraces que ostentan el sujeto y el predicado en las construcciones en las que aparecen. Esta reflexión, no obstante, no se habría desencadenado de igual modo en relación con lenguas tales como el griego o el ruso, en las cuales son frecuentes oraciones nominales puras, cuya sobriedad no menoscaba la inteligibilidad del enunciado. Mas lo que plantea Ortega es una cuestión teórica, no una cuestión estrictamente lingüística de contraste entre dos lenguas. Este problema fue planteado por los teóricos de Port Royal, de concepción logicista. Éstos llegaron a deslindar la oración nominal pura bajo el marbete de las llamadas construcciones elípticas, sin averiguar de qué era la elipsis en cada ocasión y sobre todo a qué respondía. Ortega se pregunta por el verdadero «sentido» del vocablo que tan inasible se nos presenta a despecho de su presencia muy habitual. Si en el ejemplo «la rosa blanca» ya está clara la relación objetiva de pertenencia de la «blancura» por parte de la rosa, ¿qué añade «es» —se pregunta Ortega—, si es que añade algo? Para Ortega, la cópula en rigor no añade ni un

446 Cf. D'Olhaberriague Ruiz de Aguirre 2009: 279.

ápice material a lo que ya teníamos, pero adhiere, en cambio, una especie de ratificación o rectificación de la validez del juicio, como todo acto de conciencia.[447]

7.5.2. Ortega y Gasset se pregunta por la génesis del valor predicativo de las distintas formas del verbo ser[448]. Según E. Cassirer es un fenómeno ampliamente extendido en las lenguas que el lenguaje use una misma palabra para designar tanto el concepto de existencia como el vínculo predicativo. En las lenguas indoeuropeas los términos para expresar el ser predicativo se derivan todos de una primera significación de «existencia», ora en sentido concreto («crecer», «devenir», «durar»), ora en sentido general. Para Cassirer[449], el verbo se depotenció y convirtió en cópula cuando se hizo hincapié en el nombre predicativo, al tiempo que el contenido perceptual de la representación dejó de tener importancia y desapareció. En el período primitivo del indoeuropeo, «es» y ciertas formas de *bheu* («crecer») y φύ, que guardaban relación supletiva, hacían de cópula. La forma φύ persiste en español en *fue*. Ortega, basándose en A. Meillet y E. Benveniste, a partir de *aevus* como «ente» o existente comenta las formas del verbo «ser»: las formas primigenias φύ, el sufijo del imperfecto latino *–ba*, ambos conservados en español y el segundo en italiano.[450]

7.6. El verbo ser como transitivo

7.6.1. Tal y como hemos visto y nos ha enseñado Benveniste, el verbo ser tiene tanto peso en la tradición filosófi-

[447] Cf. D'Olhaberriague Ruiz de Aguirre 2009: 280.

[448] NTE 503, pp. 319-20.

[449] 1998: vol. I: 307-08.

[450] Cf. D'Olhaberriague Ruiz de Aguirre 2009: 280-81. Expongo la etimología de ser según Ortega en el epígrafe siguiente.

ca occidental que por más que se intente ir más allá de su significado tradicional éste permanecerá actuando *a tergo*. Invalidar el sentido tradicional del concepto «ser» equivale, según Ortega, a reformar la filosofía desde su misma raíz[451]. El verbo ser, a la vez, impregna el significado de nuestras lenguas occidentales. Éstas están ontologizadas e impregnadas de resabios ónticos[452]. El hecho de que la gramática y lingüística actuales releguen este fondo a pura función analítica complica aún más la descripción del lenguaje, pues la actividad creciente de «ser» incide en el proceso mismo de predicación.

7.6.2. Ortega analiza el verbo ser desde su nacimiento, es decir, desde su etimología. Dice al respecto Ortega:

> *«Hubo un tiempo en que las lenguas indo-europeas, para expresar la idea de Ser, emplearon el vocablo que significa "brotar, crecer la planta". Así, en indo-europeo había la raíz* bhu; *en sánscrito,* abhut *(aoristo) y en griego* ἔφυ, (éphy). *De ello quedó en nuestro verbo ser el tema de perfecto* fui, fue».[453]

Esto indica, concluye Ortega, que durante cierta etapa, para enunciar las relaciones más abstractas y profundas de lo real se tuvo a la vista el sistema de imágenes botánicas, «puesto de moda» por el invento reciente de la agricultura.

7.6.3. Para Ortega y Gasset, la realidad radical es «la vida», matizando, con valencia verbal ejecutiva y transitiva e individual («mi vivir la vida»). Esto supone que sólo la vida tiene el estatus de principio de inteligibilidad para cualquier otro acaecimiento que nos alcance. No obstante esta última afirmación, Ortega recomienda que se diferencien nítidamente

---

451 O. C. 1983b: VII, 394.

452 O. C. 1983b: IX, 778.

453 Ortega y Gasset 1992a: 285-86.

dos apartados o dos modos de «ser», uno el ontológico clásico y otro el dicente de la lengua:

1. El ser que corresponde a la tradición de la ontología grecorromana, el «ser en sí y por sí» que se da aparte del yo individual que constituimos cada uno de nosotros. Este modo de ser es derivado, secundario, interpretativo e hipotético.
2. El propio y específico modo de ser del raciovitalismo que propone Ortega. Se trata de un verbo que se conjuga obligatoriamente de forma pronominal, media, porque ahora no es el verbo «ser», sino el verbo en el que participa el sujeto: «ser-me», «ser-te», «ser-le», «ser-nos», etc. Percatarse de algo supone que ese algo ya nos-está-efectivamente-siendo al mismo tiempo que nosotros también le somos. En la circunstancia, hombre y mundo «se-son» mutuamente aunque de distinta manera.[454]

7.6.4. En consecuencia, recomienda Ortega que la mejor manera de llegar a comprender todo este entramado de fuerzas recíprocas, de tensiones y pretensiones respectivas, es intentar entender el verbo «ser» con carácter de verbo transitivo[455] y hacer otro tanto con los sustantivos convirtiendo casi todo el vocabulario en lo que los chinos llaman *huouo tseu* o *palabras*

[454] Recordemos que Ortega define el ser humano como «coexistencia actuante de mí o de yo con la circunstancia o mundo. [...] A este coexistir llamo "mi vida". [...] Yo soy quien existe [...] pero ese mi existir y, por tanto, yo, consiste en coexistir con lo otro, con el mundo» (Ortega y Gasset 1992b: 46 y 47).

[455] Este uso ya lo recomendó Andrés Bello, quien recibió el reproche de la Real Academia Española de la Lengua, cf. Ofelia Kovacci, «El español y sus gramáticas» en M. Seco (coord.): *La lengua española, hoy*. Madrid: Fundación Juan March, 1995: 235-49.

vivientes[456]. Para Ortega, el vocablo οὐσία, a cuya traducción (esencia) tilda de erudita y violenta del fresco vocablo griego οὐσία (realidad), le lleva a proponer sustituir la vieja fórmula escolástica que contrapone esencia a existencia por una nueva pareja en la cual ocupe el primer término la «consistencia»[457]. En su concepción del ser Ortega se adscribe a Heráclito:

> *«El ente en Heráclito no es quietud y cosa inerte —es verbo tal vez, verbo en voz media. Ser es contraponer-se. Y cada cosa está siendo en cuanto que se está contraponiendo, lo cual no es posible si en ella no actúa también su opuesto. Yo soy en cuanto me opongo a la resistencia que es el Mundo —el cual al resistirme me permite y me obliga a actuar opuestamente. Sin él no sería yo—. Sin su resistir no habría mi insistir».*[458]

Ortega con esto resuelve el aspecto dicente del lenguaje en su función puramente representativa: el nombre ya atribuye o predica objetividad constituyente por el simple hecho de nombrar.[459]

7.7. Los pronombres personales

La constitución de los pronombres personales es junto con la relación sujeto-objeto uno de los capítulos que mejor resumen y caracterizan una filosofía y un pensamiento lingüístico. Pero para hablar con propiedad en ambas materias debe quedar fuera el pronombre que precisamente suprime la noción de persona, a saber: el llamado por las gramáticas

---

[456] O. C. I X: 768, nota 1.

[457] O. C. XII: 259. Ortega llega a oponer la consistencia a la esencia: «toda cosa, además de existir, *consiste* en algo. A esto en que consiste le llamo su *consistencia*, frente a su *esencia*» (Ortega y Gasset 1982: 184, nota 2).

[458] NTE, 417, p. 264.

[459] Cf. D'Olhaberriague Ruiz de Aguirre 2009: 281-83.

tradicionales pronombre de tercera persona. Sólo el afán de sistematizar y hacer prevalecer el criterio correlativo con las formas de la conjugación verbal ha mantenido tan equívoca denominación. Esto es lo defendido por Emile Benveniste[460]: «está "él" por razones semánticas y funcionales mucho más próximo a la esfera de los deícticos que a "yo" o "tú"». Del estudio de la naturaleza y el funcionamiento del «yo» se desprende con claridad la diferencia meridiana que hay entre ellos. Pertenece «él» a la sintaxis de la lengua, en tanto que «yo» y «tú» son los pivotes de los actos de hablar o instancias del discurso. En los actos del hablar, junto con los signos, son relevantes quienes los profieren. La realidad a la que se refieren «yo» y «tú» es sólo susceptible de ser definida en términos de alocución, a diferencia de los signos lingüísticos usuales. «Yo» sería de esta forma la persona que profiere la presente instancia de discurso que contiene la expresión lingüística «yo», y «tú» la persona a la que se dirige la alocución en la presente instancia de discurso que contiene «tú». En ese preciso acto locutivo «yo» y «tú» se intercambian por turnos. «Yo» y «tú» constituyen, por tanto, el eje intersubjetivo del lenguaje, es decir, su función locutiva. Al tratarse de categorías del lenguaje no resulta pertinente que una lengua determinada obligue al empleo explícito de las formas en cuestión, como ocurriría en francés, o que no lo haga así, tal como ocurre en español: ambos son «funtores» implícitos en la forma verbal.[461]

7.7.1. «Yo», «aquí»

Ortega y Gasset se hace eco de esta delimitación al hablar de que los lingüistas llaman a vocablos como «yo» o «aquí» palabras de significado ocasional (Karl Bühler). Ortega se pre-

---

[460] «La naturaleza de los pronombres» 2007 (1956): 172-78.

[461] Cf. D'Olhaberriague Ruiz de Aguirre 2009: 283-84.

gunta si «no sería más exacto decir que son innumerables palabras distintas, cada una con su único y preciso significado». Esta pregunta, como se puede ver, implica que «yo», «aquí» no tengan más significado que aquel para cuya expresión son creados en cada momento. Ortega con esta observación salta de la perspectiva lingüística a la perspectiva filosófica. Pero la cuestión queda dentro del campo lingüístico: «yo» y «aquí» serían actualizadores constantes de lengua. Ningún acto lingüístico resulta posible sin el «yo», «aquí». Es verdad que cada acto locutivo es único e irrepetible. Pero de ello no se infiere, desde el punto de vista lingüístico, que «yo» tenga en cada caso un significado distinto. Tenemos que tener en cuenta que «yo», «aquí» no tienen significado, sino que designan un objeto distinto cada vez que son usados. En este sentido «yo» se distingue del nombre propio, el que de forma permanente designa el mismo objeto.[462]

7.7.2. La aparición de los pronombres personales

Ortega, atento al proceso de adquisición paulatina y jerárquica de los pronombres, pone la aparición de «él» en el niño delante del «tú» y el «yo»:

> *«Pues resulta que hasta ahora sólo nos han aparecido en nuestro mundo el Otro [las cosas] y Él, es decir, la llamada —no discuto si bien o si mal— tercera persona y el Tú o segunda persona, pero no nos había aparecido aún la primera persona, el yo, el concreto* yo *que cada uno de nosotros es. Por lo visto es nuestro* yo *el último personaje que aparece en la tragicomedia de nuestra vida».*[463]

Dentro de la primera persona, «nosotros» aparece antes que ninguno; antes que «yo» aparece también el posesivo «mi». En el mundo del niño «yo» y «mío» son sólo una úni-

[462] Cf. D'Olhaberriague Ruiz de Aguirre 2009: 284.

[463] Ortega y Gasset 2001: 154.

ca e idéntica cosa. Adelanta así la base genética de la función medial: todo objeto guarda en sí una deixis de autorreferencia al ser apropiado lingüísticamente. El fondo intersubjetivo confiere a la objetividad locutiva una función «me» con lo que «yo» «aquí» se encuentra con referencia posesiva en todo objeto enunciado. Antes que el «yo» está también el «nos». Éste empieza a ser usado por el niño al entrar en la pubertad. Y también, como hemos visto, el «tú». El niño, el sujeto, antes que ninguna otra cosa se siente elemento de un grupo y sólo después va conquistando la conciencia de su singularidad al tiempo que progresivamente se desgaja del conjunto. Nace pues el «yo», y con él la individualidad, como un cierto desentrañamiento y enfronte con la colectividad a la par que con la tradición, consecuencia del ser afectivo: me-yo, ser-me: yo. Para llegar a descubrir el yo es preciso que hayamos previamente trabado conocimiento con los «tús» o «anti-yos» en el trato cotidiano que constituye la vida en sociedad. Es justamente la relación con los «tús» la que va modelando y a la postre haciendo patente el «yo». Éste no acaece en soledad sino en la dimensión de la realidad que Ortega llama segunda: la convivencia. Antes que ésta se da un mero *altruismo* básico que posibilita con su abertura la acción recíproca cordial o bronca.[464]

7.7.3. El porte del «yo» español

Por otro lado, Ortega, siempre atento a todo lo que pueda ayudarnos a describir la realidad que se propone, observa la forma como nos es dado el pronombre de primera persona en español: «La magnífica "Y" de nuestro primer pronombre personal se presenta desde luego como una tenaza para hacer las cosas *mías*».[465]

---

[464] Cf. D'Olhaberriague Ruiz de Aguirre 2009: 284-85.

[465] Apud D'Olhaberriague Ruiz de Aguirre 2009: 285.

7.7.4. El «yo», la volición y el razonamiento. Los grados de actuación y clases de «yo»

Es «yo» la parte de nosotros responsable de los actos volitivos y de razonamiento. En el querer y en el pensar entran en contacto el «yo» y aquello que hemos resuelto o reflexionado. No obstante, al cumplir por fuerza una obligación hemos de someter una propensión o tendencia de la que no debemos decir en rigor que sea «yo», aunque sí puede decirse que sea «mía». Integran la personalidad humana tres «yos»: el de la vitalidad profunda, el sentimental-emotivo y el razonante. Estos tres «yos» representan tres grados de actuación, de los cuales sólo uno es consciente sobre la inconsciencia elemental de las previas síntesis pasivas. El «yo» representa un alma trasvasada del impulso locutivo a la substancia fónica «yo». De este modo el pronombre también descubre dentro de sí aquel principio activo «ser», transicional, y que afecta en tal caso, al conjunto locutivo.[466]

Puede asimismo «yo» ser triple en un sentido distinto. El primero, sería el que tendría «yo» en una hipotética situación primigenia en que el primer humano hablante se sintiera viviendo en un Mundo. Como el lenguaje tiene una finalidad diferenciadora «yo» significaría escuetamente «el sujeto que vive en el Mundo», una leve reminiscencia de Adán en el Paraíso. El segundo significado de «yo» es el genérico que tiene como nombre cuando, sin hacer ahora abstracción de los demás hombres, lo referimos a todos y cada uno en particular en cuanto viviente, distinto pero no único, en su mundo. Incluye, por tanto, el significado precedente. Éste es el significado abstracto del «yo». El tercer significado es excluyente y exclusivo, distinto en todo al de valor genérico. Es el ¡yo! que exclama el que ha llamado a la puerta cuando le preguntan ¿quién es? y que significa en

[466] Cf. D'Olhaberriague Ruiz de Aguirre 2009: 285.

cada caso una realidad distinta. Es éste el significado concreto, el significado estrictamente filosófico en términos de la tradición. Éste se corresponde con la definición funcional y lingüística, que dimos antes. Por último, desde un punto de vista histórico, para el cristiano fiel de los primeros tiempos, —tipo que se puede dar en cualquier época—, para quien el hombre es una «criatura» y el mundo se cifra en el alma y Dios, el «yo» es lo que llaman tradicionalmente el alma.[467]

7.7.5. El «yo» ejecutivo

Bajo esta denominación Ortega entiende la distinción radical que hace patente una modalidad de ser que no permite la objetivación. El yo ejecutivo, pues, depende de la concepción sobre el «ser», que también llama ejecutivo, el «ser» en el que está implicado lo real. El yo ejecutivo no es susceptible de ser apreciado desde fuera, ya que es un tipo de realidad que se efectúa en sí misma dentro del sujeto cognoscente. Hay, pues, una determinación fundamental que se da de las cosas al «yo». Con esto se establece una oposición entre el «yo» ejecutivo y los otros dos términos catalogados como pronombres de segunda y tercera persona además del «nos» de «nosotros». Este pronombre de primera persona del plural en español es fácilmente deslindable en sus elementos, «nos-otros». En algunas lenguas, como en ruso, existe un pronombre personal de primera persona plural inclusivo y otro exclusivo. El «yo» ejecutivo tiene la singularidad notable como pocas de ser la única cosa que no nos permite que la valoremos con criterios utilitarios. Y es que sólo de forma aproximada y vaga podemos decir del «yo» ejecutivo que es una cosa, cuando ocurre más bien que si queremos descosificar algo no tendremos más opción que convertirlo en «yo mismo». Entre «cosa» y «yo» media un lapso com-

---

[467] Cf. D'Olhaberriague Ruiz de Aguirre 2009: 285-86.

parable al que se halla entre el pensar y el ser. Para una recta comprensión de este peculiar concepto Ortega recomienda fijarse en el contraste que hay en la conjugación verbal entre el significado de la primera persona del singular del presente de indicativo y el de las otras dos personas. Frente a la similitud semántica que inicialmente apreciamos entre «yo ando» y «él anda», hay que dejar constancia de una discrepancia muy honda perceptible en cuanto intentemos describir la realidad referida en cada uno de los casos. Entonces es cuando se revela la característica de inalienabilidad del «yo» que describimos como ejecutivo.[468]

7.7.6. La perspectiva pragmática

Ortega, de esta manera, adopta la que años más tarde se llamaría la perspectiva pragmática[469]. Si digo «él anda» puedo seguir con la vista ese andar que él lleva a término, escrutar sus ritmos y cadencia, sopesar en fin sus peculiaridades expresivas, extraer conclusiones y hacer otras tantas conjeturas. Nada de esto puedo hacer si en vez de decir «él anda» digo «yo ando». La diferencia es mucho mayor, discernible e indeslizable que las establecidas por J. Austin entre enunciados «realizativos» y «constativos»[470]. En «yo ando» concluye Ortega:

> *«[...] encuentro una realidad invisible y ajena al espacio —el esfuerzo, el impulso, las sensaciones, musculares de tensión y resistencia. La diferencia no puede ser mayor. Diríase que en el "yo ando" me refiero al hablar visto por dentro de lo que él es y en "él anda", al andar visto en su exterior resultado».*[471]

---

[468] Cf. D'Olhaberriague Ruiz de Aguirre 2009: 287-88.

[469] Ortega adopta esta perspectiva al menos desde el año 1914 (cf. D'Olhaberriague Ruiz de Aguirre 2009: 288.

[470] Austin 1954.

[471] "Ensayo de estética", O. C. VI: 251.

El yo ejecutivo es, en definitiva, la cifra óntica de lo que el lenguaje popular español resume en el refrán que dice: «del dicho al hecho hay un gran trecho». Todas estas distinciones se reducen, no obstante, al problema ya expuesto por Husserl de la distancia que media entre la intención significativa y su cumplimiento real, completud que puede venir de fuera o de dentro. La intención abre campo posible y la intuición lo completa.[472]

7.8. El pronombre impersonal «se»

7.8.1. La aproximación que hace Ortega a este complejo y escurridizo elemento de la lengua está enmarcada por el ámbito simpráctico del estudio de los usos sociales; en particular se desarrolla dentro de la indagación del carácter de constricción anónima. Esta constricción anónima se da automáticamente interiorizada, característica que es propia de los usos sociales. Hemos de colocarnos en el nivel de la lengua ya hecha, llena de expresiones hechas, cuya razón de ser permanece oculta como herencia comunal. Las expresiones hechas conviven y se combinan de maneras diversas con signos de índole no lingüística. Los usos sociales, tales como las fórmulas de saludo, felicitación y condolencia y los gestos rituales anejos, tienen procedencia ancestral. En este contexto es en el que tenemos que analizar al pronombre personal «se». Ortega se interesa por el «se» cuando trata de saber cuál es el motivo que nos empuja a repetir, sin remisión y dentro del muy exiguo margen de novedad o modificación, las formalidades, hábitos y costumbres colectivas que practicaron nuestros antepasados y practican nuestros contemporáneos y coetáneos. Estas formalidades, hábitos y costumbres están en aparente contradicción con la radical li-

[472] Cf. D'Olhaberriague Ruiz de Aguirre 2009: 288-89.

bertad que disfruta y padece constitutivamente el hombre[473] y con la apertura esencial de la lengua. El valor impersonal de «se» es, según Rafael Lapesa[474], un desarrollo de las lenguas romances. Las primeras construcciones en las que hay en español indeterminación del sujeto son las pasivas documentadas ya en el siglo X y que proliferan en el Siglo de Oro. A partir de éstas surgieron más tarde por escisión las impersonales, que llegaron a adquirir esta vertiente en parte por la omisión del agente. Pues bien, este es el valor que interesa a Ortega: el que relaciona nuestro «se», indicador de un sujeto múltiple, amorfo e impreciso, pero eficazmente imperativo, con el francés «on» y el alemán «man». Es el «se» presente en aseveraciones del tipo, «lo usual», «lo acostumbrado», «lo hacemos porque se hace»[475]. La ajustada descripción de los caracteres de la realidad social llevada a cabo por el filósofo viene a completar las explicaciones que nos proporcionan los lingüistas. Tenemos aquí un ejemplo de sociolingüística al que Ortega utiliza no sólo para describir un uso, sino para desentrañar de él un posible principio que explica tal uso. Y esto es ya lingüística.[476]

7.8.2. El «se» de la expresión «se dice», con la que solemos justificar muchas de las ideas y opiniones circulantes, refiere siempre un alguien indeterminable e indeterminado, cualquier hombre siempre y cuando no se pueda precisar

---

[473] La libertad humana no es una mera posibilidad; es una obligación: «el hombre es libre y... no por casualidad. Es libre, porque no poseyendo un ser dado y perpetuo no tiene más remedio que írselo buscando. Y esto -lo que va a ser un todo futuro inmediato o remoto- tiene que elegirlo y decidirlo él mismo. De suerte que es libre el hombre ... a la fuerza» (Ortega y Gasset 2003: 125).

[474] Cf. Lapesa 1980: 401-02.

[475] Ortega y Gasset O. C. VII: 205.

[476] Cf. D'Olhaberriague Ruiz de Aguirre 2009: 289-90.

cuál. El francés «on» expresa esto mismo en cuanto a su origen más claramente, pues viene de latín *homo*. Se usa «se», pues, como un ocasional borramiento de la condición personal, de la intransferible individualidad, que adoptamos cada vez que reproducimos un comportamiento colectivo, incluidos los actos de lengua de este mismo jaez. De este uso se infiere una conducta irresponsable en primera y última instancia: ni estamos haciendo algo por decisión propia ni sabemos quién mandó hacer lo que a la postre ha llegado a ser uso mecánico. Y esto tiene un corolario cuya descripción en términos gramaticales pone en claro el calibre que toma el asunto:

> *«y lo grave cuando hacemos nosotros lo que se hace y decimos lo que se dice es que, entonces, el se, ese hombre inhumano, ese ente extraño, contradictorio, lo llevamos nosotros dentro y lo somos».*[477]

7.8.3. Parece así que del «nosotros» irradiara una fuerza ilocutiva-perlocutiva que nos engloba e intercepta el «yo» ejecutivo en el sentido radical orteguiano. En éste podemos ver un proceso de desindividuación pronominal. La primera fase de este proceso se da en «nos-otros». A esta fase, seguiría la desindividuación pronominal del «se». La forma pronominal «se» adquiere un correlato morfosemántico notable, pues sería el rastro procesual del «nos-otros» ontológico del lenguaje, previo desplazamiento del elemento «nos» por el elemento «otros». Por último, en el español hablado y escrito hoy en día se está difundiendo la forma impersonal «uno», que también desdibuja la rotundidad del «yo», aunque no tanto ni con el mismo grado de distanciamiento que «se». Respecto a este último dice Ortega: «Algo es "evidente" para uno —*uno*, como decía siempre el

[477] Ortega y Gasset O. C. VII: 206.

gran pintor Solana en lugar de yo»[478]. Es decir, el cambio de «yo» por «uno» implica algo evidente aunque sólo sea para uno mismo, pero con relevancia del predicado. En esto se adelanta a planteamientos posteriores de la lingüística. El indefinido «uno» presupone que «yo» latente es «otro» y que cualquier posible intérprete del enunciado coincide con la «evidencia» que manifiesta, pues su contenido viene del espacio «nos-otros».[479]

7.9. El modo subjuntivo

7.9.1. El modo subjuntivo, para Ortega, no es tanto un modo verbal, cuanto una manera de decir las cosas retirando la vinculación o compromiso «subjetivo» esperado de quien las dice con lo que dice. Es por excelencia el *modus ponendo tollens*[480] porque permite dar a entender una negación al tiempo que se está afirmando formalmente algo, de ahí que sea la manera de hablar idónea para quien quiere rehuir toda implicación, pese a que también comprenda el nivel supositivo o de consideración de hipótesis («en el caso de que no...»). Andrés Bello[481] distingue entre subjuntivo común y subjuntivo hipotético. Éste segundo uso es muy útil para depurarlo de la filosofía, pues, menciona Ortega que toda filosofía que sea en verdad innovadora tiene por fuerza que forjarse una expresión verbal propia frente a otra existente. Así procede la filosofía a diferencia del mito, que no nace necesariamente como réplica a otro mito existente, sino que

[478] Ortega y Gasset O. C. VIII: 202.

[479] Cf. D'Olhaberriague Ruiz de Aguirre 2009: 292.

[480] Modo que niega afirmando. *Ponendo* significa que afirma y *tollens*, borrando, regla metalógica –no lógica– que se formula como: si p →q; q; p., conclusión incorrecta desde el punto de vista lógico. Cf. Ferrater Mora.

[481] Bello 1978: cap. XXI, pág. 158 y 165, nota XI.

se acumula y agrega a modo de conjunto disjunto. Otro ámbito de gran rendimiento para este *modus ponendo tollens* es el mundo del arte y en especial la pintura. En los cuadros de Velázquez encuentra Ortega singulares ejemplos del *ponendo tollens.* Con este procedimiento consigue el artista esa peculiar forma de ironía plástica que es la profundidad y el volumen, es decir, el estar sin estar.[482]

7.9.2. Para Emilio Alarcos[483], el *modus* es la manera que tiene el hablante de presentar el *dictum* o contenido de lo que se comunica según su actitud psíquica, y en esto sigue la tradición fenomenológica del acto y su modo que remonta a Aristóteles, luego a los *modisti*[484] y finalmente al existencialismo. Se trata no sólo de algo psíquico sino también cognoscitivo. Trasladándonos al mundo de la pintura, resulta extensible esta definición del *ponendo tollens* para justificar la metáfora gramatical que emplea Ortega con el fin de caracterizar la pintura de Velázquez:

---

[482] Cf. D'Olhaberriague Ruiz de Aguirre 2009: 292-93.

[483] 1994: 149.

[484] Con esta expresión se conoce lo que con otro nombre se llama la *gramática especulativa.* Desde la antigüedad, particularmente desde Platón (Crátilo), los filósofos han prestado atención a «cuestiones gramaticales». Estas cuestiones se hallan ligadas a problemas relativos a la naturaleza y formas del lenguaje y a problemas concernientes a la lógica. Las relaciones entre formas lógicas y formas gramaticales han sido objeto de mucha investigación y debate. Las *Categorias* y el *De interpretatione,* de Aristóteles plantean a este respecto cuestiones fundamentales. En algunos casos es difícil ver una línea divisoria entre lo «gramatical» y lo «lógico», y en algunas ocasiones resulta difícil ver una línea divisoria entre cualquiera de ellos y lo «ontológico». A ello se deben las diversas interpretaciones que se han dado de las categorías aristotélicas, las cuales aparecen como modos de articular la realidad y también como modos de clasificar términos en el lenguaje. Autores platónicos, aristotélicos, escépticos, estoicos y neoplatónicos contribuyeron grandemente a la dilucidación de esas cuestiones «lógico-ontológico-gramaticales». Cf. Ferrater Mora.

«Así en Velázquez la pintura se recoge en sí misma y se hace exclusivamente pintura. Esta es la invención genial de nuestro pintor y gracias a ella puede hablarse sin vana pretensión de una "pintura española" como algo diferente de la italiana. El impresionismo de 1870 lleva este descubrimiento velazquino a su extremo haciendo explotar el objeto en meras partículas de color. No es, pues, tan adecuado como suele creerse llamar a la pintura de Velázquez "realismo o naturalismo". Lo que llamamos objetos reales y en el trato con los cuales consiste nuestra vida son producto de aquella doble experiencia visual y táctil. Dejar el objeto reducido a su pura visualidad es una manera como otra cualquiera de desrealizarlo. Esto es lo que hace Velázquez».[485]

7.9.3. El subjuntivo voluntario —junto con otras perífrasis y fórmulas de distanciamiento de que dispone la lengua en su menester de intercambio humano— es un modo pintiparado para cualquier tipo de comentario o crítica, cuya intención sea la de formular alguna suerte de reticencia o lítotes que haga de paliativo a la censura («...nunca habría pensado») y se atenga por añadidura a las reglas del buen gusto siguiendo las pautas del sibilino lenguaje diplomático («tal vez debamos convenir»).

7.10. La palabra

7.10.1. Ortega y Gasset acepta en sus escritos más tempranos las dos caras del signo lingüístico, que para él, son el contenido conceptual y el material físico. Con esta actitud Ortega desatiende la autonomía del signo considerándolo como una forma de conocimiento extralingüístico. Para definir las palabras Ortega utiliza la metáfora: «son ampolluelas que impregnan la atmósfera con la materia trascendente de

---

[485] O. C. VIII: 630.

las ideas»[486]. Como resultado, Ortega utiliza un doble modo de definir las palabras, uno en sentido recto y otro en sentido metafórico. Para Ortega emplear este doble método es una necesidad del pensamiento filosófico[487]. Como justificación dice: «Y es asimismo propio de una mente filosófica traspasar la materialidad de las palabras sin apenas reparar en ella e ir en busca de la huella de intelección marcada en el significado»[488]. A Ortega, con el desarrollo de la razón vital, le interesa sobre todo la reflexión trans e intralingüística del mayor y más hondo calado.

7.10.2. Para que una palabra rinda su pleno sentido ha de formar parte de una frase y ésta a su vez no es sino acción vital:

> *«un vocablo sólo rinde su pleno sentido como miembro de una frase, pero una frase no es sino una acción vital que el hombre ejecuta y no se la puede entender con rigor si no se la toma como miembro de la situación vital que la ha hecho brotar. La pregunta ¿qué es esto?, a fuer de pregunta, es un acto en que un sujeto postula algo que no tiene. Carece, pues, de sentido auténtico la pregunta si se abstrae de aquella situación previa en que el sujeto siente que no tiene algo».*[489]

7.10.3. Remitida la palabra al acto que la vio nacer se contagia de la inestabilidad esencial de la vida. El significado y el sentido de la palabra se revelan como cualquier otra instancia humana: son circunstanciales. La palabra sólo cobra su significado cuando es pronunciada como componente de una acción humana con un motivo y una finalidad por una voz dirigida a un destinatario a la escucha en un escenario concreto. Recordemos aquí lo dicho sobre los pronombres personales: el «yo»-«tú» constituían el eje intersubjetivo y

486 O. C. II: 578.

487 O. C. II: 388.

488 Cf. D'Olhaberriague Ruiz de Aguirre 2009: 295.

489 Ortega y Gasset 1992b: 141-42.

la acción ejecutiva del «yo» implicado en todo acto de habla. Por ello Ortega nos previene sobre los diccionarios: no pidamos al diccionario que por sí solo se baste para revelarnos el significado de una palabra. Al diccionario le falta «la ejecución», lo implicado del habla. Esta condición inestable de la palabra y la equivocidad fundamental que de ella se deriva en la lengua hablada y en los textos escritos se resuelve con el esclarecimiento que aportan las determinaciones adverbiales. La palabra «dicente», a diferencia de la voz inerte del diccionario, lo es siempre en referencia a un contorno —el contexto de los lingüistas— que la presiona y a su vez el contorno es presionado por ella en un juego de dinámicos intercambios. La palabra sólo puede considerarse que empieza a significar con eficacia y vivacidad a partir del momento en que actúa sobre y en su ya entorno:

> *«[la palabra] consiste [...] en una actuación sobre y en un contorno. Lo cual quiere decir que el contorno forma parte de la palabra esencialmente y que la palabra es actividad, puro dinamismo, presión de un contorno sobre ella y de ella sobre un contorno».*[490]

7.10.4. La palabra está a su vez asociada en el inventario de la lengua a todas las palabras que se refieren a una realidad vital. Pero antes aún los impulsos del fono en cuanto tal obran en «la lengua que estamos hablando». Los campos verbales que integran los vocablos quedan así ampliados y abiertos en la concepción lingüística de Ortega[491] y de esta manera

[490] Ortega y Gasset O.C. 2009 "Apuntes para un comentario al Banquete de Platón", IX: 740.

[491] El concepto de campo verbal de Ortega es, si se quiere, paralelo a los conceptos hoy estudiados de la semántica estructural, el campo léxico, y de la semántica cognitiva, el dominio. El campo verbal se define por su relación con la realidad vital, algo que es previo y anterior a toda lengua. El campo léxico, en la lexemática de Coseriu, se define como: «un paradigma léxico que resulta de la repartición de un contenido léxico

se modifica la correspondencia con los campos pragmáticos en los que se articula el acontecer de nuestra vida.[492]

7.10.5. La hermenéutica o ciencia de la interpretación tiene, para Ortega, el cometido de determinar en qué todo ha de remitirse la parte, cuestión en ocasiones mucho más compleja de lo que a primera vista pudiera parecer[493]. En tal distinción virtual de la palabra como parte tendente a su despliegue interno va prefigurada como «horizonte» fenomenológico la frase lingüística.[494]

7.10.6. De este modo, la frase se circunscribe también en un ámbito de interpretación hermenéutica, donde encuentran sentido tanto la semiogénesis como la pragmática de ella derivada. Otro foco de incomprensión que se debe, no al significado de la misma, sino al sentido. Dice Ortega:

> *«toda palabra, aun aparte de sus equívocos sabidos y normales, aun usada en una sola de sus significaciones, significa infinitas cosas, más o menos distintas según sea quien la dice y según sea quien la oye».*[495]

---

continuo entre diferentes unidades dadas en la lengua como palabras y que se oponen de manera inmediata unas a otras, por medio de rasgos distintivos mínimos» (Coseriu 1981: 146). En la lingüística cognitiva un dominio se define en términos de su contexto: «All linguistic units are context-dependent to some degree. A context for the characterization of a semantic unit is referred to as a domain. Domains are necessarily cognitive entities: mental experiences, representational spaces, concepts, or conceptual complexes. They are conveniently discussed with respect to three properties. The first is whether a domain can be reduced to more fundamental conceptual structures. The second pertains to dimensionality. The third involves a distinction between locational and configurational domains» (Langacker 1987: 147).

[492] Ortega y Gasset O. C. IX: 643.

[493] O. C. IX: 36.

[494] Cf. D'Olhaberriague Ruiz de Aguirre 2009: 294-96.

[495] O. C. VIII: 393.

Ortega con esta aseveración se asemeja a los lingüistas de cuño humboldtiano, quienes reconocen en el lenguaje la coloración e iluminación que le imprimen los individuos implicados. Al mencionar la posibilidad de infinitos significados no está haciendo más que verificar que el lenguaje es una actividad humana esencialmente creativa. Esta infinitud de significados se da por más que el lenguaje esté sujeto a diversas coerciones de índole social y a ciertas insuficiencias materiales. Estas insuficiencias le advienen al lenguaje por una parte de la radical soledad que es el hombre —lo cual limita *a limine* su trasferencia verbal — y su adscripción sólo parcial al pensamiento. Con esto, estamos refiriendo sutiles y a veces tácitos e inconfesables factores humanos que pueden, llegado el caso, facilitar o dificultar la comunicación. Estos factores guardan relación con la intención, la pasión, la reticencia y en suma toda la amalgama de emanaciones que configuran la intangible aunque no imperceptible atmósfera locutiva, en tanto que recubrimiento y decantación de lo humano esencial por excelencia. Porque el vocablo, tomado en solitario, tiene sólo un fragmento de su significación y cuando lo decimos se carga y funciona, completa su significación desde el entorno apegado al lenguaje. Éste proporciona una matriz maleable que en la situación se concreta y recibe el pertinente «moldeo», no por causas ciegas, sino en virtud de unos motivos y en vista de una finalidad.[496]

7.10.7. Las palabras son para Ortega piezas que constituyen la auténtica célula del «decir», aunque en exclusiva tengamos que asignar esta función a la frase, la forma central del lenguaje, el lugar al que van y del que parten las restantes formas. Cada palabra presupone un horizonte de implicaciones y posibles concreciones suyas.[497]

[496] Cf. D'Olhaberriague Ruiz de Aguirre 2009: 297.

[497] Cf. D'Olhaberriague Ruiz de Aguirre 2009: 298.

7.10.8. Entre las palabras Ortega contempla como tales las siglas y acrónimos, los nombres propios, los extranjerismos y los apelativos.

7.10.9. La palabra se puede observar en su perspectiva temporal y, conforme a las técnicas de la razón histórica, trazar su biografía en retroactividad –mediante la etimología, por ejemplo– hasta tocar el acto que da cuenta y razón de este peregrino intercambio o metasemia[498] en términos lingüísticos.[499]

7.10.10. La metasemia, para Ortega, es una de las fuerzas constitutivas más potentes del lenguaje. La palabra resulta de suyo inestable y sus perfiles son difusos o flotantes. Así mismo la metasemia representa el nervio de la etimología y la metáfora. Sin la consideración de ésta es difícil explicar la concepción orteguiana de la lengua, incluido el aspecto pragmático presente en su reflexión desde su primera madurez. Así se muestra en el ejemplo contundente que aduce, el del payaso al que el público no cree cuando grita ¡fuego!, para mostrar el peligro que puede acarrear «jugar con la circunstancia».[500]

7.10.11. Esto significa que el aspecto pragmático está incorporado de forma explícita a la palabra hablada. Para Ortega, el aspecto pragmático es una red más de las que condicionan el lenguaje, que se suma e integra al igual que las perspectivas (individual, afectiva, local, histórica) complicándose unas en otras. Para Ortega, toda palabra es po-

---

[498] Metasemia=neutralización de rasgos de contenido del elemento selector. Decimos, por ejemplo, «Madrid y París han llegado a un acuerdo». Madrid y París pierden su significado como nombres de ciudades y significan otra cosa, los gobiernos de España y Francia.

[499] Cf. D'Olhaberriague Ruiz de Aguirre 2009: 299.

[500] Cf. D'Olhaberriague Ruiz de Aguirre 2009: 299.

lisémica, ya que no atiende a la diferenciación homonímica como algo específico. Porque, como ya hemos visto, Ortega no admite la división saussureana entre lengua y habla, conceptos a los que en una nota[501] moteja con cierto desdén de «términos». La división entre significante y significado no tiene sentido desde una consideración del decir expresivo basado en la circunstancia del hablar. El lenguaje es ante todo habla. La expresión atañe tanto al significante como al significado. La visión sólo sincrónica es ahistórica y falsa. Toda forma verbal implica el fondo que la encuadra. Sin él es imposible comprender la función etimológica de las raíces. Sólo una Teoría del decir atiende al escorzo o campo creador del lenguaje. Hay que buscar, pues «el lenguaje *in statu nascendi*»[502] y sus «raíces genitrices». Esto supone ya una pragmática implícita en la palabra. El nombre no es más que un esquema de acción. Ortega se anticipa así a una lingüística de tipo cognoscitivo. La lengua en la posición orteguiana alcanzada en la nueva filología funge como palabra de la vida, y el habla es la plataforma móvil de conexión universal de lo humano en cuanto que tal. Y en este sentido puede hablarse de holismo. Pero la biografía de la palabra, promovida por la metasemia que proyecta el escorzo desde el fondo sensible, lo es nada más en sentido «análogo» porque es pertenencia de la vida colectiva que sólo puede ser considerada vida por analogía con la única vida auténtica, la personal.[503]

La palabra poética

7.10.12. Para Ortega, por otro lado, la palabra poética merece mención aparte. Se trata de un nombre de excepcional fugacidad. En él se dan quintaesenciados ciertos rasgos del

---

[501] NTE 115: 93.

[502] Cf. Ortega y Gasset 2001: 244. Esta cita la he expuesto en § 1.3.

[503] Cf. Ortega y Gasset O. C: IX: 338, nota 1,

lenguaje tal y como lo concebimos en su mismidad surgente, aún incontaminado por el uso. El nombre poético nace en soledad y sin testigos. Ortega se entretiene en analizar las condiciones necesarias y obstáculos para su alumbramiento: ideas, interpretaciones, tópicos, palabras que se interponen entre el Hombre y la cosa o «importancia». El nombre poético ha de ser pro-nunciado y a-nunciado en tono quedo, con el mero gesto que precede a la articulación, en endofasia[504], pues en esto también el nombre poético se hace patente, que es lo contrario del hablar «desalmado» de la gente. La palabra poética emerge con una potencia nueva, dispuesta a corregir, en cierto modo, o al menos paliar provisionalmente la insuficiencia constitutiva del lenguaje, convirtiéndose así, como si dijéramos, en la virtud de un defecto, en la voz genuina de la visión fenomenológica[505]. Dice Ortega:

> *«La poesía, en rigor, no es lenguaje. Usa de este, como mero material, para trascenderlo y se propone expresar lo que el lenguaje sensu stricto no puede decir. Empieza la poesía donde la eficacia del habla termina. Surge, pues, como una nueva potencia de la palabra irreductible a lo que esta propiamente es».*[506]

7.10.13. Ortega alude aquí a una «insuficiencia» de la lengua instrumental, ya codificada, en cuanto no llega a desplegar todo el caudal latente que el lenguaje aún atesora, pues la «eficacia» del habla sería tan sólo una función suya más bien circunstancial. Al contacto con ese fondo poético, la palabra no sólo se renueva, sino que adquiere nuevo potencial y su producto ya resulta «irreductible» a aquella eficacia. Se instaura, por tanto, en otro nivel virtual de potencialidad imprevisible. Por otro lado, Ortega tiene en cuenta la gama

---

[504] En oposición a la exofasia, refiere el lenguaje no exteriorizado, esto es, formulado tan sólo mentalmente. Cf. *Diccionario de lingüística.*

[505] Cf. D'Olhaberriague Ruiz de Aguirre 2009: 300-01.

[506] O. C. VIII: 491, nota 1

de sensibles irradiaciones que de la forma corporal de la palabra pueden desprenderse actuando en la fluencia locuaz como potentes, sutiles o bruscos reforzadores del sentido verbal y de los campos magnéticos que envuelven a los hablantes. Se da este particular cuando del carácter semiótico y el semántico de la voz se aparean en una especial complicidad o cuando la forma se percibe por el hablante como especialmente idónea —es decir no arbitraria o irrelevante— para la función que desempeña. Sirva de ilustración la sonoridad y prosodia del deíctico *aquí*:

> *«A donde yo estoy lo llamamos aquí —y el fonema mismo castellano, por su acento agudo y su fulminante caer, en sólo dos sílabas, de a tan abierto al í tan puntiagudo, y por su acento tan vertical, expresa maravillosamente ese mazazo del destino que me clava como un clavo ...aquí».*[507]

La palabra amor

7.10.14. Sobre la palabra «amor» hizo Ortega una hermosa observación de su figura y ciertas cualidades físicas: «He aquí un vocablo donde se refractan por lo menos tres significaciones distintas. Rompamos la prismática voz»[508]. Comprende esta triplicidad de partida fenómenos espirituales tales come el amor a Dios, el amor al arte o a la ciencia, en contraposición a los cuales coloca la atracción sexual. Entre el amor sublime y el corporal sitúa aquello a lo que aludimos cuando en la vida consuetudinaria hablamos de amar a una mujer, menester bien humano y distinto de los dos anteriores que deforman el amor bien adornándolo con un ropaje metafísico bien descomponiéndolo por un prurito fisiológico. Si queremos, pues, ampliar el orbe es preciso que no cometamos errores de perspectiva ni pretendamos favorecer un plano o dimensión a costa de los restantes.

---

[507] O. C. VII: 125.

[508] O. C. II: 140.

La metasemia

7.10.15. Por último, el concepto de metasemia recoge la distinción semántica entre ontología implicada en ciertos términos y atributos suyos, como el de «ser», «yo», «se», «me» («mi»), etc., y su significado lingüístico, incluyendo en éste la potencia virtual de la palabra y el horizonte que la subtiende hacia la frase.[509]

7.11. Los modismos

7.11.1. Ortega resalta el hecho de que el hombre vulgar, por medio de los modismos, manifiesta su participación en la tarea de su efectivo vivir. Dice al respecto:

> *«Pero si la filosofía no lo ha advertido, el hombre vulgar, tanto el de arriba, como el de abajo, ha tropezado con ello, una y otra vez, en la práctica de su efectivo vivir y ha hecho, sin propósito teorizador, por mera urgencia vital, muchas observaciones sobre su vida que quedaron precipitadas y como cristalizadas en vocablos, giros y modismos de la lengua vulgar, que en su uso cotidiano han perdido su vigor expresivo, sus aristas significantes redondeándose como los cantos rodados por el arroyo, o como en las monedas al pasar de mano en mano gastan y se borran los primores de su cuño, pero que esperan ahí a que una reflexión, refrescada en la intuición plena de la vida, las toque en un punto para que se reanimen y nos devuelvan su profundo sentido».*[510]

7.11.1.1. Para Ortega, no son los refranes, ni tampoco las frases proverbiales el tipo de construcción idiomática que debiera reseñarse con preferencia en una gramática de la razón vital. El que inventó un refrán aspiraba a formular una «verdad» con validez universal, y dicha intención se renueva en cada uso. La frase proverbial adquirió el carácter de

[509] D'Olhaberriague Ruiz de Aguirre 2009: 302-03.

[510] O. C. XII: 298.

tal a fuerza de repetirse, y es por lo común menos artificiosa que aquél, aunque ambos enuncian juicios que trasmiten una cierta amargura admonitoria que rezuma por lo general pesimismo, en especial en la tradición occidental. Aunque Ortega no venera lo popular por el hecho de serlo, nunca sin embargo lo desatiende. Discrimina aquellas expresiones idiomáticas en las que ha quedado una huella de anónima sabiduría metafísica, tapada por el uso irreflexivo que suele acompañar a lo consabido, y las recupera para su lenguaje filosófico. Veamos el siguiente ejemplo.

7.11.1.2. En un texto póstumo, quizá de los años cuarenta, que tiene trazas de ser el borrador de una introducción al libro que preparaba sobre Velázquez, figura el título de «La cultura de las habas contadas». Con esta locución alude al cambio de actitud vital del hombre tras haber quedado exhausto un tema que antaño suscitó grandemente su curiosidad. En este caso, se refiere al último cuarto de siglo XIX. Nuestro planeta ya no es algo extraordinario para el europeo: «La Tierra no es más que eso... La Tierra es habas contadas»[511], concluye Ortega engarzando la popular locución con gran libertad, como si se tratara de una inferencia lógica.[512]

7.11.1.3. Otro ejemplo: «caer en un mar de dudas». Este modismo une a su fuerza tropológica el hecho de que ha de entenderse para que cobre su recto sentido aparejada y contratada con la alocución «estar en la creencia»:[513]

«Con las creencias propiamente no hacemos nada, sino que simplemente estamos en ellas. Precisamente lo que no nos pasa jamás —si hablamos cuidadosamente— con nuestras

[511] O. C. IX: 549.

[512] Cf. D'Olhaberriague Ruiz de Aguirre 2009: 303-06.

[513] Cf. D'Olhaberriague Ruiz de Aguirre 2009: 306.

ocurrencias. El lenguaje vulgar ha inventado certeramente la expresión "estar en la creencia"».[514]

7.11.1.4. Otro ejemplo de modismo interpretado por Ortega que pone de relieve el papel de la lengua popular y tradicional en la razón vital es la expresión «genio y figura hasta la sepultura»[515]. En la figura ve Ortega un signo del carácter de la persona y una cifra de su actividad expresiva porque el carácter ha modulado a la persona a su manera. El pueblo, al unirlos de forma tan rotunda hasta la muerte, revela un proceder no analítico parecido al que aplicaba Goethe al estudiar la Naturaleza, aproximándose a los fenómenos en su espontaneidad concreta para intentar desentrañar su enigma.[516]

7.11.1.5. La expresión popular «ir hecho un Adán»[517] declara una honda certeza. Se dice de aquel que va desaliñado o cuya indumentaria astrosa se asemeja a la que es propia del pordiosero o individuo menesteroso a primera vista porque los andrajos delatan su condición de tal. Es el harapo, a decir de Ortega, el único indumento popular de que puede decirse con propiedad que sea en verdad eterno; por eso se asemejan tanto todas las representaciones artísticas del mendigo. Y es que quizá haya de verse en este oficio la más radical de las modalidades de ser hombre, la que por ser categórica no se deja asociar a tiempo ni lugar alguno, porque va adherida a la misma condición humana, a su profunda menesterosidad.

7.11.1.6. Ortega recoge una expresión popular que decanta toda una larga tradición de racionalismos que en tiránica actitud despliegan sus propuestas a guisa de incontrover-

---

[514] O. C. V: 384.

[515] O. C. II: 591.

[516] Cf. D'Olhaberriague Ruiz de Aguirre 2009: 306-07.

[517] O. C. II: 699.

tibles axiomas. Es la expresión popular «los dictados de la razón»[518]. De forma semejante la expresión «experiencia de la vida»[519] es un nombre certero inventado no por un filósofo sino por el hombre cualquiera. Por otro lado nos recuerda que «dárselas de *algo* es el índice más cierto de no serlo».[520]

7.11.2. En estos dichos está implícito el aporte fenomenológico del habla. El habla «habla» de un modo especial y allí donde la gramática sólo advierte formas desubstanciadas, «vacías», la nueva lingüística del decir busca otros modos del *decir* latente, por ejemplo, el «de» de las dos últimas expresiones. El primero tematiza la vida objetivándola desde sí misma, pues la «experiencia» no puede salir de ella. Y el segundo, «dar-se-las-de», la determinación tematiza lo indefinido estableciendo una categoría que, por serlo, presenta el marco, la cápsula, lo nominal de lo indefinido. Las palabras desbordan siempre sus emplazamientos en virtud de la metasemia que las posibilita.[521]

7.11.3. Pero en el discurso orteguiano brota además el modismo perfectamente enfilado en la sintaxis con la misma fluidez que el lenguaje de estirpe culta o los términos filosóficos, y sabemos que se preciaba de ello y lo cultivaba en los textos de todo tipo. Por ejemplo: «véase cómo lo que pedimos los escritores ariscos no son peras al olmo, sino un poco de reflexión a los hombres».[522]

---

518 O. C. III: 240.

519 O C. IX: 573.

520 O. C. IX: 525.

521 Cf. D'Olhaberriague Ruiz de Aguirre 2009: 307.

522 O. C: X: 618.

7.12. El tiempo

7.12.1. El tiempo vivenciado

La morfología del tiempo narrado es de importancia decisiva en la teoría de Ortega, pues aún no había dado nombre a su razón vital cuando estaba conformando de maneras diversas las intuiciones pioneras de las posteriores formulaciones trabajosamente depuradas de utopismo e idealismo. Ortega parte de reflexiones concernientes al lenguaje y de expresiones concretas de la lengua española, como los modismos del parágrafo anterior y determinados usos temporales. La morfología del tiempo narrado induce en él reflexiones procedentes de su implicación como significado. Introduce en esto una consideración analítica de substancia filosófica de la semántica formal del tiempo enunciado y enunciante, pues el tiempo va incurso ya en el modo de enunciarlo e implicarlo. En fecha tan temprana como 1906, cuando sólo tenía 23 años, Ortega dice del tiempo vivenciado:

> *«Dejando ir la mirada sobre esa línea oscura que rompe el cielo, advierto que hay en mi alma un grumo metahistórico que llega de una hondonada del pasado y se apresta a hundirse en un porvenir sin límites».*[523]

7.12.2. Inseparabilidad de presente, pasado y futuro

La inseparabilidad del presente, con su pasado a cuestas, y el futuro serán una constante que de diversas maneras y con alcances varios según los contextos permanecerá a lo largo de toda la obra orteguiana. Por ello hay en su reflexión un trasfondo también metaformal de implicaciones temporales. Frente a las concepciones filosóficas, que no políticas, de reaccionarismo o arcaísmo y progresismo o futurismo, que amenguan la triple dimensión de la vida al quedarse sólo

[523] Apud D'Olhaberriague Ruiz de Aguirre 2009: 309.

en un pasado paralizante o en un futuro ciego y de nefastas consecuencias para el presente, dos patologías en suma que esclavizan la vida, la propuesta de Ortega se plasma en una franquía cordial esperanzada hacia el mañana, impregnada de fértiles reminiscencias del pasado:

> *«Es, preciso, pues, que aumentemos el presente con el pasado, yendo a buscarle precisamente como algo que ha pasado ya, dulce fantasma inofensivo, cuyos brazos irreales no pueden pretender intervenir en la actualidad».*[524]

Según observa D'Olhaberriague, la expresión «Es preciso...» crea presente por el solo hecho de que la locución sería imposible sin ese fondo diacrónico constante. En la forma «aumentemos» acrece el presente como futuro viviendo de allende: «yendo a buscarle». Y concluye en el modo de pensar de Ortega: «el habla es movimiento».[525]

7.12.3. La futurición, proyección del pensamiento hacia un mañana

Algunos años después, en plena forja de la lengua adecuada a la filosofía de la razón vital y en consonancia con este importante asunto de la delimitación temporal, se nos desvela la paradoja de que al decir de la vida, con esa «palabra de contornos infinitos»[526], que es futurición, significamos que se efectúa en prognatismo. Al ejecutarse de esta manera desvela el presente y el pasado, pues no hay hiato entre ellos: «el presente es escorzo del pasado»[527], y quiérase o no al contemplar el presente no podemos por menos de columbrar lo pretérito a su trasluz. La precisión y recta com-

---

[524] O. C. II: 516.

[525] Cf. D'Olhaberriague Ruiz de Aguirre 2007: 310.

[526] O. C. I: 480.

[527] O. C. V: 140.

prensión del concepto de futuro reclama que no lo veamos, como suele hacerse, como una proyección del pensamiento hacia un mañana, pues no estamos aquí hablando de ideas señeras o desgajadas, sino de algo que precede a cualquier ideación y que ejerce una presión dinámico-óntica, no sobre el presente desde el exterior, ya que lo posibilita y lo constituye.[528]

7.12.4. El hecho locutivo, conciencia de tiempo en tránsito

El hecho locutivo, su presente, implica futuro, es decir, conciencia de tiempo aún en tránsito. Esta implicación de tiempo articulable está en la base del lenguaje. Pensamos desde ella, —sería imposible hacerlo sin la articulación marcada de las formas verbales, distintas en cada lengua. Por eso hay un «pensamiento lingüístico». No se puede separar «mi» presente de «mi» futuro porque en mi vida el futuro forma parte actual del presente, pero sin que se confundan. Es la anticipación del rasgo distintivo por excelencia de «mi» vida. Tal anticipación pertenece en fenomenología al horizonte de expectativas, que la hizo suya el criticismo literario. Procede precisamente de la actitud natural del lenguaje. Por su parte, para liberar el término futurismo de las adherencias indeseadas que la presencia del sufijo —ismo pudiera evocar, en su lugar Ortega utiliza en estos años el vocablo «futurición». Podemos decir, por tanto, que la actitud natural del habla proyecta futuro aunque use formas morfológicas de presente o pasado. Lo «metahistórico» es entonces el tiempo implicado. Y este lema proclamado por Ortega «la vida es futurición»[529] acredita en coherencia con

[528] Cf. D'Olhaberriague Ruiz de Aguirre 2009: 310.

[529] «si nuestra vida consiste en decidir lo que vamos a hacer, quiere decirse que en la raíz misma de nuestra vida hay un atributo temporal:

el rechazo del temple agónico y «mortuorio» del existencialismo y sus precursores, el sustrato de optimismo responsable de su lengua y su pensamiento. Ortega introduce un principio de «optimación» en la base del lenguaje. La forma busca su mejor modo de expresión conceptiva. Salvador Fernández Ramírez considera los valores modales del futuro y la posibilidad de que prevalezcan a costa de la futuridad misma[530]. Así ocurre en el que denomina «futuro de conjetura» («no pensarás que miento») que denota matices de incertidumbre, inseguridad o posibilidad, desprovistos casi siempre de la idea de prospección. Los tipos de futuro que establece Ramírez no son categóricos, ni mucho menos excluyentes, sino que vienen requeridos por la situación y por el ámbito, más íntimo aún, del entorno. El valor básico es el del futuro «prospectivo» que engloba a los demás, salvo al de «conjetura». Considera asimismo el «voluntativo» muy próximo en bastantes ocurrencias a lo que los servidores de la pragmática llaman actos ilocutivos y perlocutivos («este ensayo de democracia fracasará si no se le completa», ejemplo que Ramírez toma de Ortega[531]). Con él expresa el hablante una gama de líneas intencionales tales como la admonición, el deseo, la expectativa, la estipulación, la avenencia, la inhibición y otras varias, sólo susceptibles de ser precisadas por el contexto. Por último y combinado a veces con el «voluntativo» («tu verás»), está el «futuro de necesidad o apodíctico», en el que late el origen romance de la pe-

---

decidir lo que vamos a ser, por tanto el futuro. [...] nuestra vida es ante todo toparse con el futuro. He aquí otra paradoja. No es el presente o el pasado lo primero que vivimos, no. La vida es una actividad que se ejecuta hacia delante, y el presente o el pasado se descubre después, en relación con ese futuro. La vida es futurición, es lo que aún no es» (Ortega y Gasset 1994: 191).

530 Fernández Ramírez 1986, vol. 4: 284-311.

531 O. C. II: 240.

rífrasis de infinitivo más verbo de obligación y su posterior fusión en las formas sintéticas neolatinas mayoritarias. Para Fernández Ramírez, el futuro «apodíctico» abarca desde los «usos claros» («si actúas así serás su siervo») hasta los más difuminados por sentimientos subyacentes del hablante de cariz diverso («hoy no me dirás nada, espero»), cuya variante más saturada es el «futuro hiperbólico» («qué diremos de un yo siempre medroso de que otro le suplante», ejemplo también de Ortega[532]). Lo que más nos interesa subrayar es que este futuro presenta el hecho como si se desprendiera de las condiciones previas y condicionantes de la palabra o de las circunstancias que la fundamentan. Las variaciones modales de futuro vienen a ser una concretización de la circunstancia y el entorno dialogal del lenguaje, tanto en el sentido de referente, lo dado por el estado de las cosas, como en el de modalización mental, es decir, en los planteamientos que configuran el entorno del enunciado. Por otra parte, el gran lector de Ortega y Cervantes que fue el extraordinario escritor Leornado Sciascia señaló con desasosiego más de una vez la peculiaridad de que en la lengua de su país hubiera desaparecido el uso del futuro. Consideraba Sciascia que el hecho de que en dialecto siciliano los verbos o las acciones jamás estén en futuro habla por sí sólo y revela el pesimismo existencial de sus paisanos.[533]

7.12.5. El pasado que actúa en el presente

Al igual que el futuro, el pasado actúa en el presente, con el cual no ha roto en ningún momento su continuidad, asemejándose a la temporalidad ininterrupta del perfecto del griego clásico. Lamenta Ortega que el español no disponga de un

[532] O. C. II: 187.

[533] Bartolotta 2005: 119-20 apud D'Olhaberriague Ruiz de Aguirre 2009: 311-12.

doblete léxico para «realidad», a diferencia de lo que ocurre en la lengua alemana, que con las parejas de voz latina y vernacular puede diferenciar la mayor abstracción, expresada generalmente con el latinismo *Realität* / *Wirklechkeit.* Para subsanar esta carencia, sugiere traducir la segunda variante del doblete alemán, mucho más concreta, por «efectividad» o «actualidad» ya que la tradicional «realidad» está llena de connotaciones inadecuadas[534]. En el presente del tiempo vital son pues efectivos, o están actuantes, futuro y pasado. Y es que lo que diferencia a la vida humana de cualquier otro tipo de vida es que sólo el hombre es capaz de adelantarse a su despliegue previendo unos planes que le permiten hacer de su existencia la realización. El anhelo de cumplimiento de sus previsiones o bien le llevan a su ejecución o bien le llevan fatalmente a experimentar una decepción. Entre los lingüistas profesionales fue el venezolano Andrés Bello un renovador en lo que se refiere a la clasificación y estudio del tiempo verbal desde esta consideración del lenguaje no alejada de la razón vital. Su base humboldtiana le lleva a rechazar la gramática latina en tanto que modelo universal para el estudio de las demás lenguas. Bello ve la dificultad de ajustar las nociones de tiempo a los paradigmas verbales e implanta una denominación nueva junto a una reordenación de los modos, con el propósito de recoger la relación temporal entre el *dictum* (atributo en su lenguaje) y el acto de proferirlo.[535]

7.12.6. Las correlaciones temporales y el momento del habla

Andrés Bello se propuso reflejar la correlación de las nociones temporales con el momento del acto de habla. La in-

---

[534] Cf. O. C. VII: 344.

[535] Cf. D'Olhaberriague Ruiz de Aguirre 2009: 312-13.

fluencia de Bello no se ha limitado a los lingüistas de estirpe más o menos humboldtiana. Emilio Alarcos, introductor en España de la glosemática de la escuela de Copenhague, que sólo recoge de la fenomenología husserliana el aspecto formal de los actos de lengua, adopta en la *Gramática* de 1994 la nomenclatura de los tiempos verbales ideada por el erudito venezolano. Como resumen a lo dicho, cabe la siguiente justificación de Ortega basada en el ser del hombre:

> *«El hombre no es sino "lo que le pasa", y ese pasado que le ha pasado a uno: a nosotros, al hombre, no es algo que se fue, sino al contrario, porque nos pasó queda operante dentro de nosotros, como queda de la herida la cicatriz o como en el dulzor de la uva de otoño queda prisionero el sol de estío».*[536]

7.13. El gesto, la articulación, el fonema y el componente elocutivo involuntario

7.13.1. Ortega critica el error que cometió la lingüística naciente a principios del siglo XX al plantear el estudio de la fonética partiendo, no del fonos, sino de los puntos de localización y los engarces articulatorios en los órganos de fonación. De ahí los nombres de labiales, dentales, fricativas, etc., con que se designan hoy los fonemas. Se trataba de un punto de vista secundario e ignorante de la primacía de la alteridad a la hora de buscar los fundamentos constituyentes de la lengua ya hecha, pues la palabra no deviene palabra ya en la boca del hablante, sino en el oído del escuchante. La fonética acústica es aquí decisiva, pues sin percepción auditiva no hay ser o ente propiamente sonoro. En los años treinta del pasado siglo XX se desarrolló en Praga la llamada fonología, uno de cuyos aportes fundamentales estribó en la definición de las oposiciones fónicas distintivas y no distin-

[536] O. C. VII: 342.

tivas, resolviéndose así la distribución de los sonidos en las clases lingüísticamente significativas que integran los fonemas. Ortega y Gasset al enterarse de esta iniciativa dijo que fue un acierto, pues se fundaba en el carácter funcional de las unidades de voz[537]. En comparación con el enfoque fonético, Ortega estima que en verdad con el punto de vista fonológico se tocó un estrato más primario. Aún así se pregunta Ortega «si no queda aún tras él otro carácter más radical», si hay alguna fuerza o impulso motriz generador de la selección particular de sonidos pertinentes o fonemas, que se halla en cada lengua. Este cuestionamiento remite de nuevo a la pronunciación pero no a su mecánica reproducción de sonidos ya dados y familiares, tal y como era considerada por la fonética al estudiar los movimientos de adaptación del hablante a modelos esquemáticos ya prefijados con vistas a la locución. Nos remite a la pronunciación como principio explicativo y esclarecedor de la radicalidad buscada. Esta distinción es crucial en la antropología orteguiana. Es la mirada en profundidad que arroja cada vez que las reflexio-

537 En *La idea de principio en Leibniz* Ortega hace una descripción de la separación de las ciencias de la filosofía. Dice Ortega que en el siglo XVI hablar de filosofía era sinónimo de hablar de la ciencia exacta que constituía la ciencia matemática. En ese siglo distintos matemáticos hicieron desarrollos de la ciencia matemática. Vieta (1540-1603), por su parte, propuso estudiar, en vez de las cantidades, con números, estudiar las relaciones que comportaban. Así, si 4+5=9, podría muy bien estudiarse por la relación implícita que lleva consigo y decir 4+a=9; a+b=9; o a+b=c. Es decir, Vieta propuso la reforma de las matemáticas con el álgebra. Esta aportación, junto con otras, como la de las coordenadas de Descartes, hizo que las matemáticas se erigieran como ciencia autónoma de la filosofía, dejando a la filosofía para estudiar el fundamento último de lo que es, es decir, introduciendo en la filosofía la teoría del conocimiento (cf. 1992a: 46-53). El proceso operado con los sonidos del lenguaje es muy similar. La propuesta de Ortega de estudiar los fundamentos de la elocución, se corresponde con aquello a lo que ya no puede llegar la ciencia empírica.

nes críticas sobre el lenguaje traspasan los dominios de la lengua ya hecha para inquirir por la misma fuerza matriz y motriz, esto es, por el momento inicial fundador y fundante. Pues bien, tras la patente diversidad fónica de las lenguas, Ortega postula una correspondiente gama de propensiones expresivas, es decir, no finalistas, un conjunto de gestos de cariz múltiple que tendrían lugar en el seno de los órganos de fonación y que estudiados con exactitud y minuciosidad revelarían secretos y particularidades de los pueblos. Así pues, la propuesta innovadora de Ortega sugeriría empezar los estudios fonológicos con un capítulo en el que arriesgar una introducción a los fundamentos expresivos del sistema en cuestión, impregnado por las marcas distintivas que la gestualidad del hablante tipo le ha infundido. Una fonoestilística del locutor representativo del grupo, que no buscara una mera caracterización de sus peculiaridades individuales fónicas y prosódicas en tanto que distintivas en relación con los otros hablantes, sino como propias del idioma en cuestión. Una explanación tal permitiría atisbar, por ejemplo, cuáles son los motivos para que haya en ruso una tal riqueza de sonidos palatales o qué explica un sistema vocálico tan reducido en español frente a las demás lenguas romances o en griego moderno, y discernir si el sustrato gestual fónico incide o contrarresta las tendencias nativas. Trubetzkoy ya toca de pasada en la introducción a sus *Principios de fonología* la función expresiva del lenguaje dando como válido el esquema propuesto por Karl Bühler también para el aspecto fónico. No obstante, tras levantar acta, sin hacer mención desde luego de los gestos sino de sus consecuencias, expone los motivos por los cuales la fonología expresiva debe interesarse únicamente por las particularidades que caracterizan a un locutor de forma convencional.[538]

[538] Cf. D'Olhaberriague Ruiz de Aguirre 2009: 314-16.

7.13.2. Así, pues, la propuesta de Ortega comenzaría por explorar el componente involuntario e indeliberado que subyace e infunde los gestos requeridos por los sonidos de un idioma, una propuesta que en un nivel funcional se coloca en un nivel anterior al que planteara Trubetzkoy. Esta propuesta completaría la aportación de Ortega a los estudios lingüísticos en consonancia con su modo de pensar de la razón vital. Supondría abrir perspectivas nuevas en el problema de las relaciones lenguaje-pensamiento, pues sin desechar la posibilidad de que el lenguaje, una vez constituido, influya en cierto modo en el pensamiento habría que tener en cuenta en primer lugar y de acuerdo con la tesis aludida la peculiaridad de cada sistema lingüístico. Y esto es la base de los denominados actos de habla. La expresión implica tendencia ilocutiva con resultado real bien posible, imaginado o efectivo. Habríamos de tener en cuenta también cada subsistema, pues al llamar la atención acerca de las peculiaridades gestuales en tanto que condicionantes de los sonidos de un lengua, Ortega apunta a una indagación que podría darse no sólo entre dos o varias lenguas; sería aplicable, por ejemplo, para esclarecer las notabilísimas discrepancias fónicas y suprasegmentales de la lengua popular mejicana y la de nuestro Toledo con la probabilidad para perfilar con este recurso ciertos caracteres histórico-culturales de los respectivos hablantes.[539]

7.14. La función impresiva de doble faz

Tanto en la teoría crítica del lenguaje formulada por Ortega en relación a las obras de Karl Bühler, Roman Jakobson y N. S. Trubetzkoy, por un lado, y en el estudio de los estilos lingüísticos de determinados autores, tales como Baroja y

[539] Cf. D'Olhaberriague Ruiz de Aguirre 2009: 316.

Goethe, Ortega persigue siempre la expresividad, a la que casi convierte en un apéndice que viniera a sintetizar los caracteres del mismísimo autor. A su vez, muchos de los escritos de Ortega están orientados a la repercusión en el oyente o lector ya sea por razones didácticas, ya por el mero deleite de hablar como faena compartida, libre y lujosa, o hablar para hablar al otro y hacerle partícipe. En los textos orteguianos prima la función impresiva que desentraña los pormenores intencionales y estilísticos. Desde la perspectiva de la razón vital, considerada la lengua como actividad viviente de intercomunicación humana que se extiende

1. en el ejercicio individual practicado como entrenamiento consciente o espontáneo para el posterior trato locuaz con los otros,
2. en las relaciones interindividuales,
3. en el trato social aún no desalmado,

encontramos en la lengua del modo de pensar raciovital una función primordial que tiene doble faz expresivo-significativa y que aúna en tensión polar los componentes de la palabra, la oración y el discurso articulado. Todas las restantes funciones se darían en torno a esta función primordial, en virtud de determinaciones contextuales múltiples, entre las que habría que incluir las emanadas de intenciones contingentes o concomitantes del hablante. Aunque en el fondo de la lengua de la nueva lingüística está siempre la potencialidad poética de la palabra como posibilidad, no debe entenderse a la manera de Jakobson, una función adicional a las establecidas por Bühler. Esta función primordial, que prima en los actos de habla más habituales, es necesariamente también en mayor o menor grado impresiva, ya que el «otro» infunde presencia en el proceso verbalizador. En la lengua también se dan exclamaciones y otros segmentos autónomos o intercalados que son sólo expresivos, pero de por sí son los menos estrictamente lingüísticos —muchos de ellos pueden ser vicariamente sustituidos sin gran detrimento por otros signos externos— cuya presencia es minoritaria. Son las exclamaciones de mayor o menor entidad, desde la interjección onomatopéyica del tipo *¡uf!*, *¡zas!*, a la exclamación *¡ay!*, *¡vaya!*, o la oración compleja, *¡qué alegría más grande me has dado!* El empleo autónomo de la interjección refleja en parte un origen diferenciado del que tuvo el lenguaje nominador. También encontramos el enunciado impresivo con carácter incontaminado, pero no podemos hablar en dichos casos de la lengua compañera de la vida y fluyendo a su compás, sino de desequilibrio del torrente locuaz que introducen un calderón en el «va-i-ven» parlante, entrometen bruscamente el mundo en el que se habla, o desatienden la primacía efectiva del otro. Esto es lo que se desprende del pensamiento de Ortega desde la época de exposición de la razón vital, los años veinte, que corresponden con el comienzo de su plena madurez biográfica.[540]

7.15. Marco en el que se desenvuelve la lengua propuesta

7.15.1. Lengua hablada

Una vez reconocido el estatuto particular de estas funciones, veamos las condiciones que pueden considerarse normales en el desenvolvimiento de la lengua raciovital. Ésta es fundamentalmente la lengua hablada, que se desarrolla dentro de una comunidad lingüística en un momento histórico determinado.

[540] Cf. D'Olhaberriague Ruiz de Aguirre 2009: 317-19.

7.15.2. La conciencia viviente

El hombre es una unidad viva que mediante el aprendizaje filosófico adquiere la conciencia de su propia autonomía, de vivir por cuenta propia frente a la revelación, dice Ortega parafraseando a Wilhelm Dilthey. La conciencia viviente nos impulsa a buscar una unidad que integre nuestro conocimiento, la estimativa sentimental y la voluntad finalista. Porque no hay reflexión aislada ni volición autónoma ni sentimiento señero. Antes bien en la vida espiritual el todo precede a las partes[541] y en la vida (realidad radical), desarrollada en paralelo y en parte impulsada por la obra de Dilthey repensada por Ortega, las ideas tampoco admiten la ablación de su fundamento sentimental y su motivo, patente o recóndito, de carácter volitivo.

7.15.3. Una sola función unitaria: la función expresivo-significativa

Y siendo así, la lengua de la razón vital no aconsejará tampoco, a diferencia de lo que hacen los manuales de lingüística, cuya exposición se hace en abstracto y de forma ideal, que su esbozo de gramática proponga unas funciones del lenguaje descritas por separado. Porque la lengua raciovital será una lengua que tenga, de forma medular, un fondo poético y en el uso una función expresivo-significativa, en consonancia con las dos dimensiones que vimos en la palabra y en la sucesión encadenada y coherente de enunciados.

7.15.4. El diálogos

Correlato de la función expresiva es la función impresiva, porque el «logos» se efectúa en el «diálogos». De forma subsidiaria y, a tenor de las variantes que aporte y vaya ge-

---

[541] O. C. VI: 211.

nerando cada situación, aparecerán además otras funciones, pero siempre se tratará de un repertorio abierto si se atiende al fenómeno lenguaje.

7.15.5. Integridad del lenguaje

Tal y como postula Ortega, el lenguaje se ha de considerar en su íntegra realidad, es decir, sin que la vertiente patente («ideoma») nos haga desdeñar la latente («draoma»).[542]

El concepto de «draoma» representa el eje intersubjetivo del lenguaje, sus categorías, la metasemia y la metahistoria de las formas temporales. Indica la tensión funcional que el lenguaje tiene por ser la forma viva y concipiente de la idea en cuanto dinamicidad expresivo-significativa del conocimiento.

7.15.6. El lenguaje y el quehacer filosófico

Tal es el «pensamiento lingüístico» de Ortega. Tiene el quehacer filosófico, cuando se ejerce en vivo y en directo, que servirse de conocidos o innovadores recursos fáticos y que procurar que la expresión contagie impresión. Tiene que valerse de procedimientos metalingüísticos, pues toda filosofía reformadora resulta en alguna medida novedad e invención semántica que ha de recapacitar y reflexionar sobre lo que dice, por más que muestre poca afición a introducir términos y se oriente en gran medida a repristinar voces y locuciones usaderas. El protagonista en solitario de la aventura filosófica tendrá, en suma, que poetizar al descubrir y nombrar las cosas en simultánea faena acontecida en el encuentro absoluto del hombre con el mundo donde emerge la ἀλήθεια, que iguala el quehacer del filósofo con el del poeta, según vieron Heidegger, Ortega, Paul Valery, y A. Machado. No obstante, se darán estas funciones metalingüística y poética de forma precisa y concomitante, pese a que en ellas

[542] Cf. D'Olhaberriague Ruiz de Aguirre 2009: 319-20.

se cumpla el genuino acto filosófico. Y es que estamos hablando en términos de la hipotética gramática implícita en la lengua raciovital; y la función que acoge a las demás y tensa el hilo del discurso en esta lengua de la razón vital es la función expresivo-significativa-impresiva, auténtico motor de dinamización de la conexión universal que anuncia la propuesta lingüística orteguiana.[543]

7.15.7. Función expresivo-significativa-impresiva: grado o predominio

Y este planteamiento sugiere en última instancia la conveniencia de retocar la idea de función a la manera de Bühler o Jakobson y entenderla más como una cuestión de grado o predominio, pero nunca de exclusión.[544]

7.16. La formación de palabras

Como colofón a este «somero», dice Concha D'Olahaberriague, bosquejo de la gramática de la lingüística raciovital, esta autora expone algunas innovaciones de Ortega en el campo de la derivación y composición.

7.16.1. La lengua de Ortega, en la que con más o menos claridad se percibe siempre un impulso oral y una combinación de registros, emplea de forma singular algunos sufijos diminutivos, ora por contagio buscado del estilo modernista («ampolluelas», que hemos visto para las palabras), ora por mero impulso de calidez («mozolejo»[545], «caminejos»[546]),

[543] Cf. D'Olhaberriague Ruiz de Aguirre 2009: 320.

[544] Cf. D'Olhaberriague Ruiz de Aguirre 2009: 320. Cf. a este respecto las críticas de Coseriu (2007: 2.1.) a las funciones del signo lingüístico de Bühler y Jakobson.

[545] O. C. VII: 158.

[546] O. C. I: 40.

irónica condescendencia («novelundio»[547]), o acidez mordaz («marisabidillos» y su aumentativo con análoga función «marisabidones»[548]). En este último caso la irrupción del léxico popular responde al propósito declarado en un pasaje del borrador para el Boletín del Instituto de Humanidades, según el cual los temas deberían ser tratados conjuntamente por expertos y legos con el fin de devolverles el vigor auténtico que un día tuvieron y ha quedado sofocado por el tratamiento angosto del especialismo. Algunos prefijos le sirven para conferir intensidad y valores aspectuales a los verbos, por ejemplo, el muy frecuente «per-» en casos tan dispares como «perescrutar» o «peractuar»; aparece así mismo reforzando a sustantivos: «perandanza», a modo de gradación adjetiva: «perespiritual» o de refuerzo paranomásico: «haciendo y perhaciendo»[549]. Alvar-Pottier[550] señalan que puede tratarse de un prefijo culto que se mantuvo en los dialectos; de la unión de la forma latina escolar y el rusticismo regional —Zamora Vicente[551] lo sitúa con preferencia en el leonés— salió «per-» del teatro salmantino (*percoger, perentender, pernotar, persaber, perchapado, perescrutar*). Según Ricardo Senabre, este prefijo junto con otros prefijos como «ultra-», «archi-», «hiper-», ostentan un marcado carácter intensificador y son los más usados por el filósofo. En estos prefijos, especialmente en «per-», el más complejo y cargado de matices y registros, se manifiesta una propensión por parte de Ortega a lo excesivo y, en algunos casos, una cierta «resonancia dramática». Es digno de ilustración la explicación que ofrece a este prefijo, al que Ortega relaciona tam-

[547] O. C. IX: 445.

[548] O. C. IX: 443.

[549] O. C. IX: 282.

[550] 1983: 352.

[551] 1985: 161.

bién con «experiencia». Esta larga cita que incluimos aquí es todo una exposición de su pensamiento sobre la etimología (ésta se ha de valer del saber fonético y del sentido semántico hasta conseguir el sentido originario, que no necesariamente es el sentido más antiguo. Éste perdura latentemente y puede ser entendido súbitamente):

> «*Experiencia,* empeiría —ἐμπειρία—, *es una palabra que en griego, como en latín, vive de la raíz* per. *Los vocablos, como las plantas, viven de sus raíces. En las lenguas germánicas existe igualmente* per *en forma de* fahr. *Por eso, experiencia se dice* «Er-fahrung». *Esta raíz pertenece a un «campo verbal» y a un campo pragmático correspondiente sumamente curiosos. Existe en armenio y en sánscrito. Es, pues, una vetustísima palabra indoeuropea que expresa una vetustísima vivencia. Meillet y Ernout, de insuperable rigor lingüístico-fonético, son poco avizores para las etimologías. Éstas reclaman, junto al saber fonético, un sentido semántico, y este último es un talento filosófico que, como todos los talentos, se tiene o no se tiene. El método etimológico rigoroso consiste en la conjugación de dos puntos de vista completamente distintos entre sí pero que nos permiten crear dos series de hechos, las cuales tienen que ser paralelas. Una es la serie de fonemas que a lo largo de milenios ha ido produciendo una raíz; es la serie fonética. Otra es la serie de situaciones vitales que esos fonemas han ido expresando: las significaciones: es la serie semántica. La serie fonética tiene en este método, sin embargo, un papel* imprescindible. *El carácter de ley casi física que posee la ley fonética es un instrumento de rigor que nos permite controlar —desde fuera de ellos— nuestros razonamientos semánticos; es la garantía.*
>
> »*Ernout-Meillet habla de la raíz* per *en el vocablo* peritus, *«qui a léxperience de; d'ou "habile dans"». Es el experto que a menudo con sentido pasivo de «eprové» (probado, maltrecho por los casos de la vida). El grupo más próximo —añaden— es el griego en torno a* πεῖρα (peîra), *que significa «prueba, ensayo», que tiene su correspondiente germánico* fara: *«ac-*

ción de guetter, danger». Y en efecto, inmediatamente antes se han ocupado de la voz periculum, *donde vuelve a aparecer el* per, *significado primero «essai, épreuve» y luego, «riesgo». Es peligroso «peligro». Nótese que la significación «experiencia, prueba, ensayo» es genérica y abstracta. «Guetter» y «peligro» son más concretos. Lo cual es con tanta frecuencia, indicio de que esta última significación es más antigua o primitiva.*

»Y en efecto, peiro *—πείρο— vuelve a aparecer cuando Ernout-Meillet se ocupan del vocablo* portus, *puerto y puerta.* Portus *y* πόρος *(poros) significan la «salida» que, caminando por una montaña, encontramos. Probablemente es más antiguo ese sentido de salida en el «caminar por tierra», que el marítimo. Aquí significa el* paso *en un arrecife y la* entrada *en una ensenada, que por eso se llama puerto. El camino que lleva al puerto,* portus *o salida, es el* opportunus.

»Mas con este nuevo estrato de voces y sentidos en torno a portus, *hemos desembocado en una idea bien lejana de las abstractas y grisientas: experiencia, prueba, ensayo. Por otro lado, hallamos en él el eslabón semántico. La razón semántica (prototipo estricto de lo que yo llamo «razón histórica») es, como toda razón, según Descartes y Leibniz, una «chaine» entre ese convoluto de abstracción y la vivencia concreta, dramática, de* periculum. *La nueva idea, que va a esclarecernos toda la serie, es que en per se trata* originariamente *de viaje, de caminar por el mundo o cuando no había caminos, sino que todo viaje era más o menos desconocido y peligroso. Era el viajar por tierras ignotas sin guía previa, el* ὁδός (hodós), *sin el* μέθοδος *(*méthodos *o guía).*

»Los semánticos saben muy bien que el sentido controlable más antiguo de un vocablo, no es, por ello, el efectivamente más antiguo, es decir, el (relativamente) «originario». Pero no prestan atención a que ese sentido «originario» perdura latente y puede súbitamente ser entendido en formas más recientes de la palabra, incluso en las más actuales. Es decir, que la raíz de que éstas viven puede, en todo momento y con energía, revivir. *Con lo que tenemos este hecho paradójico, pero incuestionable: que una palabra puede cobrar hoy un sentido*

más originario, y por tanto más antiguo, que todos los más vetustos conocidos; es decir, hasta ahora controlados».[552]

Es llamativo comprobar el uso que tiene en la lengua de Ortega este prefijo. Según D'Olhaberriague este uso es debido por igual a la veta culta de sus numerosas lecturas latinas escolares y la vertiente castiza que se destila en algunas palabras pronunciadas por gentes del pueblo, también cuando es ya constitutivo y nocional como en «percibir» o «percatarse», cuya pronunciación demorada parece evocar la fuerza primigenia del grupo *pr, al que dedica un amplio comentario en las etimologías. Otra ilustración de la vitalidad que Ortega atribuye a este prefijo: «La vida humana es lo que es en cada momento, en vista de un pasado que en el presente perdura y peractúa».[553]

7.16.2. Otros prefijos que tienen un relieve filosófico específico son «sub-» y «com-». El primero se añade principalmente a los verbos «decir» y «entender», conformando «subdecir» y «subentender», analógico de «sobreentender». Para D'Olhaberriague, da la impresión de que Ortega echa en falta en su lengua la riqueza preverbial de las lenguas filosóficas por excelencia, el griego y el alemán, e intenta de esta manera emularlas. Con «subdecir» alude a la reticencia constitutiva del lenguaje:

> *«No hay ningún decir que diga, sin más, lo que quiere decir. Dice sólo una pequeña fracción de lo que intenta: el resto meramente lo subdice o "da por sabido"».*[554]

7.16.3. En cuanto a com-, que aparece sin asimilación de ningún tipo, se sirve de él para introducir términos fenomenológicos de la conceptuación husserliana seminuevos en

---

[552] 1992a: 148-50.

[553] Ortega y Gasset 1971: 97.

[554] Ortega y Gasset 1971: 94.

nuestra lengua; muchas veces se encuentra sin soldar y con el guión y otras, unido, e incluso a veces aparecen ambas modalidades en el mismo texto. Ejemplo:

> *«no son las formas corporales que* luego *vamos a calificar de peculiarmente femeninas las que nos señalan un extraño modo de ser humano profundamente distinto del masculino y que llamamos "feminidad", sino más bien al contrario: todas y cada una de las porciones de su cuerpo nos com-presentan, nos hacen entrever la intimidad de aquel ser que, desde luego nos es* la Mujer, *y esta feminidad interna, una vez advertida, rezuma sobre su cuerpo y lo feminiza. La advertencia es paradójica, pero me parece innegable: no es el cuerpo femenino quien nos revela el "alma femenina", sino el alma "femenina" quien nos hacer ver femenino su cuerpo».*[555]

7.16.4. Por lo que se refiere a la composición, atenderemos en primer lugar a un comentario crítico acerca del desgaste y mal entendimiento del radical griego «filo-» por parte de quienes lo traducen como «amigo o amante de», que consignó Ortega en una de las notas redactadas en NTE[556] y después en la obra póstuma *Origen y epílogo de la filosofía.* Cree Ortega que, en época clásica griega ya había perdido su valor semántico y se había convertido, por desgaste, en un prefijo del tipo de nuestros frecuentativos o continuativos. De esta forma valía como mero indicador de la índole o propensión, algo semejante a lo que indican nuestros sufijos «-oso» y «-bundo». En *La idea de principio en Leibniz* Ortega postula los términos «se-consciente» y «se-consciencia»:

> *«la seconsciencia es una parte de nuestra vida. Teorizar es a su vez solo una parte de esa parte [...] La teoría es también vida; pero es sólo una porciúncula de nuestra vida».*[557]

---

[555] Ortega y Gasset 2001: 135-36.

[556] *Notas de Trabajo. Epílogo.*

[557] 1992a: 255.

7.16.5. También en esta última obra acuña y justifica Ortega los conceptos de raigambre husserliana «ideoma» y «draoma»[558]. Con el primero se refiere a cualquier pensamiento explícito en un enunciado en tanto que mero *dictum*, idea de algo o nuda posibilidad mental. Cuando el «ideoma» deja de estar exento y entra en actividad se convierte en una realidad efectiva y se torna *ipso facto* en «draoma» o «drama» (del verbo griego δραω «actuar»). Actuación ya implícita y conformadora del lenguaje.[559]

[558] 1992a: 253, nota 1.

[559] Cf. D'Olhaberriague Ruiz de Aguirre 2009: 321-24.

8
Comentario a la propuesta de Ortega y Gasset

En definitiva, las categorías dependen, en primer lugar, del modo de pensar del autor de las mismas, como las que acabamos de ver. Dependen por entero de los conceptos iniciales con los que el autor fundamenta su teoría. Son creación siempre individual. En segundo lugar, las categorías dependen de la lengua en las que están formuladas. Están concebidas según los patrones que imperan en una lengua dada. En este sentido las categorías reflejan la lengua en las que están formuladas. Y, en tercer lugar, las categorías responden a un acto de conocer. En sí mismas constituyen consideraciones cognoscitivas de un sujeto libre que crea una interpretación de lo que le rodea. Como toda ciencia y como todo acto del conocer, son elementos fantásticos convertidos en instrumentos del conocer. En este sentido las categorías son absolutas y necesarias. Ahora bien, estos tres tipos de realidad que acabamos de ver de las categorías son distinciones hechas por nosotros. Las categorías aparecen en sí mismas. La triple distinción que acabamos de ver no es más que la interpretación de la realidad que en sí mismas llevan.

8.1. Las categorías y la realidad radical

En las categorías de la razón vital de Ortega hemos visto, expresamente señalado, que las categorías dependen de una realidad radical, que es la razón vital. Así, la primera de las categorías es el ser ejecutivo, que contempla la implicación de la realidad en el acto de conocer por un sujeto. En el ser ejecutivo hay una doble relación: el sujeto cognoscente actúa en las cosas y las cosas propician la actuación del sujeto. Como consecuencia de este concepto de ser —muy distinto del concepto de ser substante de los griegos, concepto que todavía conservamos en muchas ocasiones — las categorías que Ortega señala son la más radical consecuencia de esa concepción. Por otro lado, revisar la concepción sobre el ser es lo primero que tiene que hacer un pensador de lengua indoeuropea. Ya hemos visto que, para Ortega, modificar la concepción sobre el ser es modificar la filosofía. Dice Ortega:

> *«toda filosofía innovadora —empezando por la gran innovación que fue la primera filosofía— descubre su nueva idea del Ser gracias a que antes ha descubierto una nueva idea del pensar, es decir, un método intelectual antes desconocido».*[560]

La primera innovación, pues, y la primera categoría de todas es la idea sobre el ser. En el ser ejecutivo un objeto se ofrece a un sujeto y pone las bases para una relación de interconexiones mutuas. En esta nueva disposición activa el objeto no es en sí, sino que «me es». Entre el objeto y el sujeto que lo conoce hay una tensión mutua envolvente. El objeto «me puede ser» grato, indiferente o repelente. Dice Ortega:

> *«el ser no es él* en-sí, *sino la relación a un sujeto teorizante; es un* para-otro, *y ante todo un* para-mí».[561]

[560] Ortega y Gasset 1992a: 20.

[561] Ortega y Gasset 1983a: 54.

En consecuencia, Ortega propone modificar la primera de las categorías de Aristóteles, la substancia: el ser que se realiza a sí mismo en los entes no es substante, sino actuante. Es la parte de ser que es «lo otro», es decir, lo que rodea al sujeto, que constituye su circunstancia. Según la concepción de Ortega, el ser implícito en la substancia, aquello que es por sí y en sí y que no necesita de nada más para ser, es un ser estático y objetivo, algo que existe independientemente del sujeto que lo llega a conocer, fruto del estatismo que transmite el concepto. El ser ejecutivo, por el contrario, es el ser que contempla la implicación de la realidad en el acto del conocer. La realidad, las cosas, actúa en el sujeto y el sujeto actúa en las cosas. La realidad es el reclamo del ser para el sujeto. Como consecuencia, no hay nada que exista previamente al acto del conocer. Si yo digo «mi casa» yo siento la realidad de mi casa implicada en mí, puesto que yo en ella me desenvuelvo y me siento protegido y cómodo, en ella, por ella y por lo que ella es, de tal forma que «mi casa» es la realidad «casa» que «me-es». Si la casa me es cómoda o incómoda yo soy a la vez que mi casa, porque ella actúa en mí y yo actúo en ella.

Aristóteles, por su lado, parte también de una realidad radical, pero Aristóteles no llegó a comprender en toda su extensión el significado de lo que esto significaba. Ya hemos visto que según Ortega y Gasset la filosofía de Aristóteles es la que menos cultiva la duda incoativa. La realidad radical de Aristóteles era su concepto inicial de ser. Bien es cierto que cuando Aristóteles habla del ser, cuando quiere superar el inmovilismo y estatismo del concepto de ser que tres siglos antes dejara Parménides, habla del ser que se ejecuta a sí mismo. El ser era ser en acto, ser que se ejecuta a sí mismo en el momento de ser. Pero cuando Aristóteles habla de la substancia se olvida de ese ser y acepta sin más el concepto de ser de la tradición griega, un ser que es en sí y que es objetivo. De esta manera la substancia es algo que existe de por sí, algo objetivo que está ahí dándose, bien que a nuestro beneplácito o a nuestro pesar. Nosotros somos, pues, espectadores que nos topamos con los entes a diario. Existen de antes de nosotros conocerlos.

Y esta es otra razón por la que Aristóteles no llegara a plantearse la realidad radical como el fundamento de su modo de pensar. Como hemos visto, Aristóteles aceptaba que las cosas son de antes de él ponerse a analizarlas. También aceptaba como existente lo que el común de la gente aceptaba y de la misma manera aceptaba la acreditación de los sentidos. A su vez, aceptaba los principios y definiciones como medios de hacer ciencia. Considerando que todas estas cosas existen de por sí, no podía fijarse una realidad radical. Esto le impidió también hacer una ciencia auténticamente deductiva. El ser como algo que es y algo que es objetivo actuaba en él como una creencia.

8.2. Las categorías del contexto

8.2.1. Ortega habla de las categorías del contexto, pero éstas no son ni pueden ser algo que se encuentre de forma objetiva en una lengua. Para Ortega, la producción del hablar está determinada por el decir. Y es en este campo, en el decir, en donde hemos de buscar las categorías del contexto. El decir es una acción vital que nosotros ejecutamos. Debemos buscar dichas categorías del contexto en el decir, puesto que el decir determina el acto locutivo, acto que nunca se agota, en cuanto que es la acción recíproca e inacabable del «yo» con el «tú» en el διάλογος. Por de pronto, el decir no es único ni unívoco. Junto al decir existen muchas cosas que no se dicen. Y en este sentido Ortega nos orienta por el camino que tenemos que seguir para buscar las categorías del contexto. Para Ortega, lo dicho, *dictum*, es una cosa, lo que se omite por arriba, otra, lo que se omite por abajo, otra, y lo que representa el lenguaje *sensu stricto* respecto a la expresividad humana, es otra cosa distinta. Luego, junto al decir, tenemos otras tres realidades que hemos de tener en cuenta si queremos hablar de las categorías del contexto. Dice Ortega:

> *«el lenguaje o habla [es] el medio principal, si bien no el único, con que el hombre cuenta para decir. Pero el lenguaje en cuanto lengua* sensu stricto *está a* nativitate *limitado por la necesidad de silenciar muchas cosas, por la inefabilidad. A esta limitación añade otra segunda la lengua, dejando sin decir muchas cosas imprescindibles que espera añada por sí el oyente: es lo inefado. En fin, la lengua* sensu stricto *es de suyo un nuevo fragmento de la expresividad humana, es la desintegración de la vida gesticulante, con lo que llegamos a una tercera limitación. Borremos ahora el eufemismo y declaremos que la lengua padece constitutivamente, y no por causa accidental, esos tres defectos o deficiencias; que no logra con suficiencia la finalidad que se propone, por tanto, que es una realidad en sí y por sí mal constituida».*[562]

8.2.2. La lengua es un medio ineficaz para el decir, porque en sí misma no es más que un fragmento de la expresividad humana. La expresividad humana se muestra de múltiples maneras. La lengua es un encorsetamiento al que se siente sometido el sujeto, que no encuentra límites a lo que le viene de dentro y quiere decir. Así, por ejemplo, el inglés omite cosas que se podrían decir en la oración: *the speaker explained the reasons to sign the petition.* Esta expresión no nos dice si dicho *speaker* era hombre o mujer; tampoco si convenció o no a sus interlocutores. Este último rasgo, sin embargo, era

[562] Ortega y Gasset 2009 "Apuntes para un comentario al Banquete de Platón" O C, IX: 738-39.

un rasgo que expresaba el Old English de la *Anglo-Saxon Chronicle*, siglo X: *hie fuhton on.gean Peohtas* era distinto a *hie ge.fuhton on.gean Peohtas*. En el primer caso ellos lucharon contra los pictos, sin que sepamos si vencieron o no; en el segundo, lucharon contra los pictos y vencieron. Este no decir todo lo que se puede decir es, para Ortega, lo inefable.

8.2.3. Lo inefado, por el contrario, es aquello que el hablante omite por conocido. Para Coseriu, lo que Ortega llama lo inefado es un aspecto de lo que él llama el conocimiento elocutivo. Éste tiene que ver con

1. los principios más generales del conocimiento: un hablar que es congruente con los principios más generales del pensamiento no llama la atención, es lo normal y es lo que se espera. Así, si digo, *de diez amigos sólo uno no ha venido* quiere decir que los otros nueve han venido.

2. El conocimiento general de las cosas. Hay restricciones que se aplican al conocimiento de las cosas. Lo que no coincide con éstas, o bien con la representación de éstas, no se dice. Por ejemplo, decimos *llueve*. Queremos decir que llueve aquí y ahora, en la ciudad en la que estamos, pero no en el recinto cerrado que hace necesario decir la expresión referida. El conocimiento general de las cosas, tal como son normalmente, y del comportamiento normal no absurdo nos permite aceptar lo dicho por ser congruente con las cosas y rechazarlo por incongruente.[563]

3. El conocimiento de las cosas nos posibilita, además, interpretar lo ostensiblemente incongruente, por ejemplo el siguiente, suponiendo que se dice por altavoces o en voz alta en una congregación de gente:

---

[563] Cf. Coseriu 1992: 106-132.

- El coche 5678 ZXT está estorbando.
- *Soy yo; ¡voy enseguida!*

8.2.4. El primer impedimento, lo inefable, es absoluto, inexorable. En cambio lo inefado procede de una «consciente economía»[564]. Pero el impedimento más importante es la lengua en sí que sirve a una realidad autónoma cual es la expresividad humana, algo que sólo podremos conocer en el sujeto, por tanto, una realidad *a priori* del lenguaje. Y es interesante que nos fijemos en el calificativo que Ortega brinda a la lengua: la lengua es un fragmento de la expresividad que es nuevo respecto a la misma. Quiere esto decir que, para fines prácticos, antes de estudiar la lengua tenemos que estudiar la expresividad humana. De aquí que el estudio del lenguaje sea, como acabamos de ver, *a priori.*

8.2.5. Pero la realidad es más compleja; así, cuando leemos un texto

> *«es [...] probable que mientras hacemos ese esfuerzo [tratar de entender un texto]* leamos, *de paso en el texto, esto es entendamos cosas que el autor no ha "querido" decir y, sin embargo, las ha "dicho", nos las ha revelado involuntariamente, más aún, contra su decidida voluntad».*[565]

Es decir, que el lenguaje tanto se queda corto como se excede en lo que dice. La razón de esta «tan extraña y antitética» contradicción es la consistencia del lenguaje, que es una mera adaptación de una realidad superior, la expresividad humana. En su «Axiomática para una nueva Filología» ésta doble realidad del lenguaje es el punto de partida:

[564] Ortega y Gasset 2009 "Apuntes para un comentario al Banquete de Platón" O C, IX: 734.

[565] Ortega y Gasset 2009 "Apuntes para un comentario al Banquete de Platón" O C, IX: 729.

> *«[dos principios de mi "Axiomática para una nueva Filología": ...]:*
>
> *1° Todo decir es deficiente —dice menos de lo que quiere.*
>
> *2° Todo decir es exuberante —da a entender más de lo que se propone.».*[566]

Por consiguiente, la «nueva Filología» debe tener en cuenta esta contradicción para superarla, no en el lenguaje real, sino en la interpretación del lenguaje real:

> *[los lingüistas deben tener en cuenta] el hecho de que al hablar una lengua se entienda y se dé a entender lo que ésta deja inefado.*[567]

8.3. Las categorías y la razón vital

Las categorías que mejor definen la «nueva Filología» propuesta por Ortega y Gasset son aquellas directamente desgajadas de la realidad radical de la que parte: la razón vital, es decir, la vida (de cada uno). Éstas son el concepto de ser como ejecutivo o como actualidad, de la que ya hemos visto algo, los pronombres personales, el «yo» ejecutivo y, en sentido contrario, el pronombre impersonal «se».

8.3.1. El «yo» ejecutivo.

8.3.1.1. La categoría más característica de todas es el «yo ejecutivo». Ortega piensa siempre en el sujeto que conoce. En el conocer de éste podemos ver dos realidades: por un lado el conocimiento del que el sujeto saca rendimiento; y por otro, el conocimiento que sirve para intercambiarlo con los demás. El primero es el conocimiento vivido; el segundo

---

[566] Ortega y Gasset 2009 "Apuntes para un comentario al Banquete de Platón" O C, IX: 729.

[567] Ortega y Gasset 2009 "Apuntes para un comentario al Banquete de Platón" O C, IX: 734.

es el conocimiento que pasa por el tamiz del lenguaje. Gracias al lenguaje los conocimientos se pueden transmitir y, extendiendo esto a sus últimas consecuencias, gracias al lenguaje existe el mundo o los mundos en los que nos desenvolvemos, algunos de ellos estando formados por las ciencias.

8.3.1.2. El conocimiento que es vivido es aquel en el que el sujeto incorpora la realidad en beneficio o en perjuicio del sujeto, según le afecte. Los hablantes no son ajenos a este tipo de conocimiento cuando dicen «he vivido una situación muy desagradable», «sé lo que es ser aclamado en loor de multitudes», «nadie como yo sabe lo que es pasar por un momento tan duro». Y, si bien los ejemplos aludidos, hacen referencia a situaciones vividas en las que es más fácil reflexionar sobre ellas, el conocimiento vivido es la base de todo conocimiento posterior. Al hablar del acto del conocer, Aristóteles nos dijo —y nos lo explicó Ortega— que el conocimiento empieza en una sensación, la *aísthesis* (αίσθησις). Y ésta es la base de tanto ese tipo de conocimiento que llamamos conocimiento vivido como del conocimiento que llamaremos en contraposición a éste, conocimiento fabricado. El primer impulso que tenemos al conocer es una sensación, algo que o bien se da o bien no se da (lo tenemos o no lo tenemos). La *aísthesis* la tienen los humanos y la tienen también los animales. Es el principio de todo el actuar tanto humano como animal. Ahora bien, una vez que tenemos la *aísthesis* podemos hacer dos cosas: o bien aceptarla, es decir, vivirla en su concretidad o bien superarla en lo que es. Podemos vivirla en su concretidad puesto que es de carácter sensible, es decir, desarrollarla en lo que es. O podemos alterarla en lo que es y convertirla en algo que no es, tras un largo proceso que se desenvuelve instantáneamente. Podemos alterar la *aísthesis* en algo que nos pueda ser útil en el sentido que nos sea más conveniente. Y es aquí en donde tenemos la separación de estas dos clases de conocer.

8.3.1.3. Supongamos que yo no he visto nunca una naranja y ahora me encuentro con una. Yo puedo conocer esa naranja de dos maneras distintas y opuestas entre sí. Puedo llegar a saber qué cosa es una naranja: sabré de su forma, de su color, de su naturaleza, cosas que he abstraído, es decir, extraído de la sensación (*aísthesis*) que tuve en el primer contacto con ese objeto entonces desconocido. Es decir, sabré ver en lo que es ese objeto percibido lo que el lenguaje me permite. Diré, por ejemplo, «fruto carnoso, de forma globular, de color entre rojo y amarillo». ¿Qué he hecho para llegar a saber esto? Me he alejado de la sensación primera que tuve cuando me encontré eso que digo que es una naranja: de mi *aísthesis* que percibí cuando primero la vi he seleccionado algo, siempre aplicándoselo al objeto que acabo de conocer; he separado lo seleccionado de todo lo demás y lo he hecho objeto de mi decir; he creado una esencia que me permita darle un valor universal como algo autónomo en sí mismo; lo he relacionado con otras cosas que yo conozco (fruto, carnoso, forma, globo, color rojo, color amarillo), de tal manera que pueda distinguirlo de las demás cosas; he buscado en la tradición una etiqueta o un nombre que me permita individuar lo que tengo de lo que seleccioné de la aísthesis como clase o esencia; he determinado el constructo mental que he fabricado hasta ahora, ya convertido en concepto y palabra, de tal forma que pueda hacerlo lo más real posible; y lo creado lo he ofrecido a los demás. ¿Dónde está en todo esto mi sensación inicial? Ya no tengo sensación (*aísthesis*): la he transformado, que de ser una cosa sensible y concreta que me afectaba a mí solamente, la he convertido en un conocimiento (segmento de información) intercambiable con los demás. En todo este proceso he aplicado mi sensación y el constructo que he hecho a partir de aquella al objeto real que he conocido. De tener la huella de lo real en mí tengo ahora algo así como un sucedáneo de aquello que era real. Como Platón, me he alejado de lo único que me une a mí con el mundo, la sensación que se produce en mí al contacto con el objeto real —y aquí, sí que es tocar, θιγγάνειν. Este alejamiento me ha permitido hacer de ese objeto que ahora llamo naranja una cosa de mi mundo compartido con los demás, puesto que la palabra que he aplicado al constucto fabricado no es mía sino compartida con los miembros de una comunidad de hablantes. Antes del alejamiento ese objeto había hecho una impresión en mí y yo guardaba esa impresión en mí como sensación o *aísthesis*. Era, pues, algo mío, que no podía compartir con nadie. Ahora sí, ahora puedo decir: «la naranja es un fruto carnoso, de forma globular, de color entre rojo y amarillo» y ofrecer lo que he creado a los demás y compartirlo con ellos.

8.3.1.5. Pero el conocimiento no sólo consiste en alejarme de las cosas que quiero conocer. El conocimiento también consiste en aceptar mi sensación o *aísthesis*, innómine, informe, sensible y concreta, y desarrollarla en eso mismo que es: algo sensible, concreto, informe y sin nombre. En este caso no hay alejamiento: hay asimilación. Lo que yo siento como impresión en mí lo hago mío y con esto yo y lo que siento, mi sensación (*aísthesis*), son una misma cosa. Así, siguiendo con el ejemplo, una naranja es alimento para mí que se convierte en mi vivir lo que es una naranja, mi vivir lo que es la realidad de ese objeto que ha dejado huella en mí. Y esto es también conocimiento, conocimiento en su estado primero: la realidad de la naranja es mi vivirla. De esta manera no hay objetivación posible. En el tipo de conocimiento anterior, mi alejamiento de lo conocido me ha permitido hacer de ello un algo objetivo, algo que es en cuanto que es distinto de mí. En este tipo de conocimiento sensible no hay alejamiento ninguno, no hay, por tanto, objetivación ninguna, sino una interacción entre lo que es la naranja y yo: mi vivir su realidad. Por tanto, en este caso, no hay posibilidad de observación desde una realidad distinta al «yo». El «yo» de esta manera se identifica en interacción con lo conocido, un algo en nosotros que posibilita que yo sufra o me beneficie de lo que es vivido implicando la realidad. De mi sensación primera, táctil, visual, concreta, puedo yo llegar a saber más de su sabor y de su ser naranja comiéndomela. El ser de la naranja se transforma en mi percibrir la naranja en lo que realmente es dulce, jugosa, agria. Este tipo de conocimiento es radicalmente distinto al anteriormente descrito. El yo ejecutivo tiene que ver con este segundo tipo de conocimiento.

8.3.2. Los pronombres personales

8.3.2.1. La categoría más radicalmente primera, es decir, *a priori*, de las señaladas por Ortega y Gasset es la que constituyen los pronombres personales «yo» y «tú». Ortega, como hemos visto, excluye de la categoría de los pronombres personales, con Benveniste, el llamado pronombre de tercera persona, quien lo asigna a los deícticos. Antes que el lenguaje como fundamento y motor del mismo se da el acto del habla o acto elocutivo. Los verdaderos pronombres personales son los que posibilitan tal acto de hablar o acto elocutivo, que son el «yo» y el «tú». El lenguaje no existe, ni se da la lengua si no se consideran bajo el punto de vista de la alocución. El lenguaje es actividad que se ejecuta a sí misma en cada acto de hablar. No es actividad en abstracto, sino actividad real. En la actividad del hablar sólo el «yo» y el «tú» la determinan, quienes se turnan en la asunción de la función locutiva. Ambos a dos se necesitan mutuamente, porque en realidad son lo único existente. Lo que nace tras ellos es la actividad determinada por ellos mismos. Esto nos trae una importante conclusión: el lenguaje, que no tiene realidad en sí mismo, y la lengua, que es una técnica histórica, no tienen existencia concreta. El código que representa la lengua no tiene más valor que el de ser medio o conjunto de medios tradicionales para la expresión de esa actividad. El estudio del lenguaje, pues, se ha de hacer en donde el propio lenguaje nace, en el acto lingüístico en el que un sujeto desde la atalaya del «yo» se dirige a un «tú» y crea un diálogo, διάλογος. Dice Ortega y Gasset del decir:

> *«El decir, el* lógos *no es realmente sino reacción determinadísima de una vida individual. Por eso,* en rigor, *no hay más argumentos que los del hombre a hombre. [...] El decir,* el lógos, *es en su estricta realidad, humanísima conversación,* diálogos —διάλογος—, argumentum hominis ad hominen. *El diálogo es el* lógos *desde el punto de vista del* otro, *del prójimo».*[568]

8.3.2.2. El estudio del lenguaje, por consiguiente, tiene que hacerse *a priori* en lo que el mismo tiene de universal. O dicho de otro modo: el estudio del lenguaje tiene que hacerse en su *statu nascendi.* No vale estudiar empíricamente una lengua o muchas lenguas para concluir sobre lo que es el lenguaje. Antes de que las lenguas lleguen a tener existencia tiene consistencia el acto del hablar, creando el *diálogos.* Éste no es más que la manifestación de la vida de un sujeto que se dirige a un oyente, quien a la vez asume la función de sujeto y convierte al primitivo sujeto en oyente.

8.3.2.3. Junto a la perspectiva que aporta el «yo», Ortega destaca la perspectiva del «aquí». «Yo» y «aquí» son actualizadores constantes de la lengua, que no significan, sino que fundamentalmente designan.

8.3.2.4. En el propio acto lingüístico el «yo» representa la parte volitiva y de razonamiento de nuestra consistencia. En el querer y en el pensar el «yo» y el objeto de

[568] Ortega y Gasset 1987: 16.

nuestro querer o de nuestro razonar entran en contacto. Y en el mismo acto de entrar en contacto aparece un algo que en realidad no pertenece al yo: es la obligación que tenemos que cumplir o la tendencia del pensar que hemos de ejecutar. Ambos factores representan algo ajeno a la interioridad del «yo».

8.3.2.5. Ortega distingue tres clases de «yo» en la personalidad humana: el «yo» de la vitalidad profunda que siempre está en nosotros y que permite que digamos «yo soy Jesús Gerardo», por ejemplo; el «yo» sentimental-emotivo y el «yo» razonante. Representa esta distinción tres grados de actuación del «yo», siendo consciente sólo el primero sobre la inconsciencia elemental de las previas síntesis pasivas. En correspondencia con estos tres modos de actuar del «yo» el pronombre también refleja el principio activo «ser» que afecta al acto locutivo.

8.3.2.6. Hablando de forma radical, es decir, en cuanto que el hombre vive en un mundo lingüístico, Ortega distingue a su vez otras tres clases de «yo»: el primero sería el que se daría en una hipotética situación primigenia en que el primer humano hablante se sintiera viviendo en un Mundo. Puesto que el lenguaje como acto de conocer significa un alejamiento de las cosas del sujeto, «yo» sería «el sujeto que vive en el Mundo»; el segundo sería el genérico que referimos en abstracto a todos y cada uno de los hombres en cuanto vivientes. Este tipo de «yo» incluye al anterior; y el tercero, que tiene un valor excluyente y exclusivo, es el «yo» de quien se refiere a sí mismo como único y distinto de los demás. Ortega añade uno más: el «yo» del cristiano, que se identifica con el alma.

8.3.3. El pronombre impersonal «se»

Podríamos decir que, para Ortega, el «yo» ejecutivo es el inicio indiscutible del conocimiento (y, con ello, del pensamiento) y del ser, los dos aspectos que según él forman una filosofía[569]. No obstante, Ortega contempla un proceso de desindividuación que en su máxima expresión llega a anular al «yo» ejecutivo y que comienza en el «nos-otros». En el «nos-otros» introducimos un elemento que se resalta sobre el «yo» ejecutivo. En español es clara esta separación, pero aun en las lenguas que no introducen el elemento «otros», el «yo» ejecutivo queda diluido en la llamada primera persona del plural. La máxima desindividuación la presenta el uso impersonal de «se» que llega a anular al «yo» ejecutivo. Ortega trata de saber el motivo que nos empuja a repetir, sin remisión y sin ninguna novedad o modificación, las formalidades, hábitos y costumbres colectivas que practicaron nuestros antepasados y practican nuestros contemporáneos y coetáneos. Este uso no es más que el reflejo del hombre que se parapeta tras «el dicho común» buscando una autoridad para decir lo que dice. Esta autoridad es todos los seres humanos juntos. Si se le pregunta a este tipo de sujeto por lo que dice y la justificación de lo mismo, llegar a decir: «no sé; es lo que dicen». Ortega califica la justificación de este uso, como hemos visto, de «hombre inhumano» que todos «llevamos dentro y lo somos».

8.4. Los modismos

Para un filósofo como Ortega, interesado en la génesis de todo lo que signifique modo de pensar o pensamiento, los modismos tienen un doble valor: por un lado y tal y como se nos presentan hoy, los modismos han perdido su vigor expresivo; son frases hechas, recibidas de épocas pretéritas.

[569] Cf. cita en 8.1.

Por otro lado, los modismos surgieron, por urgencia vital para solucionar problemas de conocimiento y expresión. Merecen, pues, atención. Cuando nacieron los modismos eran la respuesta verdadera a una situación dada. Con el uso constante posterior los modismos quedaron cristalizados en vocablos, giros y expresiones hechas de la lengua vulgar. Ortega analiza esta fuente de sabiduría popular y la incorpora a su lenguaje filosófico. Así, por ejemplo, Ortega analiza la expresión «caer en un mar de dudas» y sobre esta interpreta la expresión «estar en la duda».

8.5. El tiempo enunciado y el tiempo enunciante

Fiel a su idea de considerar el ser humano como un ser proyectado hacia el futuro, un ser que es hoy lo que ayer decidió ser[570], el pasado no es una cosa acabada: es un algo que llevamos en la espalda y que, por consiguiente, está siempre presente en nosotros y sigue en nosotros. Desde esta perspectiva, Ortega distingue entre el tiempo enunciado y el tiempo enunciante. El tiempo ha de ir incurso en el modo de enunciarlo e implicarlo. De esta manera y como vimos, tenemos que ampliar el presente en el pasado y tenemos que ejecutar la *futurición*. Al ejecutarse de esta manera el pasado

[570] El elenco de definiciones del ser humano por Ortega y Gasset es casi inagotable. Señalo algunas. El ser humano es un *faciendum*: «cada uno de nosotros es propiamente algo que aún no es, que se halla siempre en un futuro problemático: no es un *factum* sino un *faciendum*; no es una cosa, sino una empresa» (Ortega y Gasset 1982: 66). No es lo que ya es sino lo que será en un futuro: «El Hombre [...] consiste en ser lo que aún no es» (Ortega y Gasset 1989: 142). El hombre es un proyecto de ser que empezó en el pasado: «El hombre es hoy lo que es [...] porque ayer fue otra cosa. [...] El hombre no tiene naturaleza, lo que tiene es *historia*; porque *historia* es el modo de ser de un ente que es constitutivamente, radicalmente, *movilidad* y *cambio*» (Ortega y Gasset 1996: 121).

se revela en el presente y al contemplar el presente no tenemos más remedio que columbrar lo pretérito en su trasluz. La correcta comprensión del futuro implica la comprensión de algo que precede a cualquier ideación y que ejerce una presión dinámico-óntica. El acto del habla, por su parte, implica futuro, es decir, implica conciencia de tiempo en tránsito. Esta implicación de tiempo articulable está en la base del lenguaje. Y esta es la base del pensamiento lingüístico. No existe el pensamiento en sí al margen del lenguaje. Porque, como dice D'Olhaberriague en primera persona: «no se puede [...] separar mi presente de mi futuro porque en mi vida el futuro forma parte actual del presente»[571]. Por otro lado, la anticipación es el rasgo característico de «mi vida»:

> *«Si la vida humana no es una realidad cuyo ser, cuya consistencia o contenido le es dado ya hecho al hombre [...], sino que su ser tiene que hacérselo él, entonces la vida de cada cual es profecía constante y substancial de sí misma, puesto que es esencialmente, queramos o no, anticipación del futuro».*[572]

8.6. La producción del acto del habla

En el estudio de la producción sonora de un acto del habla Ortega propone ir a lo más profundo de la elocución. Los lingüistas, como hemos visto, propusieron el estudio de la locución en dos fases distintas: primero propusieron hacer el estudio material de los sonidos, la *fonética*, cosa que Ortega criticó; después, con Trubetzkoy a la cabeza, los lingüistas propusieron estudiar los sonidos según la función que desempeñaban, la *fonología*. Esta propuesta, a la que dio la bienvenida Ortega y Gasset, no obstante, se quedó corta. El problema consiste en explicar el acto del habla en su *statu*

---

[571] D'Olhaberriague 2009: 310.

[572] Ortega y Gasset 2005: 185.

nascendi: lo de menos es cómo se producen los sonidos, cosa que tiene que ver con el carácter mecánico de la elocución. Determinar qué función desempeñan los sonidos comparados entre sí, sin embargo, no llega al fondo del problema, aunque se acerca. Más radical aún que la función de los sonidos, —convertidos ya en fonemas por ser unidades funcionales—, está el impulso inicial que da lugar a la emisión elocutiva. Y en esto tenemos que estudiar los gestos, realidades que no se pueden estudiar con la mera observación, es decir, aplicando el método experimental o *a posteriori*, sino con la intuición y la deducción, es decir, con el método *a priori*. La propuesta de Ortega, es pues, un problema del lenguaje, no de las lenguas. De nada valdría observar el nacimiento de la locución en esta o aquella lengua. Las conclusiones han de ser sacadas *a priori*, puesto que se trata de un aspecto que necesariamente tiene que ser universal. Ortega, como hemos visto, propugna una gama de propensiones expresivas, no finalistas, un conjunto de gestos de cariz múltiple que tendrían lugar en el seno de los órganos de fonación. Estas propensiones no serían los gestos en sí de un hablante, —que en principio son individuales—, sino el fundamento expresivo de una lengua en cuestión. Esta propuesta sería una fonoestilística del locutor representativo de una comunidad de hablantes que buscara las peculiaridades fónicas y prosódicas propias de la lengua en cuestión. La propuesta de Ortega iría encaminada a saber, entre otras cosas, el por qué de la abundancia de sonidos palatales en ruso, o el por qué del número tan reducido de vocales en español, frente a las restantes lenguas románicas.

Esta propuesta, desarrollándose en el componente involuntario e indeliberado que subyace e infunde los gestos requeridos por los sonidos de una lengua, supondría abrir perspectivas nuevas en el problema de las relaciones lenguaje-pensamiento y se desarrollaría, no sólo en el estudio del lenguaje en general, sino también dentro de una lengua en particular. De esta manera podría esclarecer las discrepancias fónicas y suprasegmentales de la lengua popular mejicana frente a otras variedades de la lengua española.

8.7. Las funciones del lenguaje

8.7.1. Para Ortega, la función fundamental y única del lenguaje es la función expresiva que ya señalara Karl Bühler. La lengua, como actividad viviente de intercomunicación humana, se extiende, en primer lugar, a lo individual como actividad previa al posterior trato locutivo con los demás; en segundo lugar, a las relaciones interindividuales; y en tercer lugar, al trato social aún no desalmado, que se define por su función expresivo-significativa. Las restantes funciones se dan en función de esta última en virtud de determinaciones contextuales múltiples, entre las que habría que incluir las emanadas de intenciones contingentes o concomitantes del hablante. Ortega rechaza que exista la función poética propuesta por Roman Jakobson en su redefinición de las funciones del lenguaje de Karl Bühler[573]. Coseriu, en este respecto sigue a Ortega. En efecto, la función poética que pretende Jakobson parece consistir en un cuidado especial que se pone en la configuración del mensaje (= del texto, para Coseriu): hay texto poético allí donde lo que está en primer nivel no es el *qué* de la comunicación, sino el *cómo*, esto es, cuando el texto ha sido compuesto armoniosamente de acuerdo con un plan determinado. Cuando se habla del cuidado especial, continúa Coseriu, que se aplica a configurar un texto no se está hablando de lo poético, o al menos de lo

[573] Cf. «Lingüística y poética» en Jakobson 1985: 347-395; en particular págs. 358-59.

que es constitutivo de lo poético, sino de un fenómeno mucho más general, que aparece también en conexión con otras muchas actividades humanas para cuyo ejercicio se requiera una determinada aptitud que se aprende y trasmite. Se trata del esfuerzo por lograr la perfección técnica en todo cuanto se *hace*. Si lo poético de un texto residiese efectivamente en la perfección técnica de su configuración, significaría que unos mismos contenidos podrían ser comunicados en forma «prosaica», para el uso diario, y en forma «poética», para ocasiones especiales.[574]

8.7.2. Para Coseriu, el marco teórico en el que se presenta la función poética, es decir, el conjunto dentro del cual Jakobson llega a concebir la función poética del lenguaje, no puede admitirse. Términos como *código, mensaje, medio de contacto, emisor, receptor* no pueden ocultar su procedencia de la teoría de la comunicación. Con esto se está sugiriendo desde el primer momento que lo fundamental en el lenguaje es la comunicación, con lo que dentro de la comunicación están también los textos poéticos. De esta manera, Coseriu observa que al considerar la función poética dentro de la comunicación se reconoce implícitamente que en la poesía la transmisión de contenidos desempeña un papel secundario. Por esto resulta dudoso, incluso dentro de la concepción global de Jakobson, que en general se pueda hablar de un «mensaje poético», esto es y dicho con la precisión que caracteriza a Coseriu: que al *genus* «mensaje» se le pueda asignar sin más la *diferencia específica* «poético».[575]

8.7.3. El problema es extraordinariamente complejo. El lugar adecuado para tratar este problema es, para Coseriu,

---

[574] Cf. Coseriu 2007: 166-69.

[575] Cf. Coseriu 2007: 169-70.

un tratado de poética y estética. Coseriu no obstante hace las siguientes observaciones.

8.7.3.1. En el hablar hay que distinguir dos formas de comunicación: la comunicación de algo a alguien y la comunicación con alguien (=«entrar en contacto con otros»). La primera es tan frecuente desde el punto de vista empírico que parece indisolublemente vinculada a la actividad del hablar; sin embargo, no es esencial, es decir, no es un criterio definitorio del lenguaje: la ausencia de esta clase de comunicación no es suficiente para que el hablar se convierta en un no-hablar. Ni siquiera en la vida cotidiana juzgamos la lingüisticidad del hablar en relación con esta clase de comunicación, es decir, que no se niega el carácter lingüístico a una expresión porque comprobemos que con ella no se ha comunicado nada a nadie. La segunda, por el contrario, pertenece universalmente al lenguaje: se trata de la comunicación con otro, es decir, se trata del hecho de que el hablar está siempre dirigido a otro, o, para ser precisos, se tata de lo que se denomina la *alteridad del lenguaje*[576]:

> *En realidad nunca sabemos si estamos siendo entendidos, ni objetivamente podemos saberlo jamás, pero desde el momento en que hablamos estamos reconociendo al otro capacidad lingüística, señalando con ello que sabemos que también él es un sujeto (= que es otro). El destinatario del hablar así entendido puede ser efectivamente un sujeto distinto, pero puede tratarse también del propio hablante. También en este caso el lenguaje estará dirigido a otro, pues uno habla consigo mismo como si fuese otro. En la mayor parte de los monólogos se comprueba, incluso, que uno se dirige a su yo hablándole de* tú. *Y lo mismo vale para el hablar con las cosas: se habla*

[576] Cf. Coseriu 2006: 44-45.

con ellas como si pudiesen entender, con lo que se les confiere carácter humano.[577]

8.7.3.2. La comunicación en el sentido de alteridad[578] es esencial para el lenguaje. La poesía, por el contrario, no es esencialmente comunicación, no está dada desde el principio, ya que el poeta no cuenta con el otro. Para Coseriu, la poesía no está dirigida a otro, pues lo que le importa al poeta es tan sólo objetivarse a sí mismo. En la poesía lo que importa siempre es sólo una dimensión: *la objetiva,* o más exactamente, *la objetivación* del sujeto; no en cambio, la dimensión de la *alteridad.*[579]

8.7.4. Para Ortega, las funciones del lenguaje sólo son una, al igual que para Coseriu[580]: aquella que aúna la expresividad y significatividad, de la que se pueden derivar todas las demás.

8.8. Marco en el que se desenvuelve la lengua

Desde mi punto de vista la definición del marco en el que se desenvuelve la lengua es el aspecto más importante para entender la propuesta de Ortega. El lenguaje, para Ortega, se ha de entender en su realidad íntegra, sin consideración de su realidad patente (*ideoma*) y su realidad latente (*draoma*).

[577] Cf. Coseriu 2007: 170-71.

[578] Este término, *alteridad,* en contextos orteguianos y coseriuanos es muy confuso. Coseriu entiende por *alteridad* la especial condición del hombre de ser-con-otros: «el hombre [...] es un "ser con otros" [...] lo propio del hombre es "salirse de sí mismo", trascenderse a sí mismo como mero individuo; y la manifestación por excelencia, el modo específico de ese trascenderse es, precisamente, el lenguaje» (Coseriu 1988: 43). Por otro lado, para Ortega y Gasset, la *alteridad* es *lo otro,* es decir, la circunstancia que interactúa con el yo. Ya hemos visto la definición que hace Ortega del hombre, cf. nota 455.

[579] Cf. Coseriu 2007: 171-73.

[580] Ibídem.

El único lenguaje que existe es el hablado. Es una actividad que se da dentro de una comunidad de hablantes en un momento dado históricamente. El hombre es una unidad viva que mediante el aprendizaje filosófico adquiere la conciencia de su propia autonomía, de vivir por cuenta propia frente a la revelación. La conciencia viviente nos impulsa a buscar una unidad que integre nuestro conocimiento, la estimativa sentimental y la voluntad finalista. Porque no se dan partes aisladas. En la vida espiritual el todo precede a las partes y en la vida (la realidad radical), las ideas tampoco admiten la separación de su fundamento sentimental y su motivo, patente o recóndito, de carácter volitivo. La lengua de la razón vital tiene una sola función, la función expresivo-significativa y no admite que se den otras funciones por separado. A tenor de las variantes que aporte la actividad del hablar y que vaya generando cada situación, aparecerán otras funciones que se han de explicar en función de la función única y genuina del lenguaje. De esta manera, se trata de un repertorio siempre abierto. La lengua de la razón vital es una lengua que tiene una forma medular, un fondo poético (=creativo) y que desarrolla en su uso una función expresivo-significativa, en consonancia con las dos funciones de la palabra[581] y en la sucesión encadenada y coherente de enunciados. Correlato de la función expresiva es la función impresiva porque el logos[582] (esto es, su "dicción") se efectúa en el *diálogos.*

---

581 Actuación de la palabra sobre y en un contorno. Lo cual quiere decir que el contorno ya forma parte del significado de la palabra. Cf. § 7.10.

582 Ortega y Gasset explica lo que es el lógos en el contexto del conocimiento: «En lo visto, y más en general en lo intuido, nuestra atención *fija* uno o varios elementos, es decir, *se* fija en cada uno de ellos. Luego nuestra mente *abstrae* de todo lo demás que en lo intuido hay, y *extrae* los elementos fijados, dejando el resto. El concepto es así, extracto de la intuición. [...] Al extracto mental de una cosa llamaron los griegos su *lógos*, esto es, su

El concepto de *draoma* representa el eje intersubjetivo del lenguaje, sus categorías, la metasemia y la metahistoria de las formas temporales. El *draoma* es la tensión funcional que el lenguaje tiene por la forma viva y concipiente de la idea en cuanto dinamicidad expresivo-significativa del conocimiento. El pensamiento lingüístico de Ortega tiene el quehacer filosófico, cuando se ejerce en vivo y en directo, de servirse de conocidos o innovadores recursos fáticos y de procurar que la expresión contagie impresión. El pensamiento lingüístico de Ortega tiene que valerse, para su aplicación y realización, de procedimientos metalingüísticos pues se trata de llegar a la significación real del lenguaje, recapacitando y reflexionando sobre lo que dice. Tiene que poetizar al descubrir y nombrar las cosas en simultánea faena acontecida en el encuentro absoluto del hombre con el mundo donde emerge la αλήθέια, que iguala el quehacer del filósofo con el del poeta.

"dicción", "lo que de ella se dice", porque, en efecto, las palabras significan esos extractos mentales» (Ortega y Gasset 1992a: 57-58).

9

A MANERA DE CONCLUSIÓN: LAS CATEGORÍAS

9.1. La realidad múltiple de las categorías

Las categorías son algo absoluto en cuanto que son instrumentos y manifestación del conocer. Por otro lado, algunas categorías son algo que existe en una tradición lingüística, por tanto algo objetivo que se ofrece a los hablantes, siendo en sí mismo algo virtual, susceptible de adaptación a las necesidades de expresión de los hablantes. Y, por otro lado, son algo de creación individual en cada acto de habla. Estos tres aspectos se dan en todas y cada una de las categorías reales. Por otro lado, las categorías responden a la finalidad de sus creadores, los hablantes y quienes las formulan. Vistas en concreto tanto las categorías de los hablantes, como las de Aristóteles, los cognitivistas u Ortega y Gasset, las categorías son realidades individuales que dependen del modo de pensar de cada uno de sus autores. Son, por consiguiente, realidades inventadas, fruto de un acto de conocer orientado a la manipulación de una realidad que es creada a su vez en el propio acto de la creación del lenguaje. Este último hecho nos da lugar a una distinción básica en el estudio de las mismas: una cosa son las categorías de los hablantes y otra muy distinta las categorías de quienes las estudian con determinados fines o las proponen en algún sentido.

Desde una perspectiva distinta, las categorías son objeto de un decir. Se dan porque han sido creadas en el acto del conocer y su grado de realidad no es más que un decir, una fabricación del hablante o de su autor.

El basar el estudio de las categorías en el hablante nos lleva a concebir las categorías fundamentalmente como realidades individuales, creativas, fugaces y efímeras. Pero como todo lo humano, la creación es un algo que se ofrece a los demás, por lo que las categorías, unas pocas, pasan a la tradición. De esta forma las categorías se hacen algo objetivo que dura o puede durar durante un corto o largo período de tiempo.

Las categorías, por consiguiente, no son categorías de las cosas: al revés. Crean las cosas incluso las cosas individuales en el acto único de hablar, decir y conocer. El principio de que las categorías están hechas por lo que las cosas tienen en común, es contradictorio con la misma naturaleza creativa e individual de las categorías, ya que como parte del lenguaje, constituyen un acto delimitador de especies. En este sentido tanto categoría como cosa nacen juntas. Las categorías, toda categoría, son necesariamente lingüísticas. Unas son propiamente lingüísticas, las que crean los hablantes, algunas de las cuales pasan o han pasado a la tradición, y las otras, son nomenclaturas, con una u otra finalidad.

Como realidades individuales y en parte sociales (es decir, lingüísticas: tradicionales, históricas, contingentes) las categorías fundamentalmente son reflejo del conocimiento que sus creadores, los hablantes, tienen sobre sí mismos y el mundo que les rodea. Constituyen la manifestación del *saber originario*, que para los hablantes es el *conocimiento lingüístico*.

9.2. Las categorías y el acto del conocer

Como realidades fabricadas las categorías responden a un acto de conocer. Gracias al invento a la vez individual y absoluto fundamentalmente, e histórico, en último lugar, de crear etiquetas con las que tratar de aproximar lo que pasa en nuestro interior a la realidad y hacerlo llegar a nuestro oyente, gracias, pues, al acto del hablar, decir y conocer, es decir, el acto según el cual nos relacionamos con lo que nos rodea, las categorías son posibles y necesarias. Las categorías, en principio, antes de su invención o elaboración no son nada que tenga existencia en sí mismas. No representan, pues, a las cosas, sino que las cosas son creadas gracias a ellas. E insisto: tanto las categorías como las cosas son creadas en el acto único de hablar, decir y conocer. Entre las categorías en sí y la aplicación de las mismas a las cosas concretas media un abismo, cuyo puente es la determinación. Las categorías por su propia naturaleza no pueden ser más que abstractas. La aplicación que hacemos de ellas a las cosas es siempre referida a un algo concreto. El abismo que media entre ambas realidades consiste en el salto que damos de lo que aprehendemos con nuestros sentidos, que es concreto por necesidad, a lo abstracto imaginativo y virtual. Aceptamos lo concreto en cuanto tal y lo hacemos abstracto. Las categorías y las cosas son una elaboración mental y lingüística de algo inventado y fabricado. Cuando esto que inventamos mentalmente lo aplicamos a la realidad (por la operación de la determinación) hablamos de cosas concretas. La realidad se nos presenta a nosotros informe y sin límites. Gracias a que conocemos y delimitamos especies, es decir, creamos categorías, podemos hacer de lo informe algo definido al que llamamos cosa. Nocionalmente, primero son las categorías, después, las cosas. Y en este acto libre y de delimitación no cabe hablar de clasificación, sino de determinación de lo ya creado. El hablante no pretende hacer una clasificación de lo que le rodea: pretende únicamente manipular lo que le rodea con la intención de liberarse o servirse de ello.

9.3. Doble tipo de creación de las categorías

Pero una cosa debemos tener en cuenta. Desde el primer momento en que nosotros o cualquier hablante empieza a reflexionar sobre las categorías, tenemos que hacer una distinción fundamental. Como estudiosos de las categorías no somos meros hablantes y como meros hablantes nadie nos garantiza que acertemos en nuestra apreciación sobre las categorías. Quiero decir con esto que una cosa es lo que el hablante hace en su utilización de la lengua en las situaciones más inverosímiles y otra muy distinta las conclusiones que saque quien estudia las categorías de los hablantes. Son dos planos distintos, el plano del hablar y el plano de la reflexión. El primero es el plano de la libertad; el segundo, el plano de la ciencia. Éste ha de ser adecuado a aquél. El primero se manifiesta en el hablar y en la conducta de los hablantes. El segundo ha de estudiar, precisamente la conducta y el comportamiento de los hablantes, comportamiento lingüístico, teniendo en cuenta que, como hablantes nosotros mismos, nuestras conclusiones han de ser distintas del saber originario que tenemos como hablantes. En ambos casos, como hablantes y como «científicos» tenemos que utilizar el lenguaje. El grado de realidad y, por consiguiente, de verdad de un modo u otro de nuestro estudio de las categorías tiene que ser necesariamente distinto. No podemos, por ejemplo, pretender que cambiando nosotros (los que estudiamos las categorías) el concepto de categoría, vayamos a cambiar el modo de pensar vigente durante dos mil años. El comportamiento lingüístico es autónomo respecto a lo que piensan quienes lo estudian que, para más complicación, son necesariamente hablantes de esta o de aquella lengua (=tradición en la técnica del hablar).

9.4. Las categorías y el saber originario

Hemos visto que Aristóteles parte del saber originario que como hablante tenía de su lengua. Lo mismo tenemos que decir y con más razón de los cognitivistas que confunden el nivel histórico de la lengua dyirbal con los prejuicios y creencias de quienes estudian las categorías, quienes para más complicación, no pertenecen a la lengua dyirbal ni pretenden describir una lengua determinada, sino lo que llaman la cognición. El estudio que hacen los cognitivistas peca siempre de introducir como real los prejuicios y creencias de los investigadores, quienes, convencidos de su verdad, se creen con las manos libres para cambiar la forma de pensar vigente, no ya en una comunidad lingüística (=una lengua), sino en todas, pretendiendo hacer en consecuencia una nueva filosofía. En esta observación de los cognitivistas está implícita la doble realidad de que tratan: la distinción no formulada entre la forma de pensar vigente durante dos mil años, según dicen, y la realidad de las categorías. El propio título del libro de Lakoff es la introducción de una creencia en un estudio que pretende ser científico.

9.5. El acto del habla, la creación de las categorías

Los hablantes no pueden hablar sin utilizar unas categorías, o mejor: sin crear unas categorías en el propio acto del habla. Ahora bien, como el hablar es un acto del conocer y como no existe más acto del conocer que el que hace cada sujeto hablante, dicente y cognoscente, el acto del habla es un acto creador de categorías. Las categorías que se crean en un acto de habla son distintas de las categorías de otro acto de habla. Cada una de ellas responde a unas necesidades de expresión, a un contorno y a una intención significativa. Las categorías sólo tienen realidad en el acto en el que nacen y en las circunstancias en las que acontecen. En este sentido las categorías son creación, es decir, ejecución individual de un algo necesario para llegar a conocer. Si tuviéramos que poner una precedencia en la manera de formarse la categoría, diríamos que en primer lugar la categoría es individual, creativa, fugaz y efímera, pero que fundamental y esencialmente, por tanto anterior nocionalmente a lo dicho, es un instrumento *a priori* de la realidad humana de desenvolverse cada ser humano entre lo que rodea, es decir, de la realidad humana del conocer. Sólo en segundo lugar, si es que cupiera hablar así, la categoría es histórica, es decir, está hecha en una lengua y formada con elementos que pertenecen a una lengua. En este sentido, todas las categorías son lingüísticas: pertenecen al lenguaje y a una lengua. De esta manera la categoría es una creación abstracta que aplicamos a realidades concretas necesariamente dispares entre sí porque éstas no se dan más que concretamente. La categoría es lo que es y la aplicamos a lo que no es más que por el lenguaje de los sentidos, haciéndolo de esta manera cosa que es. Parafraseando a Ortega podemos decir que pasamos de aquello que es por el lenguaje de los sentidos al lenguaje decidor del ser.

La pretensión de los cognitivistas de hacer coincidir la cosa representada y la categoría aplicada a la misma, es falsa en sí misma. Nunca puede haber correspondencia entre un algo mental y, por consiguiente, abstracto, una creación libre y ocasional, y aquello a lo que se aplica, que antes de esta aplicación no es nada: una cosa es desde el momento que le aplicamos una categoría. Las categorías, algo mental, ni son ni pueden ser simétricas o asimétricas. Son conceptos y como tales sólo se pueden definir por su precisión y su claridad. Un concepto tiene dos caras: su cara *ad intra* y su cara *ad extra.*

> *«Por una, el concepto pretende declararnos la verdad sobre la cosa: es la cara que mira a la realidad, por tanto, a fuera de él mismo, a fuera del pensamiento; es su cara* ad extra. *Por otra, el concepto consistía en su propio acotamiento como contenido mental; es su cara* ad intra *del pensamiento. Por aquella el concepto es o no suficientemente verdadero, es o no suficientemente conocimiento. Por esta el concepto es más o menos preciso, estricto, inequívoco, exacto; es más o menos* lógos *más o menos lógico o apto para que funcionen con rigor las operaciones lógicas [...]. La verdad de un concepto viene a éste en su relación con las cosas; por tanto, con algo externo a él. Es una virtud extrínseca del concepto. Su precisión, en cambio, su univocidad es una virtud que el concepto tiene o no, por sí mismo, en cuanto pensamiento y sin relación a nada extrínseco».*[583]

La aplicación de un concepto (categoría, para los cognitivistas) a algo real no puede ser más que una aproximación. La asimetría que defiende Lakoff no puede ser más que la constatación de que lo pensado es una cosa y lo real otra cosa distinta, que lo real se fabrica por lo pensado. Nunca habrá «simetría» (o «asimetría», que para el caso es igual) entre el concepto y lo representado por el concepto, sino adecuación o inadecuación, o adecuación en un sentido e inadecuación en otro sentido.[584]

---

[583] Ortega y Gasset 1992a: 61

[584] El tratar de definir con distinto sentido una categoría dada en contextos dispares y diferentes es frecuente en los análisis de los cognitivistas. Así, Lakoff define la categoría «madre» buscando contextos lo más dispares posibles, incluso contradictorios. Para Lakoff, la categoría

9.6. Las categorías y el nivel del hablar

En nuestro estudio de las categorías, el nivel del hablar es el único que hemos de tener en cuenta. El nivel de la investigación tiene que explicar necesariamente aquél, sin concepciones previas, sin caer en la explicación que como hablantes hemos aceptado desde hace mucho tiempo. La única categoría que existe es la del fugaz acto de habla. La categoría que elaboran quienes pretenden estudiar las categorías, según modos de pensar distintos, son una serie de elaboraciones mentales que ellos mismos han de justificar. La creación de una teoría, por muy elaborada y fundada que sea, es también un acto de conocimiento. Pero como acto de conocimiento que esta última es, es un acto totalmente distinto del que realiza el hablante cuando habla. En este sentido hemos visto que también se dan eso que podemos llamar «categorías formadas por el principio de lo que las cosas tienen en común»: las *nomenclaturas* o categorías formadas desde la ciencia. Pero, hemos dicho, que hay una diferencia abismal entre éstas y las categorías del conocer. Las primeras no son lingüísticas, no delimitan especies, sino

---

«madre» sólo se puede explicar si aceptamos un concepto de categoría variable en el sentido de los principios por él defendidos para la elaboración de la categoría, que nos darían una categoría asimétrica. De esta forma habría patrones que especificarían la categoría en el sentido apropiado al contexto en el que se pueden dar. La categoría «madre» formaría una agrupación de modelos, cada uno fijo y respondiendo al contexto buscado, distinto de los demás. Así, habría una serie abierta de modelos de madre, como *madre de nacimiento, madre genética, madre nutricional, madre marital, madre genealógica.* El problema no se termina, ya que en teoría puede haber muchos más modelos de madre, como *madre donante, madre de alquiler, madre adoptiva, madrastra,* etc. Todos los casos, según Lakoff, pueden ser explicados en términos de la relación que mantengan con el modelo ideal o prototipo, en el que convergen todos los modelos. Cf. Lakoff 1990: 74-76.

que son *nomenclaturas.* En las nomenclaturas las cosas están ya delimitadas como especies, es decir, existían de antes de existir las nomenclaturas. Sin embargo en las categorías lingüísticas tanto la categoría como la cosa son creadas en el mismo acto del habla. Las categorías históricas, que son categorías lingüísticas, son categorías que hoy están insertas en la tradición y que pasaron a la tradición después de haber sido creadas y recreadas en innumerables actos del habla.

9.7. Las categorías y el modo de pensar

9.7.1. Las categorías, todas y cada una, responden al modo de pensar de quienes las crean. Los hablantes, cada uno por su parte, tienen un modo de pensar y en virtud de ese modo de pensar, cada uno de ellos crea categorías para desenvolverse entre lo que le condiciona en su vivir. Y las personas que estudian y critican las categorías elaboran igualmente o proponen categorías que responden a un determinado modo de pensar. Las categorías de Aristóteles, como hemos visto, encuentran su explicación en el modo de pensar de Aristóteles, es decir, en su filosofía. Aristóteles era, como hemos visto, uno de los pocos autores que en la historia de la filosofía instauraron la «experiencia» como modo de pensar, un pensador que aceptaba como existente lo que decía la gente, que creía en la evidencia, que utilizaba los principios y las definiciones como forma de probar sus asertos. De esta manera Aristóteles aceptaba todo lo que, a través de su lengua, era lugar común. De aquí, que la elaboración de lo que es predicable responda fielmente a las posibilidades de expresión de su lengua griega. No se dio cuenta de que lo que su lengua griega aportaba eran cosas que podrían o no ser iguales en otras lenguas. El caso más sorprendente de las categorías de Aristóteles, tanto por parte del propio Aristóteles como por parte de los comentaristas de siglos después, es la interpretación dada a las categorías verbales: ἔχειν, normalmente traducido por «tener» pero que también significa «llevar puesta una prenda»; y κεῖσθαι, ilustrado con los ejemplos ἀνάκειται «está acostado» y κάθηται «está sentado». ¿Qué interés tiene, dice Benveniste, si alguien lleva zapatos, si está sentado o si está acostado? Son los recursos de la lengua griega que Aristóteles como hablante de la misma no llegó a ver como propios de la misma y que los comentaristas, tras siglos de evolución de la lengua griega, no llegaron a entender.

9.7.2.1. Pero la intención de Aristóteles al crear sus categorías era hacer ciencia sobre las cosas concretas e individuales. El problema que entonces se planteaba Aristóteles era que las Ideas de su maestro Platón no permitían ver las cosas en su singularidad e individualidad. Para ver las cosas no como ideas (categorías, diríamos hoy) sino como cosas individuales, creó el concepto de substancia, algo que era en sí mismo y que Aristóteles podría aplicar a lo que, según él, es porque se puede tocar, la cosa concreta e individual.

9.7.2.2. Las categorías de Aristóteles son consideraciones cognoscitivas hechas por una persona que quiere hacer ciencia, no filosofía, que entonces imperaba. Aristóteles crea sus categorías partiendo del hecho de que las cosas son y de que todo lo que es ha de tener un soporte que le haga ser. De esta manera concibe la substancia como el sustrato de todo lo que es. No contento con este soporte concibe las demás categorías, el *cuál*, el *cuánto*, el *relativo a*, el *dónde*, el *cuándo*, el *estar dispuesto*, el *estar en estado* (el *tener*), el *estar vestido o calzado*, el *hacer* y el *padecer*, de forma objetiva, como si en realidad existieran por sí mismas como algo objetivo, olvidándose de (o fundándose en) que estas últimas categorías dicen de algo que está en otra cosa.

9.7.2.3. Ya hemos visto que Aristóteles, al aceptar las cosas con existencia en sí y por sí, sólo hace un estudio de las cosas que son en cuanto que son susceptibles de predicación. Es decir, puesto que las cosas son en sí, tanto si existen en sí mismas como si se dan en otra cosa, tanto si nos las acreditan los sentidos como si son las que dice la gente, las cosas se pueden describir en lo que son. Es decir, las cosas son individuales y objetivas, en cualquier caso. Si las cosas son objetivas se puede hacer una predicación también objetiva sobre las mismas. De esta manera concibe la mayor parte de sus categorías (todas excepto la substancia) como consideraciones cognoscitivas que saca de las cosas reales, que son objetivas. Esto nos explica la razón de ser de la cantidad, la cualidad, el lugar y el tiempo, etc. La cantidad, por ejemplo, sólo es posible si concebimos las cosas como extensas, es decir, si identificamos el ser de la cosa con el ser de la materia. La cualidad, el ser tal o cual, se da cuando se concibe lo real y se le aplica a eso que ha sido concebido la propiedad del ser substante, el ser uno. Cuando decimos que una cosa es tal, es que hemos aplicado a lo que es la singularidad absoluta que lleva en sí el ser uno e indiviso. De la misma manera, un ser que es se puede relacionar con otro que también es. Como todo lo que existe es ser y objetivo, la relación que establezcamos entre dos seres objetivos será también objetiva, es decir, será también ser y, por tanto, se podrá predicar de ella. Por otro lado, si una cosa es, es objetiva y es de por sí, tiene que ocupar un sitio, un *donde*, en relación a las demás; y tiene que darse en un *tiempo*, etc.

9.7.3 Aristóteles tiene razones para ver las categorías de la forma que comentamos. La experiencia, basada en la acreditación de los sentidos, nos confirma que las cosas son, por una parte, y por otra, la gente dice que las cosas son. Pero, como hemos visto, el interés de Aristóteles era hacer ciencia. Y frente al proyecto filosófico de Platón, Aristóteles postula describir las cosas reales. Aristóteles quiere «decir las cosas en parte», es decir, hacer ciencia, decir, no ya de la idea (la categoría), sino de la individualidad de la cosa. Ahora bien, para hacer ciencia es necesario que se dé el conocimiento. Tiene que haber verdades improbadas e improbables, porque de lo contrario sería imposible la ciencia. Y Aristóteles comprueba que con su «decir las cosas en parte», se puede hacer ciencia.

9.8. El doble criterio para formar las categorías

9.8.1.1. Las categorías de los cognitivistas son categorías de las cosas y en consecuencia los cognitivistas quieren modificar el concepto de las mismas, porque las categorías que ellos impugnan, concepto de categoría que atribuyen a Aristóteles, no cuadra con las cosas. Pero tampoco cuadra el concepto de categoría como prototipo en las cosas. De esta manera, los cognitivistas dejan abierta la posibilidad de que se creen sobre la marcha nuevas «subcategorías» que quepan en la categoría. A la vez los cognitivistas insisten en que las categorías son cosas del pensar y de la mente, porque, dicen, es necesario reformar también los conceptos de verdad, conocimiento, significado, razón, mente y categoría. Es decir, los cognitivistas parten de dos teorías del conocer antitéticas entre sí: lo que llaman el realismo básico, al que transforman en el realismo experiencialista[585] y la epistemología que propugnan.[586]

9.8.1.2. Pero no se entiende cómo van los cognitivistas a conjugar ambas teorías antitéticas. Tanto el realismo como la epistemología que propugnan son respuestas al problema del conocer. Si aceptamos una, por ejemplo, el realismo, huelga una epistemología autónoma del realismo del que parten. Y si aceptamos de antemano la epistemología todo queda en el aire porque no se sabe a qué ha de responder esa epistemología.

9.8.2. El resultado de esta conjugación de dos teorías del conocer antitéticas es que en las categorías todo tipo de criterio vale para formar un prototipo. Las categorías de los cognitivistas no son homologables ni intercambiables entre sí. Están, cada una de ellas, formadas con criterios diferentes, como no puede ser menos.

9.9. Las categorías y la realidad radical

9.9.1 Las categorías de Ortega y Gasset, ya lo hemos visto, responden directamente a la verdad de la realidad radical, que es la vida humana, la vida de cada cual. Son las categorías de la razón vital.

---

[585] Lakoff, en su afán de hacer una ciencia nueva, adopta lo que llama, en primer lugar, el realismo básico. Y tras haber aceptado éste dice que el realismo tiene que ser realismo experiencialista (Lakoff 265-68). Si nos fijamos bien, éste último no es más que una innovación terminológica, puesto que el realismo, todo realismo, se basa en la experiencia. Cf. *Gran Enciclopedia Larousse.*

[586] Dice Lakoff: «The evidence we will be considering suggests a shift from classical categories to prototype-based categories defined by cognitive models. It is a change that implies other changes: changes in the concepts of truth, knowledge, meaning, rationality —even grammar» (1990: 9).

9.9.2. Las categorías de Ortega y Gasset se desprenden todas de una concepción unitaria sobre lo que es la realidad radical de la que parte, que no es más que la vida, la vida de cada cual. Pero en este sentido las categorías de Ortega y Gasset tampoco son homologables ni intercambiables entre sí, porque como realidad concreta nunca llegan a realizarse. Son formas *a priori* que Ortega deduce de su razón vital. En este sentido, como realidades absolutas, nunca se han llegado a definir: se han de realizar y en sí mismas en lo que son: entes de razón. Nunca podremos decir lo que es, por ejemplo, el *aquí*, ni lo que es el *yo*, ni las *categorías del contexto*, etc., más que en su realidad absoluta y en su realización individual.

9.10. Las categorías y las cosas

9.10.1. Por el contrario, las categorías de los cognitivistas no responden más que a describir las cosas, que son, según ellos, como son[587]. Pero ellos no se preguntan qué es eso de que las cosas sean como son. Cuando aceptamos que algo es como es, hay algún criterio oculto que actúa en nosotros y nos dice cómo es eso que buscamos, criterio que nosotros no identificamos. El criterio, para los cognitivistas, es precisamente las creencias más populares. Veamos la siguiente cita:

> *«To change the very concept of a category is to change not only our concept of the mind, but also our understanding of the world. Categories are categories* of *things. Since we understand the world not only in terms of individual things but also in terms of* categories *of things, we tend to attribute a real existence to those categories. We have categories for biological species, physical substances, artifacts, colors, kinsmen, and emotions and even categories of sentences, words, and meanings. We have categories for everything we*

[587] «the world is the way it is» (Lakoff 1990: 265).

can think about. To change the concept of category *itself is to change our understanding of the world».*[588]

Siendo las categorías de los cognitivistas categorías de las cosas no tenemos más remedio que admitir que las cosas son antes que las categorías. Las cosas, además, como ya hemos visto, son y son como son. Y si admitimos esto último tenemos que admitir que las categorías son algo objetivo que tiene que estar en alguna parte. Para los cognitivistas, las categorías están en la cognición, que es de tipo biológico. Si admitimos esto, a su vez, tendremos que explicar, cómo y por qué las categorías de las cosas residen en lo biológico o en lo genético. Admitir todas estas cosas significa admitir que el hombre cuando habla no sabe lo que dice o lo que hace. Ahora bien, si las categorías son categorías de las cosas, ¿cuál es la misión de la mente y del conocimiento? Puesto que tratamos del conocimiento, cognición, que dicen ellos, ¿en qué consiste la cognición si todo lo que constituye su objeto existe de antes del conocer, a saber, las cosas (objeto del conocer) y las categorías (instrumentos del conocer)? ¿En qué falla o en qué acierta el conocimiento si las categorías son categorías de las cosas? ¿Es necesario, por ello, cambiar el concepto de categoría? ¿Quiénes han de cambiar dicho concepto, los hablantes o los cognitivistas?. Si son estos, ¿por qué no lo hacen? Y si son los hablantes, ¿cómo lo van a hacer? ¿Es que tienen los hablantes algún interés en cambiar cosa tan banal para ellos como una teoría que no coincide en absoluto con lo que ellos hacen al hablar?

Por otro lado, como hemos dicho, si las categorías son categorías de las cosas, es que las cosas son antes que las categorías, ¿qué función tienen pues las categorías? ¿En qué se diferencian de las nomenclaturas? Decir que las categorías son categorías de las cosas es decir que las categorías

[588] Lakoff 1990: 9.

son nomenclaturas, clasificaciones de las cosas y no delimitadoras de especies. Esto es igual que negar la realidad del lenguaje.

Por otro lado, las categorías de Aristóteles son aquellas que el propio autor describe en sus obras, no las que los cognitivistas dicen que son de Aristóteles. La pretensión de los cognitivistas de cambiar las categorías «que vienen de Aristóteles» resulta muy problemática. Tal y como hemos visto, para Aristóteles, las categorías se resolvían en la substancia. La substancia es el soporte de ser de todo lo que existe y las otras categorías de Aristóteles (el *cuánto*, el *cual*, el *relativo a*, etc.) participaban también de la substancia en tanto que se dan en otra cosa. De esta manera dijimos antes que las categorías de Aristóteles eran tales en cuanto que se apoyaban todas en la substancia, de una manera u otra. De aquí, la concepción occidental sobre el ser como ser substante. Los cognitivistas aceptan el concepto de ser como substante, es decir, para ellos que algo se dé o exista es algo objetivo, tanto que es comprobable empíricamente: las categorías, o la categorización, o los mecanismos de la categorización, que se pueden comprobar en el laboratorio —recordemos los experimentos sobre los colores en la lengua dani[589]. Las cosas, para los cognitivistas son seres que se dan en sí y por sí; las categorías, son algo objetivo que incluso se puede descubrir con el método experimental. ¿Cómo van ellos a cambiar las categorías de Aristóteles, que se resuelven en la substancia, si previamente aceptan el concepto de ser substante en las cosas? ¿Van a cambiar un concepto de ser substante por otro también substante?

9.10.2. La concepción cognitivista sobre las categorías, no obstante, es coherente con el principio del que parten, que es el llamado por ellos realismo experiencialista, que defiende

[589] Cf. Lakoff 1990: 40.

que las cosas son como son, según acabamos de decir. Y en esto, se quiera o no, coinciden, una vez más con Aristóteles. Para Aristóteles, como vimos en su momento, las cosas son porque así lo acreditan los sentidos. Puesto que las cosas son, Aristóteles ideó una forma de llegar a ellas: la abstracción que selecciona lo común de las cosas. Los cognitivistas, por el contrario, quieren llevar el mundo a la misma mente y conformar la mente según es el mundo. Hay, no obstante, una diferencia radical entre el modo de pensar de Aristóteles y los cognitivistas. Aristóteles habla de ideas, es decir, del *Saber*; los cognitivistas, llenos de espíritu reformador, hablan de las cosas. Quieren meter el mundo físico en la mente, meramente aceptando un concepto nuevo de categoría, aquél que responda a los principios que deben regir las categorías, que expusimos en la introducción de este libro, que nos da un concepto de categoría *asimétrico*[590]. De esta manera propugnan también la creación de una epistemología nueva.

9.11. Categorías del hablar, categorías siempre nuevas

Fruto del acto de conocer que se da en una situación concreta, determinada ésta finalísticamente hacia una necesidad de tipo pragmático y por una intención significativa por parte del sujeto hablante, dicente y cognoscente, las categorías en cuanto realidades comunes y abstractas no tienen existencia concreta. Se manifiestan sólo en el acto del habla y en éste están determinadas por el contorno y la intención significativa del hablante. De esta manera, las categorías son las que se dicen en un acto de habla, siendo siempre nuevas y únicas, puesto que el acto del habla y todos los actos del habla habidos, no agotan el lenguaje. Si bien el sujeto ha-

[590] Cf. Lakoff 1990: 7.

blante, dicente y cognoscente utiliza medios tradicionales, —las categorías de una lengua también son medios tradicionales— éstas en especial, al realizarse, son modificadas en lo que por abstracción el hablante ha concebido de las mismas según se dan en el uso de la lengua que él ha vivido. Las categorías históricas en este sentido son objetos ideales a los que el sujeto hablante, dicente y cognoscente modifica para adaptarlos a la situación en la que éste se desenvuelve según su intención significativa. De esta manera puede decirse que si bien el hablante se refiere a las categorías históricas (comunes) para su expresión, las categorías que utiliza el hablante jamás son unívocas. Dado que toda expresión refiere las cosas del mundo real o ficticio, las categorías como realidades abstractas no se pueden dar jamás. Las categorías abstractas no tienen más realidad que la que el hablante le da al concebirlas y esto pertenece al acto del habla, que es siempre un acto determinado por una intención significativa, condicionado por un contexto. Las categorías históricas, ya de por sí abstractas, meramente se manifiestan en las expresiones reales, siempre que por analogía hagamos una abstracción mayor. Estas categorías que se manifiestan en el habla, en el hablar-de-cada-vez, son las que he referido antes como las *categorías del conocer.*

9.12. Tipos de categorías

Para terminar quiero plantearme un último problema: ¿cuál es la estructura interna que presentan las categorías de cada uno de estos cuatro sistemas de categorías estudiados?[591] Dicho de otro modo: ¿cómo es el concepto

---

[591] Incluyo como cuarto sistema de categorías, además del de Aristóteles, los cognitivistas y Ortega y Gasset, las que he llamado las *categorías del conocer.*

que estructura cada categoría de cada sistema? Si las categorías de Aristóteles tienen la misma estructura o modo de ser que las categorías de los cognitivistas, por ejemplo, serán intercambiables entre sí, renovables y reformables en algún sentido. Desde el inicio los cognitivistas tienen una misión: reformar las categorías que ellos creen de Aristóteles. Para ver si esto es posible tenemos que estudiar la estructura interna de cada tipo de categorías.

9.12.1. Las categorías de Aristóteles

Las categorías de Aristóteles son, fundamentalmente, de dos tipos: uno que da soporte de ser a las cosas, la substancia, y otro que se apoya en el soporte de ser ya dado a las cosas, es decir, en la substancia misma. La substancia, como hemos dicho, es el elemento individuador de las ideas (las Ideas de Platón) que convierte a las mismas en cosas objetivas porque ya son. Las otras categorías, que son porque son en algo que ya ha sido dado el soporte de ser, se hacen también objetivas puesto que se dan en algo que ya es. Las categorías de Aristóteles, por consiguiente, giran en torno al ser de las cosas que convierte a las mismas en algo objetivo puesto que son. De esta manera se puede decir que las categorías de Aristóteles fundamentalmente es una, la substancia. Una vez que hemos comprobado que la substancia se da en este y en aquel ente, entidad o ser, podremos buscar las otras categorías puesto que éstas son algo que se da ya en una substancia. Por consiguiente, es la primera de las categorías la que constituye el soporte de ser de las demás y la que define la estructura interna de todas ellas como elementos que son y elementos objetivos. Y en efecto, la *cantidad*, la *cualidad*, etc., se describen como siendo, es decir, como teniendo un soporte de ser objetivo.

9.12.2. Las categorías de los cognitivistas

9.12.2.1. A la hora de estudiar las categorías de los cognitivistas tenemos que fijarnos, como ya vimos, en los dos tipos de categoría que ellos manejan, a saber:

a) aquel tipo de categoría del que ellos parten para rechazarlo como falso, al que llaman el concepto clásico de categoría y,

b) el tipo de categoría que propugnan, que no es más que la categoría que rechazan modificada según los principios que ellos proponen.

El resultado de este segundo tipo será una categoría *asimétrica* compuesta por una serie de categorías menores o subcategorías. Tanto la categoría en sí como las subcategorías tienen la misma estructura: un vértice que define a la categoría o subcategoría en cuanto a lo que es la misma y una progresiva serie de individuales de los que se predica la categoría o subcategoría, que constituyen la base de la misma. El resultado es simplemente una categoría igual que la que rechazan pero asimétrica en su estructura interna; es decir, igual en la estructura de las subcategorías, pero asimétrica en su conjunto, puesto que las características de una y otras son distintas.

9.12.2.2. Las categorías que propugnan los cognitivistas tienen un fin: representar las cosas, puesto que dicen que las categorías son categorías de las cosas. Para los cognitivistas, las categorías que ellos rechazan, la teoría clásica de las categorías, no definen las cosas, porque, dicen, están hechas según el principio de las propiedades que las cosas tienen común, y entre los «miembros» de la categoría hay algunos que difieren de los más representativos o *prototipos.* Las diferencias entre un tipo y otro de las categorías, es, pues, una diferencia de grado. El principio de que las categorías se forman por lo que las cosas tienen en común se realiza dentro de cada una de las subcategorías. En la subcategoría de *madre de alquiler*, por ejemplo, todos los ejemplares tienen en común aquello que los define.

9.12.2.3. La estructura que presentan la categorías de las que parten los cognitivistas es la estructura de los géneros y especies, es decir, una estructura que podríamos llamar piramidal: una base muy amplia de ejemplares o individuales («cosas», que dicen ellos) y una progresiva aminoración de las características en común según ascendemos de la base hacia el vértice. Éste representaría la categoría misma, con un número mínimo de propiedades o características esenciales y un número máximo de ejemplares o individuales de los que se aplica la categoría, que se representarían en la base. Es decir: con un mínimo de intensión y máximo de extensión.

9.12.2.4. La particularidad de este tipo de categoría es que se conciben las subcategorías como autónomas entre sí pero formando a la vez parte de la categoría[592]; el punto de relación con la categoría es el *prototipo* o elemento más representativo de la categoría.

9.12.2.5. Pero esto no es más que un problema de concepción de la estructura de los géneros y especies. Una especie se diferencia del género del que depende por su diferencia específica. Una especie es al género lo que el sujeto es al predicado, pues el género es predicado de la especie mientras que la especie no puede ser predicada del género. De esta manera la especie es considerada una clase subordinada al género y supraordinada a los individuos. Es decir, que género + diferencia específica = especie; especie + diferencia = subespecie, y así, hasta llegar al último individuo. Así, ma-

---

[592] Cf. § 6.2.5.

dre + (condiciones del alquiler) = *madre de alquiler*; madre + (condiciones maritales) = *madre marital*; madre + (condición genética) = *madre genética*; etc.[593]

9.12.3. Las categorías del conocer

9.12.3.1. Con la serie de principios expuestos en la introducción, pretenden Lakoff y los cognitivistas reformar el concepto clásico de categoría que atribuyen a Aristóteles. Pero el tipo de categoría en el que piensan los cognitivistas corresponde a las que he llamado las *categorías del conocer*. Éstas tienen una estructura que podemos llamar piramidal, no son formadas sobre las cosas ni por lo que las cosas tienen en común, sino por *analogía*. Son pura creación y corresponden a la forma normal del conocer, practicada de forma intuitiva por los hablantes.

9.12.3.2. La estructura de ser de las categorías del conocer tiene que ver con el modo de su concepción por los hablantes. Éstos no se proponen hacer una clasificación de las cosas, sino servirse de las cosas mediante consideraciones cognoscitivas creadas por ellos en el mismo momento del hablar. La creación de las categorías del conocer es pura fabricación del sujeto para dominar la circunstancia en la que se halla inmerso. Su creación no es concreta: no puede ser más que abstracta. En el pensar del hablante, primero es la creación abstracta (intuición o intuición analógica) y después es la aplicación de aquello creado (mental y sin fundamento en lo real) a lo que le rodea, de lo cual, en consecuencia, quiere decir. Las categorías del conocer son creadas en virtud del conocer, constituyendo, por tanto, los fundamentos del mismo, es decir, son instrumentos *a priori* del conocer. Ahora bien, en su realización, son creación individual, pero por el

[593] Cf. Lakoff 1990: 74-76.

hecho de que se hagan con medios de una lengua y según modelos propios de una lengua (analogía), o por el hecho de que hayan sido tomadas o adaptadas desde la tradición, son categorías contingentes de tipo histórico.

9.12.3.3. Cuando describimos las operaciones intelectivas en que las que se desenvuelve el acto del conocer, las categorías de la llamada por los cognitivistas teoría clásica responden a la operación intelectiva que he llamado «creación de una clase o esencia», operación que los cognitivistas identifican con la categorización[594]. En esta categoría no hay en principio nada que nos hable de características en común, ni mucho menos, de la substancia de Aristóteles.

9.12.4. Las categorías propuestas por Ortega y Gasset

Las categorías de Ortega y Gasset son categorías únicas en el sentido de que no están realizadas sino que son categorías que se han de realizar. Son, por tanto, categorías no definidas en lo que son, o dicho de otra manera: categorías en las que sólo vemos la realidad radical de la que parten. Eran como hemos dicho instrumentos *a priori* de la razón vital. Lo que vemos en ellas es la razón vital y su virtual realización, que será, por tanto, realización individual, fugaz y efímera. Las categorías que propone Ortega y Gasset definen el hecho de verdad que les corresponde en esa realidad que es «mi vida».

---

[594] Cf. Martínez del Castillo 2004, cap. 7.

Bibliografía

Ackrill, J. L. (1963) *Aristotle, Categories and De Interpretatione* translated with notes and glossary. Oxford: Oxford University Press.

Alarcos Llorach, Emilio. (1994). *Gramática de la lengua española*. Real Academia Española. Colección Nebrija y Bello, Espasa Calpe, S. A.

Alvar, M. y Bernard Pottier (1983). *Morfología histórica del español*. Madrid: Gredos.

Aristóteles (2009) *Categorías, Sobre la interpretación*. Introducción, traducción y notas: Jorge Mittelmann. Editorial Losada.

—, (2008) *Metafísica*. Alianza Editorial: Clásicos de Grecia y Roma.

Austin, J. L. (1972): *Palabras y acciones*. Buenos Aires: Paidós.

Bartolotta, Salvatore (2005): *La versión española de «*Cándido*» de Leonardo Sciascia: Estudio lingüístico de los regionalismos*. Bari: Laterza.

Bello, Andrés. (1978): *Gramática de la lengua castellana.* Madrid: Colección Edaf Universitaria.

Benveniste, Émile (2004 [1971]): *Problemas de lingüística general II.* Siglo XXI Ediciones.

—, (2007 [1966]): *Problemas de lingüística general I.* Siglo XXI Ediciones.

—, (1966): *Problèmes de linguistique général.* Paris: Editions Gallimard.

Boman, Thorleif (1954): *Das Hebräische Denken im Vergleich mit dem Griechischen,* 2ª edición.

Brehier, Emile. (1962): *Historia de la filosofía.* Ediciones Sudamericana.

Bühler, Karl (1979): *Teoría del lenguaje.* Madrid: Alianza Universidad.

Candel Sanmartín, Miguel. (1982): *Tópicos* Madrid, Gredos (reimpr. Madrid, RBA, 2007).

Cassirer, E. (1998 [1964]): *Filosofía de las formas simbólicas.* 3 vol. México: Fondo de Cultura Económica.

Coseriu, Eugenio. (1951): *Introducción a la lingüística, Madrid: Gredos.*

—, (1952): *Sistema, norma y habla.* Montevideo.

—, (1955-56): "Determinierung und Umfeld". *Romanisches Jahburch,* VII, 1955-56: 29-54.

—, (1974): «Linguistics and Semantics», en A. T. Sebeok, (ed.), *Current Trends in Linguistics,* La Haya, págs. 103-73.

—, (1977) [1971]: *Tradición y novedad en la ciencia del lenguaje: estudios de historia de la lingüística,* Madrid, Editorial Gredos.

—, (1978) *Humanwissenschaften und Geschichte. Der Gesichtspunkt eines Linguisten*, Oslo, Det Norske Videnskaps-Akademi-Årbok, 1978, págs. 111-20.

—, (1979): «Streitgespräch zur Historizität von Sprechakten», en Schleiben-Lange, Brigitte & Harald weydt (1979).

—, (1981) [1977]: *Principios de semántica estructural*, Madrid, Editorial Gredos.

—, (1982) [1962]: *Teoría del lenguaje y lingüística general: cinco estudios*, Madrid, Editorial Gredos.

—, (1985) [1977]: *El hombre y su lenguaje: estudios de teoría y metodología lingüística*, Madrid, Editorial Gredos.

—, (1985b): «Linguistic Competence: What is it Really?». *The Modern Language Review*, 80, 4. XXV-XXXV.

—, (1986) [1951]: *Introducción a la lingüística*, Madrid, Editorial Gredos.

—, (1986b) [1973]: *Lecciones de lingüística general*, Madrid, Editorial Gredos.

—, (1987) [1978]: *Gramática, semántica, universales: estudios de lingüística funcional*, Madrid, Editorial Gredos.

—, (1988) [1957]: *Sincronía, diacronía e historia: el problema del cambio lingüístico*, Madrid, Editorial Gredos.

—, (1990): «Semántica estructural y semántica cognitiva», *Homenaje al Profesor Francisco Marsá / Jornadas de Filología, Colecció homenatges*, Universidad de Barcelona, págs. 239-82.

—, (1990b): «Entrevista a Eugenio Coseriu». *Cuadernos de Investigación Filológica*, t. XVI, fascículo 1 y 2 (1990), págs. 159-70.

—, (1992) [1988]: *Competencia lingüística: elementos de la teoría del hablar*, Madrid, Editorial Gredos.

—, (2003): «Los procedimientos semánticos en la formación de palabras», *Odisea 3, Eugenio Coseriu in memoriam*, Almería, Servicio de Publicaciones de la Universidad de Almería, págs. 179-89.

—, (2007): *La lingüística del texto: Introducción a la hermenéutica del sentido.* Edición anotada de Óscar Loureda Lamas. Arco/Libros, S.L.

Coseriu, E. y H. Geckeler, (1974): *Structural Semantics*, Tubinga, Narr.

Coseriu, E. y Ó. Loureda, (2006): *Lenguaje y discurso*, Pamplona, Eunsa.

Descartes (2003): *Discurso del método, Meditaciones metafísicas, Reglas para la dirección del espíritu, Principios de filosofía.* México: Editorial Porrúa.

D'Olhaberriague Ruiz de Aguirre. 2009. *El pensamiento lingüístico de José Ortega y Gasset.* Spiralia *Ensayo.*

Dominguez Rey, A. (2000): *El decir de lo dicho.* AEE Heraclea. Madrid.

—, (2003): *El drama del lenguaje.* Editorial Verbum, Universidad Nacional de Educación a Distancia. Madrid.

Fernández Ramírez, S. (1985-86): *Gramática española.* 5 volúmenes. Madrid: Arco/Libros

Ferrater Mora, José (2005). *Diccionario de filosofía*, 5 tomos, RBA.

Fritz, Kurt von (1931): «Der Ursprung der aristotelischen Kategorienlehre», *Archiv fur der Gechischte der Philosophie*, XL, 3 (1931): 449-496.

García Agustín, Óscar. «La teoría del decir: la nueva lingüística según Ortega y Gasset». C.I.F. XXVI (2000): 69-80.

García-Hernández, Benjamín (en prensa): «L'espace, le temps, le mouvement et l'aspect. Perspectives sur leur organisation linguistique». C. Moussy & M. Fruyt (ed.), *L'expression de l'espace et du temps en latin.* París, Presses Universitaires de Paris-Sorbonne.

García-Hernández, B. 1998: «Diathèse et aspect verbal dans les structures lexicales», *Bulletin de la Société de Linguistique de Paris*, 93, 211-227.

Gomperz, Theodor (1896): *Griechische Denker: Geschichte der antiken Philosophie.* 3 tomos. Viena.

Gran Enciclopedia Larousse.

Hamelin, Octave. 1907. *Essai sur les éléments principaux de la representation*, Presses Universitaires de France.

Heidegger, Martín (2002 [1944]): *El ser y el tiempo.* Traducción de José Gaos. RBA: Biblioteca de los Grandes Pensadores.

Humboldt, W. (1990 [1836]): *Ueber die Verschiedenheit des menschlichen Sprachbaues und ihren Einfluss auf die geistige Entwickelung des Menschengesschlechts*, traducción española de Ana Agud: *Sobre la diversidad de la estructura del lenguaje humano y su influencia sobre el desarrollo espiritual de la humanidad*, Madrid, Anthropos y Ministerio de Educación y Ciencia.

—, (1991): «Sobre el estudio comparado de las lenguas en relación con las diversas épocas de su evolución». *Escritos sobre el lenguaje.* Barcelona: Ediciones Península.

Jakobson, Roman (1985 [1974]): *Ensayos de lingüística general.* Planeta-De Agostini.

Kant, Inmanuel. *Crítica de la razón pura.* RBA Editores.

Kovacci, Ofelia (1995). «El español y sus gramáticas», en Seco 1995: 235-49.

Lapesa, Rafael (1980): *Historia de la lengua española.* Madrid: Gredos.

Lakoff, George. (1990 [1987]): *Women, Fire and Dangerous Things: What Categories* Reveal *about the Mind.* Chicago y Londres: The University of Chicago Press.

Lakoff, George & y Johnson, Mark, (1999): *The Embodied Mind and Its Challenge to Western Thought.* Basic Books

Langacker, Ronald W. (1987): *Foundations of Cognitive Grammar: Theoretical Prerequisites,* vol. I: Stanford: Stanford University Press.

—, (1991): *Foundations of Cognitive Grammar: Descriptive Application.* Stanford: Stanford University Press.

Lee, Penny (1996) *The Whorf Theory Complex: A critical reconstruction.* John Benjamins Publishing Company.

Martínez del Castillo, J. G. (1999): *La intelección, el significado, los adjetivos,* Almería, Servicio de Publicaciones de la Universidad de Almería.

—, (2001): *Benjamin Lee Whorf y el problema de la intelección,* Almería, Servicio de Publicaciones de la Universidad de Almería.

—, (2001b): «El estudio de las estructuras mentales», *Odisea 1, revista de estudios ingleses,* Almería, Servicio de Publicaciones de la Universidad de Almería: 81-99.

—, (2002): *Significado y conocimiento: la significación de los adjetivos subjetivos,* Granada, Granada Lingvistica, Serie ἀρχή και λόγος.

–, (2003): «La teoría del hablar, una teoría del conocimiento», *Odisea 3 Eugenio Coseriu in memoriam*, Almería, Servicio de Publicaciones de la Universidad de Almería, págs. 131-54.

–, (2004): *La lingüística del decir: el logos semántico y el logos apofántico*, Granada, Granada Lingvistica, Serie ἀρχή και λόγος.

–, (2006) *Los fundamentos de la teoría de Chomsky: revisión crítica*, Madrid, Biblioteca Nueva, S. A.

–, (2008): «Hablar, decir y conocer: el acto lingüístico», *Oralia, 11*: 375-97.

–, (2008): *La lingüística cognitiva: análisis y revisión*, Madrid, Biblioteca Nueva, S. A.

–, (2009): «El logos semántico y el logos apofántico» *Enérgeia I, Online-Zeitschrift für Sprachwissenchaft, Sprachphilosophie und Sprachwissenschaftsgeschichte*: 50-80.

–, (2010): *Las relaciones lenguaje-pensamiento o el problema del logos*, Madrid: Biblioteca Nueva, S.A.

Mittelmann, Jorge (2009): «Introducción» en Aristóteles (2009).

Ortega y Gasset, José. (1965): *El espíritu de la letra.* Madrid: Austral.

–, (1966a) [1937]: *La rebelión de las masas.* Madrid: Austral.

–, (1966b): *El espectador.* Tomos III y IV. Madrid: Austral.

–, (1966c): *El espectador.* Tomos V y VI. Madrid: Austral.

–, (1971) [1935]: *Historia como sistema.* Madrid: Austral.

–, (1982) [1958]: *Goethe, Dilthey.* Revista de Occidente en Alianza Editorial

—, (1983a) [1958]: *Kant, Hegel Scheler.* Revista de Occidente en Alianza Editorial.

—, (1983b) *Obras completas,* 12 vols. Madrid: Alianza Editorial, S. A. Revista de Occidente.

—, (1985) [1925]: *La deshumanización del arte.* Barcelona: Planeta-Agostini.

—, (1987) [1981]: *El tema de nuestro tiempo.* Revista de Occidente en Alianza Editorial.

—, (1989) [1981]: *Origen y epílogo de la filosofía.* Revista de Occidente en Alianza Editorial.

—, 1989b [1958]. *Una interpretación de la historia universal,* Revista de Occidente en Alianza Editorial.

—, (1992a) [1958]: *La idea de principio en Leibniz.* Revista de Occidente en Alianza Editorial.

—, (1992b) [1984]: *¿Qué es conocimiento?* Revista de Occidente en Alianza Editorial.

—, (1994) [1957]: *¿Qué es filosofía?* Revista de Occidente en Alianza Editorial.

—, (1994b): *Notas de trabajo. Epílogo.* Edición de José Luis Molinuevo. Alianza Editorial/Fundación Ortega y Gasset. Madrid.

—, (1996) [1979]: *Sobre la razón histórica.* Revista de Occidente en Alianza Editorial.

—, (1997) [1986]: *Ideas y creencias.* Revista de Occidente en Alianza Editorial.

—, (1999) [1966]: *Unas lecciones de metafísica.* Revista de Occidente en Alianza Editorial.

—, (2001) [1957]: *El hombre y la gente.* Revista de Occidente en Alianza Editorial.

—, (2002) [1930]: *Misión de la Universidad.* Revista de Occidente en Alianza Editorial.

—, (2002) [1939]: *Meditación de la técnica y otros ensayos sobre ciencia y filosofía.* Revista de Occidente en Alianza Editorial.

—, (2003) [1996]: *Europa y la idea de nación.* Revista de Occidente en Alianza Editorial.

—, (2005) [1993]. *En torno a Galileo,* Biblioteca Nueva, S.A.

—, (2009) "Apuntes para un comentario al Banquete de Platón". *Obras completas,* IX: 729-758.

—, (2009) *Obras completas,* 10 vols. Madrid: Fundación Ortega y Gasset/ Taurus.

Owens, J., (1960): «Aristotle and categories». *Review of Metaphysics,* 14 (1960).

Porfirio de Tiro, (1543): *De quinque vocis sive in categoriae Aristotelis introductio.* Se suele incluir en ediciones de Aristóteles, especialmente en ediciones del Órganon.

Rijk, L. M. de, (1952): *The Place of Categories of Being in Aristotle's Philosophy.*

Ross, W. D. (1923): *Aristotle,* Digireads.com Publishing.

—, (1924): *Aristotle's Metaphysics,* Digireads.com Publishing.

Ryle, Gilbert (2005): *El concepto de lo mental.* Ediciones Paidós Ibérica.

Schlieben-Lange Brigitte/Weyldt, Harald (1979): "Streitgespräch zur Historizität von Sprechakten", en: *Linguistische Berichte* 60, 65-78.

Seco, Manuel (1995), coord. *La lengua española, hoy*, Madrid: Fundación March.

Trendelenburg, A. 1963 (1846): *Historische Beiträge zur Philosophie I, Gechischte der Kategorienlehre.*

–, (1833): *De Aristotelis categoriis.*

Trubetzkoy, N. S. (1973): *Principios* de *Fonología.* Madrid: Cincel.

Trujillo, Ramón, (1988): *Introducción a la semántica española.* Madrid: Arco/Libros, S.A.

Whorf, Benjamin Lee (1956): *Language, Thought and Reality. Selected Writings of Benjamin Lee Whorf.* John B. Carrol, ed. Cambridge, Mas. The MIT Press.

Whorf & Trager 1996 "The Yale Report", en Lee 1996: 264 y ss.

Zamora Vicente, Alonso (1985): *Dialectología española.* Madrid: Gredos.

www.ingramcontent.com/pod-product-compliance
Lightning Source LLC
Chambersburg PA
CBHW052030090426
42739CB00010B/1850